Gerhard Mahler

PHARMA PILLEN und PROFITE

Das große Geschäft mit der Gesundheit

UEBERREUTER

Die Deutsche Bibliothek – CIP-Einheitsaufnahme

Mahler, Gerhard
Pharma, Pillen und Profite : Das große Geschäft mit der Gesundheit / Gerhard Mahler. – Wien : Wirtschaftsverlag Carl Ueberreuter, 1997
ISBN 3-7064-0278-5

S 0268 1 2 3 / 99 98 97

Umschlag: Kurt Rendl
unter Verwendung eines Bildes der Bildagentur Image Bank

Druck: Ueberreuter Print

Inhaltsverzeichnis

Einleitung

Im Bewußtsein der Menschen genießt die Pharma-Industrie einen hohen Stellenwert, versprechen ihre Produkte doch Heilung von Krankheit, Linderung von Schmerzen, Aufhellung des Gemüts und ganz allgemein die Hoffnung auf eine bessere Befindlichkeit und ein längeres Leben.

Manche meinen, sie verfüge über geheimnisvolle Kräfte und über fast grenzenlose Möglichkeiten, vor allem dann, wenn die jetzt nur schemenhaft erkennbaren Methoden der Biotechnologie und Gentechnik nach dem Jahr 2000 eines Tages zum Tragen kommen. Durch den Fortschritt der Pharmakologie, der Technik, durch die Erfolge der Ärzte und die Errungenschaften des Sozialstaates erscheint der uralte Traum von der Gesundheit mitunter schon in greifbarer Nähe.

Gen-, Bio- und Computertechnik werden Innovationen beschleunigen helfen und für heute noch nicht behandelbare Krankheiten Mittel finden, was sich positiv auf die Pharma-Umsätze auswirkt. Von heute 30.000 bekannten Krankheiten sind derzeit etwa 10.000 behandelbar, künftig werden es vielleicht 20.000 sein.

Andererseits steht die Pharma-Industrie mitunter heftig im Kreuzfeuer der Kritik. Vor allem die hohen Profite der Branche werden immer wieder attackiert. Bislang hat sie aber noch jeden Angriff erfolgreich pariert. Und letztendlich konnte ihr auch auch kein Skandal etwas anhaben. Selbst die Anfang der neunziger Jahre eingeleiteten Gesundheitsreformen taten ihrer Prosperität kaum Abbruch. Das Potential an Konflikten ist aber reichlich.

Die Entwicklung der öffentlichen Gesundheitssysteme ist durch das Aufeinanderprallen zweier unterschiedlicher Wert- und Denksysteme gekennzeichnet: Auf der einen Seite steht die medizinisch-ethische Maxime, daß zur Heilung menschlichen Lebens kein Aufwand zu groß sein darf. Und auf der anderen Seite die ökonomische Tatsache, daß die Mittel knapp werden und deshalb mit ihnen wirtschaftlicher umgegangen werden muß. Die Profite der Unternehmen boten so eine große Angriffsfläche, obwohl die Kosten für Medikamente in Deutschland mittlerweile nur zwölf Prozent der Ausgaben für die Gesundheit betragen.

Schon bevor der amerikanische Präsident Bill Clinton seine Reformpläne vorlegte, begannen die Anbieter von Gesundheitsdiensten damit, sich auf die Umwälzungen einzustellen. Viele Unternehmen haben Allianzen oder spektakuläre Fusionen und Übernahmen angekündigt oder bereits durchgeführt. Es war der Auftakt zu einer Welle der Konsolidierung nicht nur in der amerikanischen, sondern in der gesamten internationalen Pharma-Branche. Diese Phase ist noch längst nicht abgeschlossen.

Fortschritt wird den Pharmamarkt beeinflussen. Der zunehmende Einsatz von innovativen Diagnostika und der Erfolg mancher Therapeutika lassen die Menschen älter werden und gesünder altern, aber sie müssen ihre Krankheiten auch länger ertragen. Das verschiebt den Bedarf innerhalb der Marktsegmente. Die Pharma-Industrie steht somit an einem Wendepunkt. Auf die Branche kommt als Folge der Kostendämpfung und des stärkeren Wettbewerbs einiges zu. Auch das veränderte Patientenverhalten hat erhebliche Auswirkungen.

Die unterschiedlichen Reaktionen auf den globalen Strukturwandel zeigen, daß es keinen Königsweg zum Erfolg gibt. Aus den Beiträgen der Ökonomie weiß man, daß auf dynamischen Märkten die Suche nach dem heiligen Gral der „besten Entscheidungen“ vergeblich sein muß. Die Unternehmen reagieren auf dieselben Marktsignale mit unterschiedlichen Strategien. So gesehen ist die Marktwirtschaft, wie die Mitbegründer der evolutionären Ökonomie, Richard Nelson und Sidney Winter, einmal schrieben „ein Mittel zur Durchführung von Experimenten im Bereich des wirtschaftlichen und unternehmerischen Verhaltens“. Langfristig kann man natürlich davon ausgehen, daß Fehlentscheidungen bestraft werden und daß permanent gegen die Marktkräfte anlaufende Unternehmen eines Tages verschwinden.

Entscheidend fällt die effiziente Führung ins Gewicht. In der Pharma-Industrie ist die zur Verfügung stehende Frist zwischen Problemerkennung und Problemlösung kürzer geworden. Um so wichtiger ist ein kreatives und konsequentes Management.

Die Umsätze wachsen, und die Gewinne steigen. Straffung der Betriebsabläufe, Einsparungen bei Personal, Konzentration auf wirtschaftlich rentable Kerngebiete und die sich daraus ergebende Bereinigung der Produktpalette haben je nach Unternehmen in unterschiedlicher Weise zur Verbesserung beigetragen. In den Bereichen Forschung & Entwicklung regiert mitunter der Rotstift. Dennoch sind innovative Medikamente für die Erträge, die Marktstellung und das Prestige unabdingbar. Es wird effizienter „geforscht".

Nur die Großen des Geschäfts werden es sich noch leisten können, auf mehreren Indikationsgebieten erfolgreich mitzumischen – mittels einer rentablen und innovativen Produktpipeline und erstklassiger Vertriebskanäle.

Bei den US-Firmen standen 1996 immerhin 215 Mittel gegen Krebs, 107 zur Behandlung von Herzkrankheiten und Schlaganfällen, 132 für Alterskrankheiten wie Alzheimer, Parkinson, Osteoporose, Bluthochdruck u. a., 110 für Aidsbehandlung und 118 für Unbefindlichkeiten neurologischen Ursprungs in der Entwicklung.

Vor allem jene großen Unternehmen, die international operieren, frühzeitig neue Therapieformen erkennen, entwickeln und in enger Zusammenarbeit mit den Zulassungsbehörden schnell auf den Markt bringen, erarbeiten sich Wettbewerbsvorteile.

Falls diese Anforderungen die Möglichkeiten eines Unternehmens übersteigen, so bietet sich als Defensivstrategie das Ausweichen in die schnell wachsenden OTC-und Generika-Märkte an.

Allerdings ist es mit der Definition des Pharmamarktes so eine Sache. Wer seine Marktmacht auf rezeptfreie Magen-Medikamente gründet, spielt auf einem anderen Platz als ein ökonomisch gleich starker Wettbewerber, der die Pille oder Psychopharmaka produziert. Während der Automarkt nur wenige Segmente hat, gibt es für Pharmaka etwa 150 Teilmärkte. Und nur in einigen davon bündeln die Pharma-Firmen ihre Kräfte. Etliche Gesellschaften verdienen einen Großteil ihres Geldes mit nur einem Medikament, das sich als sogenannter „Blockbuster" besonders gut verkauft.

Als außerordentlich einträglich gilt das Geschäft mit der Selbstmedikamentation. Der Markt für nützliche und unnütze Pillen boomt seit Jahren, und ein Ende des Trends ist nicht in Sicht. Das Geschäft mit der Gesundheit ist der weltweit größte wirtschaftliche Komplex. Im Laufe der Zeit suggerierte die Pharma-Industrie erfolgreich: „Sie haben ein Problem, wir haben eine Pille dafür." Das Prinzip funktionierte. Die Belohnung in Form enormer Gewinne war reichlich. Die Gesundheits-Industrie hat längst den Rang einer Mega-Branche.

1 Pharma: Der Anfang vom Aufstieg

Ein Musterkandidat: Merck & Co.

Im vorindustriellen Zeitalter mixten Labor-Assistenten Kräuter und Wässerchen. Lagerarbeiter besorgten den Vertrieb von Halspastillen und anderen gängigen „Volksmedizinen". Das Arzneimittel-Geschäft steckte noch in den Kinderschuhen. Viele der modernen Konzerne in Europa und den Vereinigten Staaten haben ihre Ursprüge in irgendeiner Kleinstadt-Apotheke aus den vergangenen Jahrhunderten.

So hat der größte US-Pharma-Konzern, Merck & Co., seine Wurzeln zum Beispiel im hessischen Darmstadt, wo Friedrich Jacobs Merck 1668 die Engel-Apotheke erwarb. Der 1794 geborene Heinrich, der später die Apotheke übernahm, war ein Freund von Justus Liebig, dem Begründer der modernen organischen Chemie, der auch in Darmstadt lebte. Liebig gehörte im frühen 19. Jahrhundert zu den Wissenschaftlern, die chemische Verbindungen mit therapeutischer Wirkung isolierten; und Heinrich Merck war einer der ersten Geschäftsleute, die diese Arbeit beobachteten und sie dann geschäftlich nutzten. 1824 gründete er ein kleines Chemielabor neben der Familienapotheke. 1827 baute er dann eine kleine Fabrik in den Außenbezirken Darmstadts. Hier wurde die Chemiefabrik E. Merck gegründet.

Eines ihrer ersten Produkte war „Morphin", ein hochwirksames Medikament aus Opium, das noch heute als Schmerzmittel eingesetzt wird. Andere Mittel folgten: 1829 „Veratrin", 1832 „Kodein", ein ebenfalls aus Opium gewonnenes Schmerz- und Schlafmittel; es folgten „Andatrophin" und „Chinin", ein bitter schmeckendes Medikament gegen Malaria. Georg Franz Merck, ein Sohn Heinrichs, entdeckte „Papaverin", ein Muskelentspannungsmittel. Als Heinrich Emmanuel 1855 starb, genoß seine chemische Fabrik schon weltweiten Ruf. Noch heute existiert E. Merck in Darmstadt, wenn auch nicht mehr als international führendes Unternehmen. Das eigentliche Erbe von Heinrich Emmanuel war später in den Vereinigten Staaten zu finden, wo seine Nachfolger weit weg von zu Hause große Erfolge erzielten.

Es wurde eine Fabrik zur Herstellung einer Reihe pharmazeutischer Mittel gebaut: Jodide, Wismutsalze, Narkotika, Alkaloide, Desinfektionsmittel und einige photographische sowie andere spezielle Chemikalien, die in der ersten Dekade des 20. Jahrhunderts das Hauptgeschäft von Merck Amerika bildeten.

Im Jahre 1914 verkaufte die Firma Chemikalien im Werte von etwa vier Millionen Dollar. Sie erwarb die mehrheitlichen Anteile von E. R. Sqibb & Sons, einem Arzneimittelunternehmen, das 1989 mit dem US-Pharma-Konzern Bristol-Myers fusionierte.

Nach einigen – durch Weltkrieg I bedingten – Wirren wurde Merck & Co. führender Hersteller von Vitaminen, unter anderem auch von Vitamin B1, das an die Lebensmittelindustrie verkauft wurde. Der eigentliche Aufstieg der Firma begann, als die Entdekkung von Penicillin die Ära der Wundermittel einläutete. Merck war an seiner Entwicklung mitbeteiligt.

1944 verbuchte das Unternehmen einen großen Erfolg mit der Erfindung von Kortison, dem ersten steroiden entzündungshemmenden Medikament, das etwa zur Behandlung von Arthritis eingesetzt wird. Diesen Wirkstoff hatten Dr. Edward Kendell von der Mayo-Klinik und der Merck-Chemiker Jacob van de Kemp in sorgfältiger Forschungsarbeit gefunden. Großzügig bestand Merck darauf, daß der Preis des neuen Medikaments beständig gesenkt wurde, damit es auch für Kranke mit durchschnittlicher Finanzkraft erschwinglich würde. Und in einer Zeit der Mangelversorgung und riesigen Nachfrage veröffentlichte das Unternehmen sogar eine Preisliste in den Zeitungen, um den Schwarzmarkthandel zu reduzieren.

1946 wurde Merck & Co an der New Yorker Börse notiert, als die Investmentbank Goldman Sachs Anteile von über neun Millionen Dollar verkaufte, doch die Familie Merck behielt mit über einem Drittel des stimmberechtigten Kapitals weiterhin die Kontrolle.

Als die Wundermittel den Markt schlagartig vergrößerten, betraten jedoch auch härtere Kämpfer die Bühne. Andere Pharma-Unternehmen, die zuvor über die Lizenz und Teilhabe an Merck-Produkten froh gewesen waren, erfanden und entwickelten zunehmend ihre eigenen Produkte und begannen, Merck allmählich aus dem Markt zu drängen. Zwischen 1948 und 1951 verzeichnete es mit einer neuen Serie von Hormonprodukten noch gute Gewinne. Bei der Herstellung von Steroiden tauchte neue Konkurrenz in Gestalt der Firmen Upjohn und Schering auf; Schweizer, deutsche, italienische und japanische Unternehmen schaufelten Vitamine zu niedrigen Preisen über den großen Teich – und Hersteller wie Pfizer brachten neue Antibiotika auf den Markt.

1957, dreißig Jahre nachdem er die Leitung des Unternehmens übernommen hatte, starb Georg Merck. Zu diesem Zeitpunkt waren professionelle Manager an seine Seite getreten. Sie hatten das Unternehmen zurechtgestutzt und einige unrentable Produktlinien herausgenommen. Jetzt konzentrierten sie sich auf Humanmedizin mit kleineren Produktlinien in Tiermedizin, Spezialchemikalien und rezeptfreien Medikamenten. Daneben waren sie auf die Linie Labor, Fabrik, Arzt eingeschwenkt, was für die Pharma-Industrie der Nachkriegszeit charakteristisch war.

Heute sind im Management des Unternehmens keine Angehörigen der Familie Merck mehr zu finden, obwohl der Familientrust noch immer einen bedeutenden Anteil besitzt.

Und in der jüngeren Vergangenheit wurde Merck & Co. jahrelang im Wechsel mit dem weltgrößten Computerkonzern IBM von der Wirtschafts- und Hochglanzpresse zum angesehensten Unternehmen der USA gewählt.

Auch die Glaxo-Gruppe, der derzeit weltgrößte Pharma-Konzern, nahm ihren Anfang in einer kleinen Apotheke. Als Babynahrung wurde ursprünglich Trockenmilch verkauft, weil Frischmilch infiziert sein konnte. Es folgten gemalzte Babynahrung und Babyseife. Glaxo war der Name für Babymilch.

Anfang des 18. Jahrhunderts fand in der chemischen Industrie eine sprichwörtliche Explosion statt. Es wurden Morphin, Harnstoff,

Chinin, Koffein, Nikotin, Kodein und andere Verbindungen zum ersten Mal isoliert.

Goldenes Zeitalter: Die Arzneimittel-Branche etabliert sich

Die Entdeckung synthetischer Farbstoffe hatte weitreichende Konsequenzen für das entstehende Arzneigeschäft.

Im letzten Jahrzehnt des 19. Jahrhunderts brach für die Arzneimittel-Industrie eine Zeit der unbegrenzten Möglichkeiten an.

Der erste Verkaufsschlager von Hoffmann-La Roche (HLR) war ein Hustensaft namens „Sirolin". Die Schweizer waren schon 1905 in den USA präsent, 1907 in Wien, 1909 in London, 1910 in St. Petersburg, 1911 im japanischen Yokohama. Das Konzept hieß: Große Einheiten herstellen, und die Preise durch Kundentreue und Markenbewußtsein halten. HLR erkannte als erstes Unternehmen die Bedeutung eines Produktnamens. Dieser sollte möglichst wissenschaftlich klingen und ein positives Gefühl erzeugen.

Schon damals waren Zeitungsannoncen für Arzneien üblich, und die ersten Wurfsendungen sorgten für mehr Umsatz. In angeblich unabhängigen Fachzeitschriften wurden die hauseigenen Produkte gelobt.

Die Phase nach dem Jahre 1920 gilt als die Ära der Entdeckung von „Wundermitteln". Eine Vielzahl von zuvor meist tödlich verlaufenden Krankheiten konnte behandelt werden, darunter: Cholera, Diphterie, Hirnhautentzündung, Pocken, Pest, Scharlach, Typhus, Tuberkulose und andere. 1924 folgte „Ostelin", das erste in Großbritannien hergestellte Vitaminkonzentrat.

Mit der Herstellung von Insulin beginnt die industrielle Produktion moderner Arzneimittel.

Das Arzneimittel-Geschäft wurde zu einem der größten Industriezweige und auch zum rentabelsten Geschäft. Hier lagen die Margen durchschnittlich bei 30 Prozent: dreimal soviel Geld, wie irgendeine Branche sonst verdiente.

Die Lebenserwartung von Frauen und Männern stieg von 55 Jahre in 1920 auf über 75 Jahre.

Auch die bessere Hygiene gilt nicht nur als eine Errungenschaft der Medizin, sondern vielmehr zu einem großen Teil als Verdienst der Pharmakologen.

Wenn es einen Geburtsort der Pharma-Industrie gibt, dann ist es die Stadt Basel in der Schweiz. Hier schuf Fritz Hoffmann das moderne multinationale Unternehmen zur Herstellung pharmazeutischer Produkte.

Daneben kann auch Deutschland auf eine lange Tradition verweisen, etwa dank Alfred von Bayer. Er ist vor allem für seine Arbeiten auf dem Gebiet der industriellen Chemie bekannt, für die er zu Beginn dieses Jahrhunderts den Nobelpreis erhielt. Zuvor hatte er ein Labor eingerichtet, um pharmakologische Substanzen an Tieren zu testen – einer der wichtigsten Schritte zur modernen Arzneimittel-Herstellung. Im Labor gelang ihm 1897 zusammen mit seinem Kollegen Felix Hoffmann (der in keiner Beziehung zum Gründer von Hoffmann-La Roche steht) eine der bedeutendsten Entdeckungen, die unter dem Namen „Aspirin“ in die Geschichte der Pharmakologie einging. Mit diesem Mittel verdiente das Chemie/Pharma-Unternehmen Bayer ein Vermögen und wurde zu einem der potentesten Spieler im Pharma-Monopoly.

Der nicht minder fähige Wissenschaftler Paul Ehrlich arbeitete mit dem Chemie-Riesen Hoechst zusammen und prägte den Begriff „Magische Kugel“, um die Wirkungsweise chemisch hergestellter Arzneien zu beschreiben, die eine Krankheit töten.

Die Arbeiten verschafften der deutschen Pharma-Industrie einen großen Vorsprung im internationalen Wettbewerb. Ihre Firmen hielten 52 Prozent aller Patente auf pharmazeutische Produkte. 1939 beherrschten sie 40 Prozent des Welthandels. Diese internationale Führungsposition konnte sie – auch infolge des Zweiten Weltkrieges – aber nicht halten. Die Alliierten forcierten ihre Investitionen. So wurde zum Beispiel das schon in den zwanziger Jahren in Großbritannien entdeckte Penicillin in den Kriegsjahren von den Briten und Amerikanern zur Produktionsreife gebracht.

Die Chemische Industrie wandte sich mehr der industriellen Fertigung von Arzneien zu und brachte sie auf den Markt. Die Idee dahinter: Verbraucher kaufen Medikamente wie Lebensmittel. Noch heute ist der Bereich Ernährungsstoffe neben den Medikamenten der wichtigste Ertragspfeiler vieler Pharma-Konzerne.

Alte und neue Verkaufsschlager

Bereits während des Ersten Weltkrieges verdiente sich die Pharma-Industrie eine goldene Nase, und die Mitte des 20. Jahrhunderts brachte für die Branche dann eine aufregende Zeit. Sie veränderte die Einstellung der Menschen zur Krankheit und mehrte den Ruhm der Konzerne. Es wurde eine Vielzahl von umwälzenden Wirkstoffen erfunden und entwickelt, unter anderem die Polio-Impfung und die Antibabypille. Auch die Beruhigungsmittel waren von Anfang an ein Riesengeschäft.

Schon im Jahre 1964 prägte die amerikanische Wochenzeitschrift „Newsweek" den Ausdruck vom „Tranquilizer-Jahrzehnt". In den Vereinigten Staaten war „Librium" 1965 das meistverkaufte Medikament.

Werbekampagnen machten die einschlägig führende Firma Hoffmann-La Roche zum vorübergehend erfolgreichsten Pharma-Konzern der Welt. Bis zum Ende des Jahrzehnts war das Unternehmen mühelos zum internationalen Star der Industrie geworden, mit weltweiten Umsätzen von 840 Millionen Dollar. Hoffmann-La Roche rangierte damit weit vor Merck, der Nummer zwei, mit Umsätzen von 670 Millionen Dollar. Bis 1970 hatte „Valium" allein in den Vereinigten Staaten 200 Millionen Dollar eingebracht und wurde zum meistgekauften und gewinnträchtigsten Psychopharmakum. Für „Valium" gab es auch eine der ersten modernen, großangelegten Marketingkampagnen. Seit dieser Zeit wurde die Ärzteschaft in die Entwicklung und Einführung von Medikamenten einbezogen.

In den späten siebziger Jahren machte eine Gegenkampagne der „Valium-Manie" ein Ende. Aber auch heute noch schlucken Millionen Menschen das Präparat. Die Kritiker warfen HLR angesichts der riesigen Gewinnspannen „unmoralische Geschäfte“ vor. Aber weder HLR noch anderen Pharma-Konzerne konnte ein Skandal letztlich etwas anhaben. Trotz teilweise massiver Vorwürfe, etwa Profitgier oder Vernachlässigung des Risikos und der Gefahren von Medikamenten, wuchs die Pharma-Industrie unaufhörlich, und ihr Image erreichte Spitzenwerte.

Die Methode, die Arzneien in einem wissenschaftlichen Stil den Ärzten vorzustellen, wurde sehr erfolgreich. Die Ärzte wurden zum Schlüssel des Geschäfts, waren sie doch diejenigen, die die Medikamente verschrieben.

2 Medizin und Pharma: Reicher Nährboden

„Unser Leben währet siebzig Jahre, und, wenn's hoch kommt, achtzig Jahre, (Psalm 90, 10)

Im Laufe der Jahrtausende hat die Heilkunde viele Stadien mit den unterschiedlichsten, jeweils gültigen Lehrmeinungen durchlaufen. Aus dem Altertum und davor – zurückgehend bis 8000 vor Christus – geht die Kunde vor allem aus den „Klassischen Gebieten" Ägypten und dem Zweistromland Mesopotamien zwischen Euphrat und Tigris sowie aus Indien und China. Dort war für die Gesundheit beispielsweise „das Gleichgewicht von Wind, Galle und Schleim" zuständig. In China entwickelte sich die spitzfindige Kunst der Puls-Diagnostik. In Mesopotamien etwa gilt ab 1900 v. Chr. die Leber als Zentralorgan und Sitz des Gemüts. Um 700 v. Chr. fertigen die Etrusker im heutigen Italien aus Gold und Tierzähnen eine Art Zahnersatz.

Um 400 v. Chr. hilft zunehmend der Arzt und nicht nur die Gottheit. Hippokrates von Kos (um 460–377 v. Chr.), der Vater der europäischen Heilkunde, handelt nach der Devise: Beobachte alles, studiere den Patienten mehr als die Krankheit, werte ehrlich und hilf der Natur.

Um 170 n. Chr. macht Claudius Galenus aus Pergamon (130–199) wieder die Lehre vom Gleichgewicht der Säfte populär. Nach Galens „Humoralpathologie" entsteht Krankheit aus einem falschen Verhältnis von Blut, gelber Galle, schwarzer Galle und Schleim.

Die Römer entdecken 216 n. Chr. das Wasser zur Prophylaxe und für therapeutische Zwecke. In der Caracalla-Therme wird geschwitzt, gewaschen und der Körper anschließend geölt.

Um 500 predigt der Abt Benedikt von Nursia die Askese und befiehlt: „Ora et labora!" – „Bete und arbeite!" – auch heute noch ein probates Mittel gegen Zipperlein im Sinne von: „Raste nie, dann kriegst du nie Neurasthenie." In vielen Klöstern geben die frommen Brüder und Schwestern den Hilfesuchenden nicht nur Quartier, sondern auch Heilkräuter.

Im Mittelalter (500–1500) gilt nur uneingeschränkt als Rechtssubjekt, wer gesund ist. Behinderte sind benachteiligt. Ein früher Tod bedeutet aber nicht die Katastrophe – es gibt ja noch die Ewigkeit.

In den Jahren 1347–1352 hilft gegen die Pest weder Feuer, Räuchern, Aderlaß noch Diäten und auch kein Kraut und kein Gebet. Mit den Epidemien verliert das Volk den Glauben an Ärzte und an die Kirche. Juden und Randgruppen werden für die Seuche verantwortlich gemacht und gnadenlos verfolgt.

Im 14. Jahrhundert badet Mitteleuropa gesellig und nackt. Mit Aderlaß – der am meisten verbreiteten Allheilmethode – bringt der Bader das Ungleichgewicht der Säfte wieder ins Lot.

1529 verspottet Paracelsus (1493–1541) die Anhänger der „Humoralpathologie" nach Galen als „Humoristen". Er selbst betreibt Medizin mit Astrologie und Alchimie. Den Lauf der Gestirne – etwa dargebracht in Form von Horoskopen – erachten bekanntlich auch heutige Zeitgenossen für ihre Gesundheit als außerordentlich wichtig.

Um 1600 ist die Wissenschaft im Aufbruch, aber das abergläubische Volk schluckt als Stärkungs- und Heilmittel kleine Papierbildchen und betreibt „magnetische Kuren", zum Beispiel mit der „Waffensalbe". Die wird nicht auf die Wunde, sondern auf die blutige Waffe aufgetragen.

René Descartes begreift um 1640 Körper und Seele als zwei getrennte Dinge. Für die Medizin hat diese Weltanschauung weitreichende Folgen.

Vierzig Jahre später entdeckt Antoni van Leeuwenhoek (1632–1723), ein Naturforscher aus Delft, unter einem der ersten selbstgebauten Mikroskope winziges Leben – Einzeller, Blutkörperchen und Samenzellen.

Die Menschen drängen in die Städte. Der Brite Percival Pott beschreibt 1775 die erste Berufskrankheit: Hodensackkrebs durch Ruß bei Schornsteinfegern. Fauliges, verseuchtes Wasser transportiert den

Bazillus „Vibrio cholerae". Insgesamt sterben zwischen 1830 und 1839 drei Millionen Menschen in den dichtbesiedelten Metropolen daran.

Um 1800 verspricht der deutsche Pathologe Christoph Wilhelm Hufeland ein langes Leben durch Makrobiotik (maßvolles Leben und richtige Diät). Sein Kollege Samuel Hahnemann (1755–1843) therapiert „Ähnliches mit Ähnlichem"; er verabreicht extrem verdünnte Extrakte eigentlich krankmachender Substanzen und nennt dies Homöopathie.

Um 1870 werden winzige Erreger als Verursacher von Infektionen erkannt. Zuvor hatten beispielsweise große Anstrengungen, „verpestete" Luft oder krankmachende Ausdünstungen, sogenannte Miasmen, als Ursachen gegolten.

Auf der Skala menschlicher Wertbegriffe rückt die Gesundheit immer weiter nach oben. Rudolf Virchow (1821–1902) unterstreicht „die soziale Natur der Heilkunst". Anfang der fünfziger Jahre des 20. Jahrhunderts beginnt die Pharmakotherapie für Psychokranke. „Chlorpromazin" heißt die neue Wunderpille.

1954 entwickelt der Amerikaner Jonas E. Salk (1914–1995) einen Impfstoff gegen Kinderlähmung. Das Mittel wird an 650.000 Kindern mit positiven Resultaten getestet.

Nach erfolgreichen Versuchen an Kaninchen gilt Gregory Pincus 1960 als Vater der Antibabypille. In den USA kommt die Verhütungspille „Enovid" auf den Markt, und selbst der Papst kann sie nicht stoppen. Zwanzig Jahre später ist die Euphorie über die „Lust ohne Last" verflogen. Die Pille, heißt es, erhöhe das Venenthromboserisiko, und gegen Aids schütze sie auch nicht.

1961 schädigt ein Schlafmittel Ungeborene. „Contergan" ist verantwortlich für verstümmelte oder fehlende Arme, Beine und Ohren.

Im Jahre 1976 geht auf den italienischen Ort Seveso das ultragiftige Dioxin nieder. Die Chemie- und Pharma-Konzerne verlieren an Image. Das Formaldehyd aus der Spanplatte und Nitrosamine in der Wurst verunsichern: Umwelt macht krank.

Anfang der neunziger Jahre sorgt das „Sick Building Syndrome" für Kopfschmerz, gerötete Augen und allgemeine Abgeschlagenheit. Ozon aus dem Fotokopierer, Strahlen vom Bildschirm und Keime aus der Klimaanlage machen die Menschen krank.

Bei allergischen Reaktionen auf Chemikalien, Befindlichkeitsstörungen oder chronischem Müdigkeitsyndrom ist der Mediziner mit seinem Latein am Ende und setzt gern auf ein Placebo. Am besten wirken angeblich Spritzen – in der Farbe Rot.

Mit Menschen-Genen manipulierte Bakterien erzeugen 1978 Insulin für Zuckerkranke.

Von der Akupunktur bis zur Mundspülung mit Sonnenblumenöl – die Sehnsucht nach „sanften", ganzheitlichen Formen der Heilbehandlung für Leib und Seele wächst. Enttäuschte Patienten wenden sich seit 1980 von der kalten Apparatemedizin ab und testen die Alternativmedizin.

Am 5. Juni 1981 erfährt die Weltöffentlichkeit, daß ungewöhnliche Lungenentzündungen und die Häufung eines seltenen, aggressiven Hautkrebses schon seit geraumer Zeit die amerikanische Gesundheitsbehörde CDC beunruhigen. Ein Jahr später erhält die neue Plage ihren Namen: Aids.

Nach Aids erwarten manche Epidemiologen mit dem tödlichen Ebola-Virus und dem Rinderwahn BSE neue, unbeherrschbare Plagen für die „erste" Welt. Unterdessen sterben jedes Jahr weltweit Millionen Kinder an Masern und Abermillionen Menschen in der „dritten Welt" an eigentlich heilbaren Infektionskrankheiten oder durch Parasiten.

Nach 1996 hat die Zukunft der Medizin und Pharma-Industrie wieder einmal neu begonnen: Es gibt die Telemedizin und Fernoperationen im virtuellen Raum, Gentherapie der Keimzellen und Nano-Roboter in der Blutbahn, menschliche Zuchtorgane vom Schwein und Mikrochip-Implantate.

Pocken und Polio besiegt, Herzen transplantiert und Babys in der Retorte gezeugt – eindrucksvoll sind die Erfolge der wissenschaftlichen Medizin und Pharmazeutik. Wo aber und wann schlägt der Traum vom technisch Machbaren um in menschliche Hybris?

Die Früchte am Baum medizinischer und pharmakologischer Erkenntnisse waren offenbar noch nie so zahlreich und sind noch nie so schnell gereift wie in unserer Zeit. Nahezu wöchentlich wird über die Entdeckung eines Gens berichtet und damit die Hoffnung auf eine schon bald zu erwartende Therapie und medikamentöse Behandlung gegen die Krankheit geweckt.

3 Das Geschäft mit der Gesundheit: Wachstum ohne Ende

Jeder Industriezweig erlebt in gewissen Abständen existenzielle Krisen, etwa wenn Märkte an Sättigungsgrenzen gelangen, oder wenn durch technologische Umwälzungen Produkte ins Abseits geraten oder gesellschaftspolitisch nicht mehr als konsensfähig gelten. Aber der Gesundheitsbetrieb wächst und gedeiht ohne Unterlaß fernab von jeder Konjunktur. Wirtschaftliche Rezessionen, die in anderen Industriebereichen mit Boomphasen abwechseln, hat das Gesundheitswesen noch kaum erlebt. Es ist für die Volkswirtschaft bedeutender als die Automobilindustrie, zukunftsträchtiger als die Rüstungstechnik und politisch sensibler als die Energiewirtschaft. Es setzt im Jahr mittlerweile über 500 Milliarden Mark um.

Die Gesundheitssysteme verbrauchen gigantische Summen an Geld und Kapital. Jedes Jahr verschlingen sie mehr. Der Arzt Dr. Hans Biermann erklärte in seinem Werk „Die Gesundheitsfalle“: „Das Geld verschwindet in einer Art volkswirtschaftlichem Bermuda-Dreieck, in dem die pharmazeutische und technische Industrie den einen, die Krankenversicherungen den zweiten und die institutionalisierte Medizin den dritten Eckpunkt bilden.“

Der medizinisch-industrielle Komplex, die Gesamtheit der am, in oder durch das Gesundheitswesen Verdienenden, ist zur absoluten Mega-Branche geworden, zu einem Interessenkonglomerat ganz neuer Größenordnung.

Je erfolgreicher Ärzte und Pharmakologen Krankheiten erkennen und therapieren, desto älter werden die Leute mitsamt ihren vielen kleinen oder größeren Zipperlein und Gebrechen. Der Diabetiker, der noch um die Wende zum 20. Jahrhundert vor Erreichen des dreißigsten Lebensjahres gestorben wäre, hat heute fast eine normale Lebenserwartung. Das heißt aber auch, daß er seine Krankheit 40 oder 50 Jahre länger ertragen muß.

In gewissem Sinne ist der medizinisch-industrielle Komplex eine Art volkswirtschaftliches Perpetuum mobile, das den Markt durch steigende Produktion nicht etwa sättigt, sondern im Gegenteil immer mehr vergrößert. Viele Krankheiten wurden durch die immensen Fortschritte sozusagen erst erzeugt.

Das Repertoire der modernen Methoden in Diagnose und Therapie nimmt beständig zu. Aber ausgerechnet durch ihren Erfolg verringern Pharma-Konzerne und Medizin die Krankheitslast nicht, sondern vermehren sie. Die moderne Heilkunst verlängert mit raffiniertester Pharmakologie-Therapie gleichzeitig auch multimorbides Leben. Die Experten bezeichnen dies als die „Fortschrittsfalle der modernen Medizin".

So vollzog sich ein Wandel zugunsten der Pharma- und Geräteindustrie, deren Gewicht zunahm, je industrieller das Gesundheitswesen wurde. Die kombinierte Technik- und Kostenspirale begann sich immer schneller zu drehen.

In anderen Wirtschaftszweigen, so zum Beispiel im EDV-Bereich, werden höhere Leistungen zu fallenden Preisen verkauft. Teilweise wird dies auch im Gesundheitswesen umzusetzen sein. Eine generelle Preissenkung scheitert jedoch daran, daß gute Leistungen die Lebenserwartung verlängern und pro Menschenleben damit höhere Gesamtkosten entstehen.

Dabei ist die innerärztliche Konkurrenz ein wichtiger Antriebsmotor.

Jedes Organ und jeder Quadratzentimeter Körperoberfläche sind ein millionenschwerer Teilmarkt. Mit zunehmender Größe ist die Mega-Branche Gesundheit auch zu einem der wichtigsten Arbeitgeber und Steuerzahler aufgerückt. Der Arzt Hans Biermann hat schon Anfang der neunziger Jahre festgestellt: „Rechnet man diejenigen, die entweder direkt im Gesundheitswesen oder in den vielfältigen Zulieferungsbetrieben beschäftigt sind, zusammen, kommt man allein in Deutschland auf die erstaunliche Zahl von rund zwei Millionen Menschen. Dazu zählen die rund 200.000 Ärzte, 40.000 Zahnärzte, die rund 750.000 im Krankenhaus tätigen Schwestern, Pfleger, Klimatechniker und Pförtner, die 40.000 Apotheker und ihre

60.000 Angestellten, die mehr als 100.000 Arbeitnehmer der Krankenkassen, Gesundheitsministerien, Ärztekammern und Verbände, und die fast 100.000 Beschäftigten der medizinisch-technischen Industrie. In der Summe bedeutet dies doppelt soviel Beschäftigte, wie die vier großen staatlichen Arbeitgeber Bundeswehr, Bundespost, Bundesbahn und Lufthansa zusammen aufweisen, und zweieinhalbmal soviel, wie die gesamte deutsche Automobilindustrie beschäftigt. Insgesamt hat jeder vierzehnte deutsche Arbeitnehmer damit zu tun, Gesundheitsmängel zu erkennen und zu beheben oder Geräte zu bauen, mit denen man dies kann, sowie Medikamente bzw. Heil- und Hilfsmittel herzustellen oder zu verbessern, Kranke in Krankenhäusern, Pflegeheimen, Kliniken und Anstalten zu pflegen, zu versorgen oder zu verwalten, Studenten auszubilden, Bücher herzustellen, in denen das medizinische Wissen weitergegeben, und Forschung zu betreiben, in der dieses Wissen vermehrt wird."

Nimmt man zu denjenigen, die im Gesundheitswesen arbeiten, auch noch die Millionen Menschen hinzu, die an einem ganz normalen Werktag von ihnen in Krankenhäusern, Arztpraxen, Heimen oder Kliniken versorgt werden, so drängt sich eine beunruhigende Vision auf: eine Bevölkerung, deren eine Hälfte morgens ins Krankenhaus zur Arbeit einrückt und dort auf die andere Hälfte trifft, die behandlungsbedürftig in den Betten liegt.

Der englische National Health Service beispielsweise rückte, wie der britische Oppositionsführer im Unterhaus den Konservativen vor der Wahl im Mai 1997 sarkastisch vorrechnete, zum mittlerweile zweitgrößten Arbeitgeber Europas auf. Der größte war die Rote Armee. Der medizinisch-industrielle Komplex, die Gesamtheit der Gesundheitsschaffenden in Praxen, Kliniken, Versicherungen und pharmazeutischer oder medizintechnischer Industrie nebst assoziiertem Groß-, Zwischen- und Einzelhandel, hat längst alle anderen Branchen überholt und abgehängt. Ob in puncto Umsatzgröße oder Rendite, Wachstumsraten, bisheriger Krisenfestigkeit oder Zukunftsperspektive – der medizinisch-industrielle Komplex schlägt alles, was beispielsweise Computer oder Autos baut.

Kein Zweifel: Das Geschäft mit der Gesundheit hat die Dimension des Big Business längst erreicht. Unser Gesundheitswesen arbeitet ständig auf Hochtouren, erbringt wissenschaftliche Spitzenleistungen auf fast allen Gebieten, beschäftigt die intelligentesten Leute und setzt sich die höchsten ethischen Ziele. Dennoch ist es hoch defizitär. Beachtliche Profite erzielen nur Pharma-Konzerne und gutverdienende Ärzte. Die Probleme unseres Gesundheitswesens sind komplex, und zu seinen Eigentümlichkeiten zählt, daß es keine Guten und keine Bösen gibt. Alle Beteiligten am Gesundheitsmarkt handeln sozusagen pflichtgemäß und nach bestem Ermessen.

Die Branche ist nicht nur zu einem Wirtschaftsfaktor von großer Dominanz aufgestiegen, sondern verfügt auch über beträchtlichen politischen Einfluß. Der ehemalige Bundespräsident Richard von Weizsäcker hat im Bundesverband der Pharmazeutischen Industrie seine Karriere begonnen. Und wenn in Ludwigshafen die BASF ihr Firmenjubiläum feiert, hält der ehemalige Werkstudent und langjährige Bundeskanzler Helmut Kohl gern die Festrede. Ex-US-Präsident George Bush war früher Direktor im Pharma-Konzern Eli Lilly.

In ihrer Ausbildung an der Universität oder im Krankenhaus werden die jungen Ärzte konsequent auf „medikamentöse Gleise" gesetzt, die mancher in der eigenen Praxis nur mehr ungern verläßt. Häufig werden die Therapie-Schemata weitergeführt, die man im Krankenhaus erlernt und mit denen man, was fast noch wichtiger ist, seine Erfahrungen gesammelt hat. Angesichts der Tatsache, daß der Chefarzt eines größeren Krankenhauses in seiner Laufbahn mehrere hundert Fachärzte ausbildet und hinsichtlich ihres Verordnungsverhaltens prägt, wird das außerordentliche Interesse der Pharma-Industrie an den Schlüsselstellen der Hauptumschlagplätze deutlich.

Wie keine andere Arztgruppe werden die Chefärzte in ihrer Eigenschaft als „Opinionleader" umworben, und auf die Krankenhausapotheken werden die besten Profis unter den Pharmareferenten angesetzt. Sie wissen, daß jeder Abschluß doppelten Nutzen bringt: Das Präparat wird nicht nur in die Klinik, sondern auch in die ärztliche Weiterbildung und Verschreibungspraxis eingeführt. Die gewährten Rabatte sind entsprechend großzügig. Die Weiterbildung eines Arztes zum Facharzt mitsamt der klinischen Niedrigpreis-Suggestion dauert vier bis sechs Jahre. Etwa 30 Jahre währt die anschließende Verordnungskarriere eines Kassenarztes.

Zur Pflege der guten Geschäfte achtet die Pharma-Industrie auf die engstmögliche Verzahnung mit der klinischen Medizin. In einer Art werblichem Klammergriff werden Ärzte in Kliniken, Krankenhäusern und eigenen Praxen bearbeitet, und zwar mit einer Intensität, die sich keine andere Branche leisten kann. Mehr als 400 Fachzeitschriften, viele von ihnen komplett von der Industrie ausgehalten, sollen den Kassenarzt informieren.

Die pharmakologische Ausbildung kommt im Medizinstudium chronisch zu kurz, behaupten Kritiker. So „steuern" Allgemeinärzte im Verlauf ihrer Praxistätigkeit Pharma-Umsätze von 40 Millionen Mark, meist ohne die wirtschaftlichen Auswirkungen tatsächlich zu ahnen.

Auf fünf Kassenärzte kommt ein Pharmareferent. Bis zu fünfmal pro Tag erhält jeder niedergelassene Arzt Vertreterbesuch. Ein solcher Besuch, so haben die Marketingstrategen ausgerechnet, kostet 150 Mark und lohnt sich dennoch: Die ganz hartgesottenen unter den Pharmareferenten bringen es auf bis zu 2,3 Millionen Mark Umsatz pro Jahr.

Fast jeden Mittwoch- oder Freitagabend gibt es Einladungen zu Fortbildungsveranstaltungen mit anschließendem Abendessen – selbstverständlich zu Lasten der Industrie. Und wer eine sehr große Praxis betreibt, braucht sich um die Reisekosten zu internationalen Kongressen nicht sorgen, und selbstverständlich darf die Gattin mitfliegen.

Auf jeden Hundertmarkschein an Honoraren für ärztliche Bemühungen kommen bis zu 80 Mark Umsatz für die pharmazeutische Industrie. Nirgendwo sonst wird die Wandlung der Medizin von der ärztlichen Heilkunst zum multinationalen Mega-Business deutlicher als im Verbund mit der pharmazeutischen Industrie.

Wenn die Pharma-Industrie auf etwas Wert legt, dann auf gute Kontakte. Neben den Ärzten liegt den Pharma-Herstellern besonders die Zielgruppe der Politiker am Herzen. Die ersteren bewegen in der Bundesrepublik mit ihren rund eine Million Rezepten pro Tag einen jährlichen Medikamentenberg, dessen Wert dem Jahresumsatz der Deutschen Bundesbahn entspricht. Und die anderen sollen dafür sorgen, daß dies trotz mancherlei Verstimmungen ein für alle Beteiligten einträgliches Geschäft bleibt. Wie keine andere Branche beherrschen die Produzenten von Pillen und Pasten das Marketing nach innen wie nach außen.

Die mit ausdauernder Sorgfalt betriebene pharmazeutische „Landschaftspflege" obliegt einem flächendeckend organisierten Heer von 15.000 Pharmareferenten und einer generalstabsmäßig organisierten Lobby am Regierungssitz. Keine andere Interessenvertretung, so jammern Bundestagsabgeordnete, besitze in Bonn mehr Einfluß als die Herren der Verbände der Pharmazeutischen Industrie nebst assoziierten Untergliederungen und Instituten. Keine Lobby, ob Verteidigung, Energie oder Maschinenbau, hat sich mit der Gesetzgebungsmaschinerie so intensiv auseinandergesetzt und weiß sie so wirkungsvoll zu beeinflussen.

Bayer, Hoechst, Schering und BASF sind die großen Zapfen, um die sich der medizinisch-industrielle Komplex in Deutschland dreht. Dazu kommen noch 400 mittelständische Pharma-Unternehmen. Auch die Landesregierung in Rheinland-Pfalz weiß, was sie an ihrer BASF in Ludwigshafen hat: eine der größten Industrieanlagen Europas und einen der potentesten Gewerbesteuerzahler der Republik. Wenn sich die Bayer-Bosse beim WDR-Rundfunk-Intendanten in Köln über pharmafeindliche Berichterstattung beschweren, überlegt sich der Medienmann die Antwort vermutlich sehr genau: Der im 20 Kilometer entfernten Leverkusen beheimatete Bayer-Konzern zahlt mehr WDR-Hörern das Gehalt als die Ruhrgebiet-Konzerne Mannesmann und Hoesch-Krupp zusammen.

So strahlend die Branche sich in ihrer wirtschaftlichen Leistungskraft präsentiert, so übergangslos wechselt sie die Tonlage, wenn Kritiker die Stimme erheben. Dann verwandeln sich die sonst so soignierten Pharma-Abgesandten in einen „schrillen Chor der Klageweiber", wie das Hamburger „Manager Magazin" tadelte, oder schlagen „hysterische Purzelbäume". Selbst in den zaghaftesten Kostendämpfungsvorschlägen sehen die Pharmariesen mitunter die „Summierung von Grausamkeiten" oder „Folterinstrumente".

Die Industrie mischt auch im innerärztlichen Wettbewerb kräftig mit. Durch die Plazierung von neuen Produkten lassen sich beispielsweise Patientenströme beeinflussen und Gewichte zwischen konkurrierenden Arztgruppen verschieben. So forcierte die Industrie die Verschreibung von sogenannten Breitbandantibiotika für die allgemeinärztliche Praxis, die sich bei den verschiedensten Krankheitsbildern gleichermaßen gut und gleichermaßen unspezifisch einsetzen ließen. Wenn der Allgemeinarzt damit die Mittelohrentzündung behandelt, begibt sich der Patient nicht in Behandlung bei einem Hals-Nasen-Ohren-Arzt. Wird dem Praktiker von der Pharma-Industrie suggeriert, Nierenbeckenentzündungen seien auch für ihn mühelos behandelbar, bleiben dem Urologen die Patienten fern. Und dem Internisten kommen welche abhanden, wenn der Praktiker kardiologische Spezialitäten verschreibt, erklärte der Arzt Dr. Hans Biermann.

Daneben setzt die Industrie auf zwei Nebenmärkte: das Segment der als „OTC-Präparate" bezeichneten, rezeptfreien Medikamente, die es in Apotheken oder Drogerien gibt. Je spezifischer die mit OTC-Mitteln mögliche Therapie wird, desto weniger Patienten gehen überhaupt zum Arzt. Sie lassen sich statt dessen vom Apotheker beraten oder entscheiden sich für die Selbstdiagnose. Und die Anbieter der sogenannten Heil- und Hilfsmittel, wie Optiker und Optometristen, Hörgeräteakustiker, Masseure oder auch Heilpraktiker, greifen ebenfalls mit zunehmender Tendenz zum Rezeptblock. Sie sind sozusagen die Reservepartner der Pharma-Industrie.

Aber die Pharma-Industrie der Zukunft wird die Unterstützung ihrer bisherigen Wegbegleiter immer weniger brauchen. Es wird viel weniger auf jene Informationen ankommen, die sie heute noch aus Universitätskliniken, Krankenhäusern und Praxen erhält. Was Fortschritt ist, werden nicht mehr Ärzte definieren, sondern die Marketingexperten der Pharma-Industrie.

Ärzte, die sich über die pharmatypische Verquickung von Medizin und Kommerz erhaben wähnen, täuschen sich über die Radikalität, mit der sich die Gewichte umkehren werden.

Der Arzt gerät in dem „modernen“ System zunehmend in eine ungewohnte Rolle. Und er wird mehr und mehr abhängig von der Pharma-Industrie. Sein Wissen sei schon veraltet, wenn er die Universität verläßt, meinen Kritiker. Seine Selbstfindung in einer von Wissenschaft und Technik und vor allem Kommerz geprägten Welt wird zunehmend schwieriger. Weder die Rolle des „Halbgottes in Weiß“ noch die des selbstlosen Helfers ist heute zeitgemäß.

Ebenfalls an Einfluß verlieren wird die Politik, deren Versuche einer regulatorischen Beeinflussung des Pharmamarkts mehrfach gescheitert sind.

In den letzten 50 Jahren erreichte die Pharma-Industrie den Rang einer Super-Branche.

4 Die Pharma-Industrie: Branche im Aufwind

Sicherlich besitzt die Pharma-Industrie einen so großen Nährboden wie sonst kein anderer Wirtschaftszweig, vielleicht mit Ausnahme des Computer-Geschäfts und der Telekommunikation. Sie hat ja auch noch massive Interessen im riesigen, weltweiten Bereich der Nahrungsmittel.

Der Arzneimittel-Markt wächst und wächst. 1996 war das beste Jahr seit langem: Höhere Erlöse, mehr Spielraum für Preiserhöhungen und jede Menge Einsparungen mittels Personalabbau und effizienterer Strukturen. Bei den 10 führenden amerikanischen Pharma-Konzernen schnellten die Gewinne um 12 Prozent auf 18 Milliarden Dollar hinauf, während der Umsatz nur um 8 Prozent zunahm. Solche Relationen sind das Kennzeichen für besonders etragsstarke Abschnitte – übrigens auch in anderen Branchen. Die Gesündesten erzielten 1996 sogar deutlich mehr als 20prozentige Profit-Plusraten.

Die Entwicklung der Umsätze und Gewinne nicht nur in den Hauptindikationsgebieten spricht eigentlich schon seit Jahren für sich.

Nach den Erfahrungen der Vergangenheit und den Perspektiven, die die Zukunft der Medikamenten-Industrie eröffnet, kann eigentlich nichts die Prosperität der Pharma-Konzerne entscheidend schmälern. Sie haben den Strukturwandel auf den Gesundheitsmärkten viel besser als erwartet verkraftet.

Auch wenn sich die Pharma-Industrie, wie ihre Lobby manchmal behauptet, wegen auslaufender Patente, „alle 20 Jahre neu erfinden“ muß, so ist sie doch in keinster Weise vom Untergang bedroht, wie manche Branchenvertreter mitunter düster glauben machen wollen. Jedenfalls zögerte sie mit notwendigen Neuordnungen nicht so lange, bis ihr der Atem ausging. Diesen Fehler haben viele Betriebe aus älteren Wirtschaftszweigen der Industriegesellschaft gemacht.

Generell können innovative Branchen sich nicht auf ihren Lorbeeren ausruhen. Das gilt zum Beispiel auch für die Computer-, Software- und Chip-Industrie. Dort lautet das Motto, das einzig Beständige ist der Wandel. Intel-Chef Andrew Grove sagte treffend: „Man muß handeln, solange es einem gut geht.“ Nach diesem Muster stellt nun die Pharma-Industrie ihre Weichen neu.

Die Hauptsache ist der Effekt

Das Schlüsselwort heißt „Synergie“, ein Begriff aus der Physik. Addiert man zwei Kräfte, kommt mehr heraus als die Summe der beiden. Damit will auch die Chemie- und Pharma-Branche nicht nachstehen. Nach dem Verständnis der Pharma-Gewaltigen stärken Zusammenschlüsse die globale Präsenz und senken die Kosten für Forschung und Entwicklung. In einer weniger ökonomisch geprägten Sprache bedeutet dies den Abbau von Arbeitsplätzen. In den neunziger Jahren war jede sechste der 350.000 Stellen gefährdet. Solche Maßnahmen stehen natürlich in krassem Widerspruch zu dem riesigen Firmen-Vermögen. Zudem gelingt die Abwanderung von Führungskräften in verwandte Zweige wie Kosmetik oder Lebensmittel-Chemie nur selten. Jedoch ist der Prozeß nicht annähernd so dramatisch, wie etwa bei Eisen + Stahl oder im Rüstungssektor, wo durch einen bislang beispiellosen Konzentrationsprozeß „nach einer langen Phase der Verschwendung“, wie das Wall Street Journal tadelte, gleich Hunderttausende ihren Arbeitsplatz verloren.

Die Pharma-Unternehmen eröffnen sich die Chance, mit derlei „Neuordnungen“ auch während weniger profitablen Phasen die Erträge stabil zu halten oder sogar zu erhöhen. Der gleiche Effekt tritt verstärkt ein, wenn die Aufwendungen für F&E gesenkt werden, was auf Dauer aber ein sehr zweischneidiges Schwert ist und mit dem Verlust der Selbständigkeit enden kann.

Jedenfalls monierte das New York Investmenthaus Lehmann Brothers, „es wird zuviel Geld in Forschung gesteckt“, was aus ökonomischen Gründen nicht zu rechtfertigen sei. Bereits im Jahr 2000 decken die Einnahmen für neue Präparate die Ausgaben für ihren Entwicklungsbedarf nicht mehr. Nur mehr die ganz Großen im Geschäft werden es sich leisten können, auf mehreren Indikationsgebieten erfolgreich mitzumischen.

Eines Tages werden die Pharma-Unternehmen vom Status der Pillen-Hersteller in die Rolle von „Gesundheits-Dienstleistern" schlüpfen. Sie sind dann „Disease-Manager". Auch hierzulande werden die Krankenkassen bestimmte Leistungspakete für bestimmte Krankheiten (Disease Management) definieren, die sodann von den einzelnen Anbietern mit Preisnachlässen versehen werden.

Die Krankenkassen werden versuchen, das bisher bestehende Preisgefüge aufzubrechen, indem sie ein eigenes Einkaufsnetz aufbauen und direkt mit den Herstellern verhandeln. Überdies ist die Zulassung von Apothekenketten vielleicht schon ab 1998/99 möglich, etwa im Rahmen der fortschreitenden europäischen Einigung. Gefragt sind künftig Gesamtlösungen.

Die Zahl der forschenden Gesellschaften wird weltweit von 50 auf 20 sinken.

Als Beispiel eines intelligenten Einstiegs in ein solches „Muster" gilt der gezielte Erwerb von Dialyse-Zentren durch die Bad Homburger Fresenius AG, die damit auch ihre Verkaufskanäle sicherte.

Gesundheit: Hohe Ausgaben

Gesundheit ist teuer. In den westlichen Industrieländern, von den USA über Deutschland, die Schweiz, Österreich bis Norwegen, werden dafür zwischen 7 und 14 Prozent des Bruttosozialprodukts aufgewandt. In Mexiko betragen die einschlägigen Ausgaben immerhin noch 4,9 Prozent, in der Türkei hingegen laut einer OECD-Studie nur 2,7 Prozent.

In den USA beanspruchen sie rund 14 Prozent vom Bruttoinlandsprodukt – oder 1000 Milliarden Dollar jährlich. 1983 waren es nur etwa 10,5 Prozent. In Deutschland werden zur Zeit etwa 10 Prozent für das wichtigste Gut veranschlagt.

Hierzulande entfällt auf die Behandlung im Krankenhaus rund ein Drittel der Gesundheitskosten. Dort wurde aber aus „politischer Opportunität", so die Analysten der Dresdner Bank, zunächst nicht nach Einsparungsmöglichkeiten gesucht. Sie konzentrierten sich auf die Medikamente, an denen die Pharma-Konzerne prächtig verdienten, die bis dahin jedoch nur rund 14 Prozent der Kosten ausmachten.

Die behördlichen Maßnahmen sahen Preissenkungen und einen Preisstop bis 1995, die Begrenzung des ärztlichen Verschreibungsbudgets sowie eine höhere Selbstbeteiligung des Patienten vor. Sie hatten einen durchschlagenden Erfolg. Nach Jahren stetigen Wachstums – Deutschland ist der drittgrößte Pharma-Markt der Welt und der größte Europas – gingen 1993 die Aufwendungen für Arznei-, Verband-, Heil- und Hilfsmittel aus Apotheken um knapp 20 Prozent auf 21,8 Milliarden Mark zurück. Der Effekt war jedoch nur von kurzer Dauer. Schon 1994 stiegen die Ausgaben wieder an.

Auch wirtschaftliche Rezessionen wie 1991/92 in den USA und 1993 in Europa und Deutschland, brachten die Pharma-Branche nicht ernsthaft in Schwierigkeiten. Eher sorgten schon die Gesundheitsreformen in den Konzernzentralen und an der Börse für einige Aufregung, da die ganz dicken Profite – etwa wie in den achtziger Jahren – nicht mehr erreichbar waren. Inzwischen hat sich die Aufregung längst wieder gelegt.

USA: Der Stein des Anstoßes

Anders als in Europa, wo die Initiativen vom Staat ausgingen, griff in den USA die Pharma-Industrie als am stärksten Betroffene früh sozusagen zur Selbsthilfe.

In Amerika erhalten die meisten Arbeitnehmer Versicherungsschutz über die Arbeitgeber. Bei kleineren Unternehmen ist dies aber oft nicht der Fall. Diese Ausgangslage hatte 1993 Präsident Clinton dazu veranlaßt, ein allgemeines Reformwerk vorzuschlagen.

Clintons Reformplan hatte zwei große Ziele: Erstens, teils durch

Vorschriften, teils durch Subventionen sicherzustellen, daß jeder US-Bürger Mitglied einer Krankenversicherung wird. Siebenunddreißig Millionen Amerikaner waren gar nicht versichert und viele Millionen unterversichert. Insofern wollte die Reform nur nachholen, was in den meisten Industrieländern schon selbstverständlich war.

Zweitens sollte der steile Anstieg der Kosten für die Gesundheitsversorgung gebremst werden. Dazu wurde ein System entworfen, das „Managed Competition" (gesteuerter Wettbewerb) getauft wurde. Gemeint war damit, daß Anbieter von Gesundheitsdiensten, vom Hausarzt über das Krankenhaus bis zur Krankenversicherung, sich zu großen „Gesundheitsunternehmen", sogenannten Health Maintenance Organizations (HMOs) und Pharmaceutical-Benefit-Management-Unternehmen (PBMs) zusammenschließen. Diese sollten um die Klientel konkurrieren.

Einige HMOs und PBMs, die es schon gab, waren mit diesem Konzept schon recht erfolgreich. Der Unternehmenstyp, der in Europa in dieser Form noch nicht existiert, rückte bald ins Interesse der US-Pharma-Konzerne, etwa um Einfluß auf die Medikamentenpreise nehmen zu können.

Eine spektakuläre Reaktion auf die Reform war zum Beispiel die Übernahme der einschlägig tätigen Medco Inc. durch Amerikas größten Pharma-Konzern Merck & Co. für umgerechnet 10 Milliarden Mark. Die Medco ist Amerikas größter Discount-Vertrieb von Medikamenten, der mit vielen HMOs zusammenarbeitet. Ebenfalls auf diese Art vertikaler Integration lief eine Allianz hinaus, die die Bristol-Myers Squibb Co. (BMS) und die Krankenhaus-Kette American Healthcare Systems schlossen. Und desgleichen die Übernahme der PBM „Diversified" für 2,3 Milliarden Dollar durch die Smith-Kline Beecham im Mai 1994. Die Pfizer Inc. vereinbarte eine strategische Allianz mit der Value Health Inc. und deren PBM „Value Rx".

Die „Gesundheitsmakler" legen den Ärzten Listen vor, welche Medikamente sie verschreiben und welche sie aus Kosten- oder anderen Gründen vermeiden sollten. Die Erstellung solcher „Kauflisten" ist im Laufe der Zeit zur Domäne der „Phamaceutical Benefit Manager" geworden. Die PBMs handeln auch den Pharma-Produzenten Rabatte ab.

Die sogenannten Capitation-Arrangements sollen den Pharma-Produzenten den Anreiz verschaffen, nicht etwa nur möglichst viele Medikamente zu verkaufen, sondern vielmehr darauf hinzuwirken, daß die HMO-Mitglieder gar nicht erst krank werden. Denn je weniger Mitglieder behandelt werden müssen, um so höher ist im Durchschnitt der Gewinn des Capitation-Anbieters. Vorstellbar ist deshalb zum Beispiel, daß ein Pharma-Konzern, der mit einer HMO die „Capitation" für alle Herzkrankheiten vereinbart hat, Initiativen ergreift, um Herzanfällen vorzubeugen: beispielsweise durch Anti-Raucher-Kampagnen, durch das Angebot von Fitneßkuren oder auch durch die verbilligte Abgabe von Diätnahrung an übergewichtige HMO-Mitglieder. Unter „Capitation" versteht man die Verpflichtung von Pharma-Unternehmen, die Mitglieder einer HMO für einen vorab fest vereinbarten Betrag mit allen notwendigen Medikamenten zur Behandlung einer bestimmten Krankheit zu versorgen.

Aber auch dieses Modell hat etliche Haken. Der schöne Schein vom „Marktausgleich" trog mitunter: 40.000 unabhängige Apotheker warfen in einer Sammelklage rund zwei Dutzend internationalen Konzernen vor, darunter auch deutschen und schweizerischen, Großeinkäufern wie HMOs, Postversandapotheken und Krankenhäusern, zu große Preisnachlässe gewährt zu haben. Ein Vergleich über 410 Millionen Dollar Schadensersatz sollte die Verhältnisse wieder ins Lot bringen.

Und nach mehreren Gerichtsurteilen räumen amerikanische Ärzte bei der Auswahl der zu verschreibenden Mittel den Kostenvorgaben und Empfehlungen der HMOs nicht bedingungslos Vorrang ein. Begründung: Trotz deren Marktmacht müsse das Patientenwohl vorgehen.

Auch hierzulande fürchten Ärzte die Einführung des amerikanischen Vorbilds, weil ihnen im Zuge von „Programmen" vorgeschrieben werden könnte, nur die Medikamente des jeweiligen Pharma-Partners zu verschreiben.

Und die Krankenkassen sehen die Gefahr, über die technische Abwicklung den Pharma-Produzenten zuviel Einblick in die Patientenkarteien zu gewähren. Außerdem: Im internationalen Vergleich der Ausgaben für Gesundheit haben ausgerechnet die USA mit ihrem wettbewerbsorientierten System mit 14,3 Prozent die höchsten Anteile am Sozialprodukt (BIP) und überdies die höchsten Verwaltungskosten in der Krankenversicherung (17 Prozent) zu verzeichnen. Interessant ist auch, daß der Anstieg der Ausgaben in Großbritannien mit seinem kostengünstigen nationalen Gesundheitsdienst genau mit dem Jahr 1991 einsetzt, in dem die neu eingeführten „Internen Märkte" oder „Quasi-Märkte", die den Wettbewerb stimulieren sollen, wirksam zu werden begannen.

Zur Durchsetzung ihrer Reformvorschläge hatten Bill und Hillary Clinton die Pharma-Industrie ziemlich angegriffen. Der Präsident erklärte sich „schockiert" über die hohen Arzneimittelpreise. Nach zermürbenden Auseinandersetzungen wurde aus der Reform aber nicht einmal ein beratungsfähiger Gesetzentwurf. Die Republikaner, die im US-Kongreß inzwischen die Mehrheit erlangt hatten, blokkierten die Reformvorschläge. Die Pharma-Lobby lehrte das US-Präsidentenpaar das Fürchten.

Der amerikanische Verband der Pharma-Unternehmen „Pharmaceutical Manufactures Association" beeilte sich zwar mitzuteilen, man sei prinzipiell für eine Gesundheitsreform und unterstütze auch viele der Vorschläge. Das Reformvorhaben setze aber zu stark auf Vorschriften und direkte staatliche Einflußnahme und zu wenig auf das freie Spiel der Marktkräfte. Besonders gewichtig: Einige der Vorschläge liefen Gefahr, die Anreize für die Forschung und Entwicklung zu unterminieren. Die Entwicklung neuer, besserer Medikamente sei aber das beste Rezept, um das Schicksal von Kranken zu verbessern und die Gesundheitskosten nicht ausufern zu lassen, und natürlich auch der Pharma-Industrie satte Gewinne zu bescheren.

Als wichtigste Punkte, die ihn „mit Sorge erfüllten", monierte der Verband, daß Behörden das Recht eingeräumt werden sollte, bestimmte Medikamente, deren Preise als „exzessiv" eingestuft wurden, auf eine „schwarze Liste" zu setzen. Diese Medikamente kamen damit nicht für einen Einsatz in den staatlichen Gesundheitsprogrammen für Alte und Arme in Frage und entfielen somit als

Umsatzbringer. Zweitens sollte die Industrie mit einer Art „Steuer" zusätzlich belastet werden – nämlich der Verpflichtung, Medikamente an die staatlichen Gesundheitsprogramme mit einem hohen Rabatt zu verkaufen. Drittens war geplant, die Industrie praktisch wie ein öffentliches Versorgungsunternehmen zu „regulieren". Die Aufsichtskommission sollte das Recht erhalten, Einsicht in die Bücher von Pharma-Unternehmen zu nehmen.

Geradezu symptomatisch war die offizielle Erklärung des Pfizer-Konzerns: Man müsse sich auf Veränderungen einstellen, die die Produktion von Medikamenten zu einer „sehr fragilen" Betätigung mache, und der Vorstand von Wamer Lambert meinte: Die Umsätze des US-Pharma-Markts in Höhe von 68 Milliarden Dollar würden um 11,2 Prozent zurückgehen, wenn Clintons Reformen vollständig realisiert würden. Aber die Sorgen um schmalere Profite waren nur kurzlebiger Natur.

So hatte bereits die Ankündigung der Pläne der Regierung Clinton die US-Pharma-Industrie mächtig auf Trab gebracht und auch in Europa einen teils tiefgreifenden Wandel eingeleitet.

Eine Untersuchung von Standard & Poor's wies sogar unverblümt darauf hin, daß die Branchen-Charakteristiken „stark" seien. Denn die Nachfrage für Medikamente sei keinen Konjunkturschwankungen unterworfen, und der Markt werde insgesamt weiter expandieren. Die durchschnittlichen Gewinnspannen seien mindestens zweimal so hoch wie in allen übrigen Branchen.

So haben die amerikanischen Pharma-Konzerne sogar für 1993 in der Regel stattliche Ergebnisse eingefahren: Sechs der zehn Größten erzielten mehr als zehn Prozent Reingewinn vom Umsatz. Merck & Co., im Geschäft mit rezeptpflichtigen Medikamenten weltweit führend, erreichte gar stolze 26 Prozent Umsatzrendite. Dennoch: Das Umsatz- und das Ertragswachstum der Branche wurde vorübergehend etwas langsamer.

Prächtige Prognosen

Trotz ihrer vielfach vorgetragenen Beschwerden steht die internationale Pharma-Industrie voll im Saft.

Ihre Profite nehmen in der zweiten Hälfte der neunziger Jahre überdurchschnittlich zu.

Für die 28 größten US-Unternehmen hat der Researchdienst Value Line eine Umsatzzunahme von 95 auf 120 Milliarden Dollar in den Jahren 1997 bis 2000 ausgerechnet. Das entspricht einer Steigerung von 27 Prozent in nur drei Jahren. 1992 lagen die Erlöse noch bei 64 Milliarden Dollar. In acht Jahren kommt die Branche demnach annähernd auf eine Umsatzverdoppelung. Nicht anders verhält es sich mit den Gewinnen, die von 11 auf 23 Milliarden Dollar klettern werden. Selbst in den „Reformjahren" 1993/94 ging die Profitspanne nur um 0,5 Prozent zurück. Die reichen Konzerne wurden ob ihrer Klagen über die profitschmälernden Einschnitte der Gesundheitsreformen als „professionelle Legendenbildner" bezeichnet, und sie standen in dem Ruf, die Abkassierer am Gesundheitsmarkt zu sein.

Bei der Bayer AG, von deutschen Analysten gerne als „Weltmeister im Geldverdienen" bezeichnet, betrug die Umsatzrendite „nur" 11 Prozent, was aber an dem weniger ertragreichen Chemieanteil liegt.

1996 war für die Pharma-Industrie nach den besonders ertragsstarken Achtzigern das beste Jahr.

Spätestens seit 1995 ist die „Wachstumsdelle" im internationalen Pharma-Geschäft kein Thema mehr. Zwar beklagen Unternehmenslenker und Lobby immer wieder das schwierige politische und administrative Umfeld. Zwischendurch klingt auch die Sorge vor geringeren Umsätzen und gedämpften Erwartungen durch. Kommentare wie „Gesundes Wachstum" sind aber längst wieder an der Tagesordnung.

Der Arzneimittelmarkt wächst beständig, zwar nicht mehr mit den hohen Plusziffern wie früher, aber doch mehr als die Wirtschaft insgesamt.

In 1994 stiegen die Preise für pharmazeutische Produkte lediglich um 0,9 Prozent. Dieser Anstieg war der geringste seit dem von Präsident Nixon in den Siebzigern verordneten Preisstopp. Über weite Strecken der achtziger Jahre erreichten die Profite über 20 Prozent pro Jahr. Die Gesellschaften hoben einfach die Preise an, besonders für jene Medikamente, die die Probleme der modernen Gesellschaften konterkarrierten wie Herz/Kreislauf, Bluthochdruck und Krebs. Die Zahl der Angestellten wuchs auf das Doppelte.

Nachdem sie Anfang der Neunziger noch über die Preiskontrollen gestöhnt hatten, langten die Konzerne aber Mitte des Jahrzehnts wieder ziemlich unverfroren hin.

Verschiedene Untersuchungen ergaben, daß die Hersteller-Listen für die 500 am meisten vertriebenen Medikamente in den USA 1995 im Schnitt um 4,6 Prozent kletterten. Eine Liste für 20.000 Produkte kommt auf eine Zunahme von 3,3 Prozent. In anderen Statistiken wurden nur 1,7 Prozent errechnet.

Die Kritiker beklagen, daß die Pharma-Industrie „ihr Wort gebrochen hätte". Ursprünglich sollten die Preissteigerungen nicht über die jährliche Zunahme der Geldentwertungsraten hinausgehen. „Es ist das direkte Resultat davon, daß Washington sie nicht länger beobachtet", konstatierte das US-Wirtschaftsmagazin Business Week.

Mit dem Ende der Gesundheitsreform ist auch der Überwachungseifer nicht mehr da. Die US-Pharma-Industrie selber hält sich bedeckt, meint aber: Moderate Preisanhebungen seien vertretbar.

Inzwischen erntet der Industriezweig die Früchte des tiefgreifenden Wandels. Fast kurios dabei: Der Auslöser der Neuordnung, nämlich die Gesundheitsreform selber, gilt als gescheitert.

Attraktive Geschäfte

In allen Industrieländern wird der Arzneimittelverbrauch deutlich zunehmen.

Mit Produktionssteigerungen von jährlich vier Prozent liegen die Pharma-Hersteller im längerfristigen Vergleich (1980–1994) deutlich vor der Chemie (2 Prozent) und dem verarbeitenden Gewerbe (1,5

Prozent). Getragen wurde das Wachstum vom Export, wobei die deutschen Firmen nach wie vor Ausfuhr-Weltmeister vor jenen der Schweiz, Großbritannien und den Vereinigten Staaten sind.

Von 1980 bis 1994 sind die Exporte Jahr für Jahr um durchschnittlich sechs Prozent gestiegen und repräsentieren inzwischen fast die Hälfte (47,5 Prozent) der inländischen Arzneimittel-Produktion.

Die Märkte in Mittel- und Osteuropa bieten der Pharma-Industrie große Chancen. Dort ist der Versorgungsgrad der Bevölkerung mit Arzneimitteln nach wie vor mangelhaft. Offenkundig entwikkelten sich die Pharma-Märkte in Polen, der Tschechischen Republik, der Slowakei und in Rußland mit bislang drei Milliarden Dollar Volumen besonders günstig.

Hoffnung setzen die Pharma-Hersteller in die europäische Einigung. Damit meinen sie zugleich den Aufbau einer übergreifenden Patentregelung wie den Ausbau länderspezifischer Zulassungsvorschriften und Arznei-Budgets.

Der beste Ansporn sind „wirklich freie Märkte". Die Pharma-Lobby meint: „Wir brauchen keine staatlichen Preismechanismen, denn dank des Wettbewerbs unter den Firmen setzt sich das beste Produkt durch." Budgetierung oder Preisreglementierungen hemmten die Industrie nur.

Pharma ist auch langfristig ein attraktives Geschäft. Der Markt wird weiter wachsen, wenn auch nicht mehr so stark wie in der zurückliegenden Dekade. Der Verkauf von Arnzeimitteln auf den zehn wichtigsten Pharmamärkten der Welt kam bereits 1995 im Vergleich zum Vorjahr auf um neun Prozent höhere Touren. Und sogar die Branche selbst gab sich „gedämpft optimistisch".

Der Arzt bleibt wichtiger Entscheidungsträger für die Arzneimittelauswahl. Aber die Kostenträger der Gesundheitssysteme verstärken ihren Einfluß und stellen damit neue Anforderungen an das Pharma-Marketing. Auch in Europa werden mittelfristig große Abnehmer-Gruppen entstehen und bei der Preisgestaltung ein gewichtiges Wort mitreden.

Überall haben jeweils landespezifische Distributions- und Wiedererstattungssysteme erheblichen Einfluß auf die Pharma-Preise. Politisch induzierte Herabsetzungen gibt es inzwischen praktisch in jedem Land. Japan mit seinen weltweit höchsten Preisen verordnet in regelmäßigen Abständen Reduzierungen. Übrigens: Medikamente werden in Japan auch von Ärzten verkauft – unter Umsatzbeteiligung. Ein breitgestreutes Apothekenenetz nach mitteleuropäischem Verständnis gibt es nicht.

Große und kleine Fische

Generell bedarf es mehrerer Qualitäten, um auf lange Sicht den Ertrag überdurchschnittlich zu steigern. Eine möglichst rentable und innovative Produktpipeline gehört dazu. Unter 14 ausgesuchten europäischen und amerikanischen Gesellschaften erfüllten die schweizerischen Roche-Holding, ein Lieblingskind der Börsenratgeber, sowie der US-Konzern Pfizer die Anforderungen besonders gut. 1996 waren bei Pfizer 15 aussichtsreiche Substanzen in einem fortgeschrittenen Entwicklungsstadium. Sie decken mehrere Indikationsgebiete ab. Dazu zählen das neuartige Antihistaminikum „Cetrizine", Arthritismittel und Krebspräparate sowie „Darfenacin" zur Behandlung von Inkontinenz. Entscheidend sei eine „klare Ausrichtung auf die Gesundheit", betonen die Unternehmens-Analysten bei den Banken. Bei Roche gibt es zum Beispiel zwischen den Aktivitäten Pharma, Vitamine, Feinchemikalien, Diagnostika, Riechstoffe und Aromen „Querverbindungen, die vielerlei Synergien zulassen".

Der schwedische Pharma-Konzern Astra machte zum Beispiel mit dem Magen/Darm-Päparat „Losac" einen Umsatz von weit über einer Milliarde Mark jährlich. Das entsprach 42 Prozent der gesamten Unternehmenserlöse. Die Schweden erzielten eine Umsatzrendite von 24 Prozent.

Nur mehr die Großen des Geschäfts werden es sich leisten können, auf mehreren Indikationsgebieten erfolgreich ganz vorne mitzumischen – mittels einer rentablen und innovativen Produktpipeline – und natürlich erstklassiger Vertriebskanäle.

Bei den US-Firmen standen 1996 immerhin 215 Mittel gegen

Krebs, 107 gegen Herzkrankheiten und Schlaganfälle, 132 gegen Alterskrankheiten wie Alzheimer, Parkinson, Osteoporose, Bluthochdruck und andere, 110 für Aidsbehandlung und 118 gegen Unbefindlichkeiten neurologischen Ursprungs in der Entwicklung.

Nur die forschenden Unternehmen, die international operieren, frühzeitig neue Therapieformen erkennen, entwickeln und in enger Zusammenarbeit mit den Zulassungsbehörden schnell auf den Markt bringen, sowie sich mit der neuen Abnehmermacht auseinandersetzen, erarbeiten sich Wettbewerbsvorteile.

Falls diese Anforderungen die Möglichkeiten eines Unternehmens übersteigen, so böte sich als Defensivstrategie das „Ausweichen in die schnell wachsenden OTC- und Generika-Märkte" an.

Da in den kommenden Jahren viele umsatzstarke Medikamente ihren Patentschutz verlieren, versuchen viele Unternehmen, durch den Erwerb von Generika-Produzenten den Lebenszyklus von Blockbustern mit dem songenannten Life-Cycle-Management zu verlängern. Nach Pfizer ist es so, daß bei Auslauf eines Patents ungefähr 60 Prozent des Umsatzes wegbrechen. Upjohns „Xanax", ein Antidepressivum, verlor 1993 den Patentschutz, worauf die Erlöse von 624 auf 343 Millionen Dollar binnen Jahresfrist absackten. Auch dies ist ein Grund, warum oft lieber kopiert als neu entwickelt wird.

Nach Kalkulationen der Pharma-Industrie dauert es rund 18 Jahre, bis der kumulierte Cash-flow die bis zu diesem Zeitpunkt angefallenen Gesamtaufwendungen deckt. Derartig große Unternehmensrisiken werden insofern nur eingegangen, wenn Aussichten bestehen, daß die lange „Durststrecke" bis zur Gewinnschwelle nicht durch Fälschungen, Nachahmungen oder Piraterie schon frühzeitig unterlaufen wird.

Und die Patentanwälte fordern: Die Pharma-Erzeugnisse und nicht nur die Verfahren sollen geschützt werden. Allerdings ist dies aber auch mit der Frage verbunden, ob bei neuen Produkten aus biotechnologischen Prozessen überhaupt patentrechtliche Beweisverfahren stichhaltig durchgeführt werden können.

Die Konkurrenz ist groß. Auf den Plätzen 1–15 stehen 8 Amerikaner, jeweils 2 Briten und Deutsche und Schweizer sowie eine französisch/amerikanische Liaison.

Auf den Plätzen 16–30 sind hingegen nur 4 Amerikaner, aber 2 Franzosen, 5 Japaner, 2 Deutsche (Schering, Merck), 1 Brite (Zeneca) und 1 Niederländer (Akzo Nobel) zu finden.

Die BASF rangiert nach Pharma-Umsätzen auf Platz 35, die Degussa-Tochter Asta Medica auf Platz 53 und Schwarz Pharma auf Platz 60. Als erster Japaner tauchte 1997 Takeda (Umsatz: 5,6 Milliarden Dollar) nur auf Platz 16 auf. Auf Platz 20 folgt als nächster Nippon-Konzern Sankyo (4,23 Milliarden Dollar) vor Yamanouchi auf Rang 22 (3,56 Milliarden Dollar). Glaxo möchte sich als Nummer eins im Pharma-Geschäft behaupten. Im ersten Quartal 1997 hat jedoch die schweizerische Novartis zu den Briten praktisch aufgeschlossen. Auf diesen Platz möchte aber auch der deutsche Hoechst-Konzern in Frankfurt/Main vorrücken. Aber nach dem Zusammenschluß von Sandoz und Ciba-Geigy standen die Deutschen mit deutlichem Abstand nur auf Platz drei.

Zahlreiche Segmente werden auch in Zukunft den regionalen Pharma-Herstellern noch erheblichen Spielraum lassen.

Ein typisches Beispiel bieten die sehr erfolgreichen pflanzlichen Arzneimittel, die praktisch ausschließlich kleinere und mittelgroße Unternehmen produzierten.

Für die Mittelständler ist ein Engagement in der Grundlagenforschung zu aufwendig. Sie konzentrieren sich nicht auf die Wirkstoffsuche, sondern auf die klinische Entwicklung und die Verbesserung bekannter Wirkstoffe, etwa durch neue Darreichungsformen. Man muß der Versuchung widerstehen, Tierställe einzurichten und große Laboratorien aufzubauen, erklärt der Bundesverband der Pharmazeutischen Industrie in Bonn. Die klassische Domäne der Mittelständler besteht im Management des Produktlebenszyklus. Hier kommt es auf die Innovation in kleinen Schritten an. Ein Medikament, das 10 Prozent besser ist, können die Firmen immer noch 30 Prozent teurer verkaufen.

Als „Mittelstand" gilt noch, wer schon die Umsatz-Milliarde erreicht hat.

Bei den Pharma-Herstellern sind die Dimensionen auch hier eine Nummer größer als in vielen anderen Wirtschaftszweigen.

Auf dem deutschen Markt tummeln sich 400 Pharma-Produzenten, die im Verband der forschenden Pharma-Unternehmen zusammengeschlossen sind. Kostenintensive Großforschung betreiben jedoch nur 38 Unternehmen. Aber deren Klage lautet regelmäßig, daß ein Präparat zehn Jahre und mehr im Markt braucht, um Gewinn zu erzielen. Obwohl gleichzeitig mit Arzneien auch Traumrenditen von zum Teil mehr als 30 Prozent erreicht werden.

Die unterschiedlichen Reaktionen auf den globalen Strukturwandel zeigen, daß es keinen Königsweg zum Erfolg gibt. Aus den Beiträgen der evolutionären Ökonomie weiß man, daß auf dynamischen Märkten die Suche nach dem heiligen Gral der „besten Entscheidungen" vergeblich sein muß. Die Unternehmen reagieren auf dieselben Marktsignale mit unterschiedlichen Strategien. So gesehen ist die Marktwirtschaft, wie die Mitbegründer der evolutionären Ökonomie, Richard Nelson und Sidney Winter, einmal schrieben „ein Mittel zur Durchführung von Experimenten im Bereich des wirtschaftlichen und unternehmerischen Verhaltens". Langfristig wird man natürlich davon ausgehen müssen, daß Fehlentscheidungen bestraft werden und daß permanent gegen den Markt anlaufende Unternehmen verschwinden. Unter diesem Blickwinkel erscheint manche Übernahme riskant oder fast wie eine Fahrt ins Blaue.

Entscheidend fällt die effiziente Führung eines Unternehmens ins Gewicht. Die Frist zwischen Problemerkennung und -lösung ist kürzer geworden. Um so wichtiger wird ein kreatives und konsequentes Entscheidungsmanagement. Historisch gewachsene Konstellationen müssen nicht zu Bremsklötzen werden. Generell wird der Bruch mit Vergangenem öfter und leichter vollzogen.

Auch wenn sich der Erfolg der gewählten Strategie erst nach Jahren messen läßt, so können in der Zwischenzeit die Geschäftsabschlüsse und die Reaktion der Finanzmärkte für den jeweiligen Zustand der Pharma-Gesellschaften Anhaltspunkte liefern. Quervergleiche über die Grenzen hinweg hinken aus einer Reihe von systematischen Gründen. Die Analysen von Investmentbanken geben in den meisten Fällen aber gut Aufschluß über die jeweilige Lage der Unternehmen Die Pharma-Industrie gilt den Investment-Profis als liebstes Kind.

Seit einiger Zeit werden vom Management der deutschen Großchemie die beiden Begriffe „Kernarbeitsgebiet“ und „Randarbeitsgebiet“ besonders gerne strapaziert. Das hat seine Gründe.

„Die Reaktionsgeschwindigkeit der deutschen Großchemie in der Rezessionsphase ließ zu wünschen übrig“, kritisierte die Deutsche Bank-Research in einer Studie. Deutsche Altprodukte, wie Düngemittel, Grundchemikalien oder Textilfarbstoffe, lassen sich immer schlechter absetzen. Um ihre Verluste bei Textilfarben, dem Ursprungsprodukt der deutschen Chemie überhaupt, zu begrenzen, arbeiten Bayer und Hoechst nun auf diesem Gebiet in einem Krisen-Joint-venture zusammen. Mit dem Niedergang der heimischen Textilbranche waren ihnen die Kunden abhanden gekommen. Auch die Massengüter bei den Chemiefasern und Kunststoffen, immerhin der Motor des deutschen Chemiewunders nach dem Krieg, lassen sich heute andernorts wesentlich billiger herstellen.

In der vergangenen Rezession spürten die Konzerne besonders schmerzlich, wie verwundbar sie in weiten Teilen ihres Geschäftes geworden sind. So war Bayer im Krisenjahr 1992 bei seinem Gewinn zu nicht weniger als zwei Drittel auf das Geschäft mit der Gesundheit angewiesen. Dagegen trugen die klassischen Chemiesparten, mit denen die Leverkusener rund die Hälfte ihrer Umsätze bestritten, ganze 13 Prozent zum Ergebnis bei. Ähnlich deprimierend war das Verhältnis bei Hoechst.

Ihre Position auf dem durch Konjunkturschwankungen wenig anfälligen Pharma-Sektor auszubauen, das ist nun das erklärte Ziel. Und die ersten Taten folgten bereits. Die Vorwärtsstrategie lautet: Zyklische Arbeitsgebiete durch robustere abzusichern!

Immerhin legte Jürgen Dormann, der erste Nichtchemiker an der Spitze von Hoechst beim Umbau des Konzerns ein bemerkenswertes Tempo vor. Nach der verbreiteten Devise „Trennung von Randgebieten, Stärkung der Kerngeschäftsfelder“ verkauften die Hoechster ihre gesamte Kosmetiksparte (Marbert, Jade, Schwarzkopf), den Anlagenbauer Uhde und ihre unter dem Namen Ceramtec lange als innovativer Imageträger gepäppelte Industriekeramiksparte. Zudem gaben die Hessen das Druckplattengeschäft an die Bayer-Tochter Agfa-Gevaert ab. Damit noch kein Ende: Über den Verkauf ihrer Fluorchemikalien standen die Hoechst-Manager mit der belgischen Solvay-Gruppe in aussichtsreichen Verhandlungen. Gleichzeitig erkor Hoechst-Chef-Dynamiker Jürgen Dormann („Pharma, Pharma, Pharma!") die Arzneimittelsparte zum Wachstumsfeld Nummer eins. Der beherzte Abwurf von Ballast und die spektakuläre Übernahme von Marion Merrell Dow (MMD) ließen die Börsenkurse erstmals die Bayer-Notierung passieren.

Bei Hoechst sollen dem Zusammenschluß der drei Einheiten Hoechst, MMD und Roussel Uclaf mehr als 30 Werke und insgesamt 8000 Stellen zum Opfer fallen.

Die Geschwindigkeit und die Radikalität, die der Vorstand beim Umbau an den Tag legt, sind beachtlich. Fast nichts erinnert mehr an die früheren „Farbwerke Hoechst", die ihren Ursprung in der Pigmentherstellung hatten. Nichts macht dies deutlicher als die Abgabe der Spezialchemie, 1995 immerhin noch das zweitgrößte Geschäftsfeld im Konzern. Kein anderes deutsches Chemieunternehmen hat sich bislang vergleichbare Umbrüche zugemutet.

Der Konzern hat eine elegante Lösung für die Befreiung von seinen ertragsschwächeren Geschäftsfeldern gefunden. Die Sparten wurden als Sacheinlage gegen neue Aktien bei der eidgenössischen Clariant eingebracht, und die Frankfurter halten künftig bei den Schweizern eine Minderheitsbeteiligung um die 45 Prozent. Sie hatte nach dem Stand von Anfang 1997 einen Wert von mehr als zwei Milliarden Mark.

Mit dem Abfindungsangebot an die Minderheitsaktionäre der französischen Tochter Roussel Uclaf wurden die Voraussetzungen geschaffen, das bei Hoechst Marion Roussel konzentrierte Pharma-Geschäft in eine eigenständige Gesellschaft einzubringen, um mit ihr an die Börse zu gehen.

Die Geldanleger waren, wie am Hoechst-Kurs abzulesen ist, beeindruckt. Hoechst zieht auch an den weltweit größten Aktienmarkt New York. Früher war die Aktie bei professionellen Investoren nicht gerade beliebt. Analysten warfen den Managern des Chemiekonzerns vor, sie hätten zu viele Produkte und würden sich nicht genügend auf bestimmte Bereiche konzentrieren. 120 selbständige Unternehmenseinheiten standen hinter dem Jahresumsatz von 50 Milliarden Mark. Ein Sammelsurium von Pharma, Landwirtschaft, Chemiefaser über Industriegase bis zur Kosmetik ließ den Frankfurter Farbennachfolger als einen Gemischtwarenladen der besonderen Art erscheinen, dessen Bewertung selbst die Börsenprofis überforderte.

Zur Neuausrichtung gehören bessere Kommunikation, internationales Management, neue Organisationen, flache Hierarchien und erfolgsabhängige Bezahlung. 96 Unternehmenseinheiten mit 40 Milliarden Mark Umsatz gelten als Kernarbeitsgebiete, die restlichen 24 standen zum Verkauf. Den Königsweg nahm dabei die jetzt selbständige Hoechst-Tochter SGL Carbon AG, Wiesbaden, die sich zu einem „Shooting Star" am Aktienmarkt entwickelte.

Der Börsenwert von SGL Carbon ist seit dem ersten Going public von 1,2 Milliarden Mark auf rund fünf Milliarden Mark in die Höhe geschnellt. Anfang 1997 wurde eine Dividendenerhöhung um 32 Prozent angekündigt. Die Aktionäre der ersten Stunde konnten ihr Kapital rasch vervierfachen. Heute gilt SGL Carbon als wachstumsstarkes, gut gemanagtes Unternehmen mit großer Zukunft.

Allerdings: Die Frankfurter Hoechst muß drei Unternehmenskulturen aus Deutschland, Frankreich und den USA unter einen Hut bringen. Bei den deutschen Unternehmen geht es nämlich inzwischen darum, die Neuerwerbung möglichst rasch und reibungslos zu integrieren. Die Unruhe unter den Angestellten ist erheblich. Nun weiß niemand mehr unter den Aufsteigern, die als potentielle Führungskräfte im „Goldfischteich" des Frankfurter Stammhauses schwimmen, ob die Zukunftspläne so aufgehen, wie beim Einstieg erhofft.

Bis Ende 1998 sollen die Kosten der drei Pharma-Bereiche um eine weitere Milliarde Mark gesenkt werden. Ob die erwünschte gemeinsame Unternehmensidentität dazu ausreicht, war nicht immer sicher. Sonst stellen die berüchtigten „destruktiven internen Konkurrenzsysteme" den Erfolg in Frage. Die enttäuschenden Ergebnisse vom

April 1997 sollen jedoch nur eine Episode gewesen sein.

Auch Bayer lag voll im Prognosekorridor: Trotz eines relativ schwachen Deutschland- und Europageschäfts und eines nur geringfügigen internen Wachstums erwartet der Konzern wieder ein Rekordergebnis.

Bayer betont in seiner strategischen Ausrichtung die Integration seiner Aktivitäten, die zu Synergien zwischen organischer Chemie und dem Pharma-Bereich führt. Im Gegensatz zu Hoechst, das eine alleinverantwortliche Aufspaltung der Chemiezweige unter einer strategischen Management-Holding anstrebt, verfolgen sowohl Bayer als auch BASF eine zumindest bislang sehr erfolgreiche Strategie der vollständigen Integration.

Bayer nannte bei Analystentreffen auch neue Renditeziele für die einzelnen Bereiche. In den nächsten fünf Jahren strebt man als operative Marge an: im Gesundheitsbereich 25 Prozent (1996: 16 Prozent); im Landwirtschaftsbereich 20 Prozent (16 Prozent); bei den Chemikalien 10 Prozent (4 Prozent) und bei Agfa 6 Prozent (3 Prozent). Regional betrachtet, will Bayer seine Umsatzanteile in Nordamerika auf 30 Prozent (22 Prozent) und Asien auf 25 Prozent (17 Prozent) zu Lasten Europas 40 Prozent (53 Prozent) ausbauen.

Bayer verfügt auch über ein besseres Chemieprodukt-Portfolio als Hoechst, wenn auch einzelne Bereiche noch höhere Renditen haben könnten.

Der Bereich Gesundheit ist das größte Bayer-Arbeitsgebiet. Die beiden Hauptprodukte nahmen unterschiedliche Entwicklungen. Während die „Ciprobay"-Umsätze nach 9 Monaten um 7 Prozent auf 1487 Millionen Mark zulegen konnten, mußte „Adalat" wegen verordneter Preissenkungen einen 3prozentigen Rückgang auf 1310 Millionen Mark hinnehmen. Sehr positiv entwickelten sich die jüngeren Produkte „Glucobay" (Diabetes) mit +52 Prozent auf 263 Millionen Mark und „Kogenate" (gentechnisch hergestellter Blutgerinnungsfaktor) mit +49 Prozent auf 257 Millionen Mark. Den größten Sprung machte das Diagnostika-Produkt „Glucometer Elite" mit einer Umsatzsteigerung von 77 Prozent auf 199 Millionen Mark, während die „Alka-Seltzer"-Umsätze nur 222 Millionen Mark

(-13 Prozent) aufgrund verschärfter OTC-Konkurrenz (OTC= „over the counter", „über den Ladentisch") nachgaben.

Mit Hilfe einer gut gefüllten Pharma-Pipeline besitzt Bayer weiterhin überdurchschnittlich positive Perspektiven.

Die US-Tochtergesellschaft Bayer Corporation und die schweizerische Hoffmann-La Roche haben in den USA ein Joint-venture (50:50) bei der OTC-Produktion etabliert. Die Gesellschaft umfaßt das Amerikageschäft von Roche mit dem Schmerzmittel „Alleve" und „Femstat", einem Mittel zur Behandlung von vaginalen Pilzinfektionen. Bayer bringt die beiden Schmerzmittel „Actron" und „Vanquish" sowie „Midol" (Menstruationsbeschwerden) und „Mycelex-7" (Therapie von vaginalen Pilzinfektionen) in das Gemeinschaftsunternehmen ein. Bayer übernimmt Marketing und Vertrieb. Die Leverkusener erwarten für das kommende Jahr ein Umsatzvolumen von 300 Millionen Dollar und werden damit zum Anwärter auf den dritten Platz unter den Anbietern im amerikanischen Selbstmedikationsgeschäft.

Der Bayer-Gesundheitsbereich plant bis 1998 vier Neueinführungen. In 1997 kam ein Cholesterinsenker auf Basis des Wirkstoffes Cerivastatin unter dem Namen „Lipobay" mit einem Spitzen-Umsatzpotential von 700 Millionen Mark auf den Markt. Bei den Gesundheitsbehörden in den USA, in Europa und in Japan wurde die Zulassung beantragt.

Das zweite, in 1997 neu einzuführende Präparat ist „Miglitol" mit einem Spitzen-Umsatzpotential von 800 Millionen Mark. Hier besteht jedoch vermutlich die Gefahr der Produkt-Kannibalisierung mit dem derzeit noch stark wachsenden „Glucobay".

Sehr aussichtsreich, weil bisher in einem wenig begangenen Therapiefeld eingesetzt, ist „Metrifonate". Das Präparat zur Behandlung von Alzheimer könnte ein Umsatzpotential von 900 Millionen Mark erreichen. Etwas vorsichtiger wurden die Chancen für „anti TNF-Moab" (zur Behandlung des septischen Schocks) mit 700 Millionen Mark Potential geschätzt.

Bayer scheint mit den Umbau-Arbeiten am weitesten fortgeschritten zu sein. Das Unternehmen trennte sich von der Sparte Consumer

Care (Süßstoffe sowie Haut- und Körperpflegemittel). Dafür stieg der Konzern mit dem Kreuz im Emblem für 310 Millionen Dollar bei der US-Firma Schein Pharmaceutical und damit ins Generika-Geschäft ein, baute für 81 Millionen Dollar durch einen US-Zukauf das Gebiet Feinchemikalien aus, stellte der Tochter Agfa für 700 Millionen Mark die Hoechster Druckplatten dazu, akquirierte für 580 Millionen Dollar wesentliche Teile des Kunststoff-Geschäfts von Monsanto und – der Gipfel dieses Parforce-Ritts – blätterte eine Milliarde Dollar für das Selbstmedikationsgeschäft der Firma Sterling Winthrop hin.

Mit diesem Coup erfüllte sich der Bayer-Traum: Die US-Nutzungsrechte für den Markennamen Bayer und das Bayer-Kreuz liegen nun wieder in Leverkusen. Aus eigener Kraft will Bayer in den nächsten fünf Jahren mit neu auf den Markt kommenden Medikamenten einen zusätzlichen Pharma-Umsatz von 6 Milliarden Mark hereinholen. Und während bei Hoechst die Gesundheitssparte teils noch vom Prinzip Hoffnung lebt, kann Bayer längst jene Erträge aus diesem Bereich vorweisen, die Hoechst Marion Roussel in einigen Jahren zu erreichen sucht.

Zwei leere Forschungspipelines geben zusammen längst keine volle, kommentierte Bayer selbstbewußt die Übernahme-Manie der Wettbewerber in Frankfurt. In der Tat sind Übernahmen oftmals nur der „Kauf" von Zeit – Zeit, um die eigene Pipeline wieder zu füllen, finanziert von den Rationalisierungseffekten – Akquisitionen können so auch leicht als Eingeständnis eigener Defizite interpretiert werden.

Umgebaut wurde auch bei der BASF in Ludwigshafen. Zahlreiche Zukäufe dienten der Erweiterung des zuvor vernachlässigten Pharma-Geschäfts. 2,1 Milliarden Mark berappten die „Aniliner" für die britische Gruppe Boots und rund 500 Millionen Mark für die Mehrheit an dem japanischen Unternehmen Hokuriku Seiyaku. BASF stieß zu einem nicht genannten Preis ihre weltweiten Magnetband-Aktivitäten ab und wurde zudem eine Mehrheitsbeteiligung an Kali und Salz (K + S), dem hierzulande dominierenden Unternehmen im Kalibergbau, los.

Die Aktivitäten in der Textil- und Lederchemie ergänzte die BASF durch die Übernahme der Textilfarbstoff-Sparte der britischen Zeneca-Gruppe. Auf diesem Gebiet liegt sie nun weltweit auf Rang drei. Primus auf diesem Markt ist ausgerechnet die Dystar Textilfarben GmbH, Frankfurt, ein von Bayer und Hoechst geschmiedetes Bündnis.

Die Attraktivität als Lizenz- und als Kooperationspartner hängt auch von der Position an den weltweiten Absatzmärkten ab, was in den jetzigen Zeiten der Globalisierung von großer Bedeutung ist.

Doch wird Pharma im BASF-Portfolio keine Hauptrolle spielen. Für 1995 wurde dieser Bereich immerhin erstmals als eigenes Arbeitsgebiet dargestellt, zusammen mit Agrarchemikalien und Feinchemikalien/Vitaminen.

Es zeichnet sich ab, daß vom Dreigestirn der deutschen Großchemie langfristig nur die BASF als klassischer Chemie-Konzern bleibt, während Hoechst und Bayer sich in Richtung eines Pharma-Unternehmens mit mehr oder weniger bedeutendem Chemie-Geschäft bewegen.

Zweistellige Umsatzrenditen sind jedoch kein Privileg des Arzneimittel-Geschäfts, sondern lassen sich auch immer wieder mit Chemie verdienen. Das Geschäftsjahr 1995 zeigte dies. Bei Hoechst brachte das Chemikalien-Geschäft eine Bruttoumsatzrendite von 21,6 Prozent und einen Cash-flow von 55 Prozent des investierten Kapitals. Bei der BASF sind die Chemikalien traditionell der Gewinnbringer. 1995 sprangen hier die Gewinne um 88 Prozent auf 2,1 Milliarden Mark und damit 51 Prozent des Konzernergebnisses.

Zum Ausgleich ihres zyklischen, konjunkturanfälliges Geschäfts hat die BASF mit dem Erdgasgeschäft ein ähnlich stabiles Terrain wie die Pharmazie erschlossen. Es verspricht auch langfristig ähnlich gute Kapitalrenditen. Den Erfolg der Konsolidierung reflektieren die ausgezeichneten Ertragszahlen.

Der Aufstieg der Schering AG, Berlin, von einer chemischen Fabrik zu einem weltweit erfolgreich agierenden Pharma-Konzern ist von der Entwicklung der Antibabypille nicht zu trennen: Erst „die Pille“ brachte Schering rasant ins Rollen.

125 Jahre nach der Umwandlung der Pharma-Fabrik des Apothekers Ernst Schering am 23. Oktober 1871 in eine Aktiengesellschaft, steuert der Konzern konsequent auf Innovationskurs. Krebs, Thrombose und Multiple Sklerose stehen im Mittelpunkt der Forschung. Bio- und Gentechnologie haben Einzug gehalten. Das Multiple-Sklerose-Medikament „Betaferon“ ist längst zum Umsatzrenner aufgestiegen. Mit über 100 Tochter- und Beteiligungsgesellschaften ist Schering weltweit vertreten. 19 000 Mitarbeiter erzielten 1996 einen Umsatz von 4,7 Milliarden Mark, 85 Prozent davon im Ausland.

An die 8100 Mitarbeiter der AG wurden im Jubiläumsjahr 1996 rund 30 Millionen Mark als Erfolgsbeteiligung ausgeschüttet. Eine „unfreundliche Übernahme“ durch die Konkurrenz dürfte bei Schering schwierig sein. Die Aktien sind breit gestreut, und eine Stimmrechtsbeschränkung auf nominal 12 Millionen Mark oder 3,5 Prozent des derzeitigen Grundkapitals von 341,7 Millionen Mark wurde schon in den dreißiger Jahren in die Satzung eingefügt.

Auch die Pharma-Gruppe Merck, Darmstadt, hat trotz der Spardiskussion im Gesundheitswesen 1996 ein Rekordergebnis erzielt. Der Umsatz des Konzerns legte um 11,3 Prozent auf 6,98 Milliarden Mark zu. Nach 380 Millionen Mark Gewinn kündigte die Firma nochmals „erhebliche Steigerungen“ an.

Der Dreh- und Angelpunkt der schweizerischen Industrie sind die beiden Pharma-Riesen Hoffmann-La Roche und Novartis mit zusammen über 40 Milliarden Dollar Umsatz.

Ihre Ertragslage ist seit Jahren überdurchschnittlich gut. Und im Lande der Eidgenossen dürften eigentlich nur noch die Großbanken reicher sein.

Novartis belegt unter den global tätigen Pharma-Riesen zusammen mit der britischen Glaxo Wellcome Platz eins, Roche rangiert auf Rang sieben.

Für die in Basel ansässigen Weltfirmen ist völlig klar, daß sie selber zu den wenigen zählen, die den international starken Innovationswettbewerb der Strategien und Konzepte unbeschadet überstehen werden.

Die Konzerne machen gerade einmal zwei Prozent des Umsatzes auf ihrem Heimatmarkt, während sie die restlichen 98 Prozent auf den Weltmärkten erzielen.

Roche will es „primär aus eigener Kraft schaffen", wie Konzernchef Fritz Gerber immer wieder gerne unterstreicht. Die Firma legt Jahr für Jahr neue Bilanzen der Superlative vor, so zuletzt einen um 18 Prozent höheren Gewinn mit einer Gewinnmarge von fast 23 Prozent vom Umsatz. Mit der Übernahme des US-Pharma-Unternehmens Syntex 1994 hat Roche seine Basis weiter verstärkt. Nun richtet der Konzern den Blick nach Japan und scheint dort neue Akquisitionen zu erwägen. Roche betont, daß man nicht unbedingt zu den größten Fünf gehören müsse, um erfolgreich zu sein. Eine Fusion wie im Falle von Novartis würde auch schon durch die Besitzverhältnisse erschwert. Über 50 Prozent der Stimmrechte liegen bei den Familien Hoffmann/Sacher.

Bereits Anfang der neunziger Jahre setzte Roche auf internes Wachstum. Schon 1995 wurde ein stolzes Ergebnis vorgewiesen. Und für 1996, im Jahr seines 100jährigen Bestehens, wurden abermals neue Rekordmarken angepeilt.

Roche wächst weiter zweistellig. Die Marktpositon in wichtigen Bereichen und Ländern wurde kontinuierlich ausgebaut, neu eingeführte Produkte wurden vom Markt sehr gut aufgenommen. Die Sparte Pharma steigerte den Umsatz um 13 Prozent.

Das neue Aids-Medikament „Invirase", das laut Roche als erstes Präparat einer neuen Generation der Aids-Therapie vielversprechende Wege öffnete, erzielte in den ersten zwölf Monaten nach der Zulassung „sehr gute Umsätze". Der Sparte Vitamine und Feinchemikalien gelang es trotz starken Konkurrenzdrucks, die führende Position zu halten und teilweise sogar auszubauen.

Spitzenreiter im Wachstum blieb aber die schwedische Astra-Gruppe, deren Erlöse in nur einem Halbjahr gegenüber dem Vergleichszeitraum des Vorjahres um 36 Prozent auf 18 Milliarden Kronen (umgerechnet 3,6 Milliarden Mark) stiegen.

Auf ansehnliche 38,8 Prozent erhöhte sich die Handelsmarge der Glaxo, die sich aber – vor allem wegen zusätzlicher Aufwendungen im zweiten Halbjahr für vier neue Produkteinführungen im wichtigen US-Markt – nicht halten lassen wird. Bei dem meistverkauften Medikament der Welt, dem Magen-Mittel „Zantac" (Umsatzanteil immer noch 24 Prozent), gingen die Erlöse wegen Auslaufens des Patentschutzes (1997 in den USA) um 16 Prozent zurück. Die neuen, nach 1990 eingeführten Produktlinien (gegen Aids, Migräne und Asthma) trugen bereits mit 22 Prozent zum Gesamtumsatz bei und machten mit einer 14prozentigen Absatzsteigerung den rückläufigen Zantac-Beitrag mehr als wett. In der Forschungspipeline stehen unter anderem aussichtsreiche Medikamente gegen Grippe, Diabetes und Krebs.

Der britisch-amerikanische Pharma-Konzern SmithKline Beecham steigerte seinen Umsatz um 17 Prozent auf 2,6 Milliarden Pfund und bestätigte mit seinen Ergebnissen, daß er weltweit zu den wachstumsstärksten Unternehmen der Branche zählt. Der Umsatz und der operative Gewinn legte um 13 Prozent bzw. 11 Prozent zu, wobei das zweite Quartal etwas besser als das vorhergehende war. Der bedeutendste Bereich Pharma kam dabei auf 15 Prozent plus, der Bereich Consumer Healthcare entwickelte sich noch etwas besser, während der kleinste Bereich Klinischer Laborbedarf einen leichten Gewinnrückgang meldete. Ähnlich wie bei Glaxo (mit Zantac) liefern bei SB die ehemaligen Renner „Tagamet" (Magen-Mittel) und „Amoxil" (Antibiotikum) nach Auslaufen des Patentschutzes wegen Generika-Konkurrenz nachlassende Beiträge. Auch diese werden durch neue, nach 1990 eingeführte Produkte mehr als ersetzt. Fast ein Drittel der Pharma-Umsätze kommt bereits von ihnen (am erfolgreichsten: das Antidepressivum „Seroxat").

Der drittgrößte britische Pharma-Produzent, Zeneca, steigerte die Erlöse um 16 Prozent auf 2,94 Milliarden Pfund. Der Vorsteuergewinn hat sich um 21 Prozent auf 611 Millionen Pfund verbessert. Im Pharma-Bereich, der 1996 mit 42 neuen Produktzulassungen bereits ebenso viele wie in 1995 verzeichnete, drückten aber entsprechend hohe Entwicklungs- und Markteinführungskosten auf die Gewinnmarge – der operative Gewinn verbesserte sich „nur“ um 11 Prozent auf 383 Millionen Pfund (Umsatz: 1,21 Milliarden Pfund). Vor allem auf dem Gebiet der Krebsbehandlung ist Zeneca stark engagiert.

Johnson & Johnson, New Brunswick (New Jersey), der größte US-Hersteller von Gesundheitsprodukten, hat 1995 seinen Umsatz um 19,8 Prozent auf 18,8 Milliarden Dollar gesteigert. Der Gewinn kletterte ebenfalls um 19,8 Prozent auf 2,4 Milliarden Dollar. Alle Geschäftsbereiche und alle Regionen hätten zu dem Rekordergebnis beigetragen, sagte Konzernchef Ralf Larsen. So sind die Erlöse aus klinischen Produkten um 26,5 Prozent auf 6,7 Milliarden Dollar geklettert; dazu hat das von der Eastman Kodak & Co. erworbene Diagnostik-Geschäft beigetragen. Der Umsatz mit Pharmazeutika stieg um 21,6 Prozent auf 6,3 Milliarden Dollar. Der Umsatz mit Körperpflegeprodukten stieg um 11 Prozent auf 5,8 Milliarden Dollar, das Geschäftjahr 1996/97 wird ähnlich erfolgreich.

Die Merck & Co., Whitehouse Station (New Jersey), hat ihren Umsatz um 11 Prozent auf 16,7 Milliarden Dollar erhöht und den Gewinn um den gleichen Prozentsatz auf 3,3 Milliarden Dollar. Rechnet man den Einfluß von Akquisitionen und Verkäufen heraus, ist der Umsatz um 21 Prozent gestiegen. Zum Anstieg haben neue Produkte, ein erhöhter Absatz im In- und Ausland sowie das Wachstum der Tochtergesellschaft Medco beigetragen, sagt Konzernchef Raymond Gilmartin. Der Anteil des internationalen Geschäfts sei mit 32 Prozent konstant geblieben. Die Medco, ein 1993 erworbener Spezialist für Managed Care, verwalte nun die Rezepte von 47 (Vorjahr 41) Millionen Kunden. 1995 hatte sie insgesamt rund 170 Millionen Rezepte bearbeitet, gegenüber 130 Millionen im Jahr zuvor.

Die Bristol-Myers Squibb Co., New York, mußte schon wie in den Jahren zuvor eine hohe Rückstellung für mögliche Schadensersatzansprüche wegen schadhafter Silikon-Brustimplantate bilden (950 Millionen Dollar). Einschließlich einer Milliarde Dollar an Versicherungsleistungen hat man nun eine Vorsorge von 3,2 Milliarden Dollar zur Befriedigung dieser Ansprüche. Daneben wurde das Ergebnis mit 310 Millionen Dollar für Fabrikschließungen belastet. Trotz dieser hohen Aufwendungen hat der Konzern 1,81 Milliarden Dollar verdient. Der Umsatz ist von 12,0 auf 13,8 Milliarden Dollar gestiegen, teils durch Akquisitionen, teils durch erhöhten Absatz im Stammgeschäft.

Die American Home Products Corp., Madison (New Jersey), hat ihren Gewinn von 1,53 auf 1,68 Milliarden Dollar hinaufgefahren. Der Umsatz hat durch die Akquisition der American Cyanamid Co. im Dezember 1994 um 49 Prozent auf 13,4 Milliarden Dollar zugenommen. Davon entfielen 7,5 Milliarden Dollar auf Pharmaka, 3,1 Milliarden Dollar auf rezeptfreie Produkte sowie medizinische Geräte und 1,9 Milliarden Dollar auf landwirtschaftliche Produkte.

Die Pfizer Inc., New York, hat ihren Jahresumsatz um 26 Prozent auf 10,0 Milliarden Dollar erhöht. Der Jahresgewinn stieg um 21 Prozent auf 1,57 Milliarden Dollar.

Die Warner-Lambert Co., Morris Plains (New Jersey), kam auf ein Umsatzplus von 10 Prozent auf 7,0 Milliarden Dollar. Der Gewinn des Unternehmens, das vielfach als ein Übernahmekandidat gilt, stieg von 694 auf 740 Millionen Dollar.

Die Reihe solcher Erfolgsmeldungen aus dem Pharma-Geschäft ließe sich fast beliebig fortsetzen. Und das jedes Jahr, wenn die neuen Bilanzen präsentiert werden.

Im Verband Forschender Arzneimittel-Hersteller (VFA) haben sich 39 forschende Großunternehmen vereint. Der VFA ist der gewichtigste der insgesamt vier deutschen Pharmahersteller-Verbände.

Als die forschenden Pharma-Unternehmen sich Ende 1993 von dem Bundesverband der Pharmazeutischen Industrie abspalteten und eine eigene Interessenvertretung gründeten, standen drei Ziele im Vordergrund: aktive Mitgestaltung in der Gesundheitspolitik, die Etablierung als schlagkräftiger Wirtschaftsverband und der Aufbau einer effizienten Verbandsarbeit. Als Erfolge werden verbucht: Auch die führenden Sozialpolitiker sehen nun, daß es nicht nur um Gesundheitskosten und Profite der Konzerne, sondern auch um Arbeitsplätze und den Standort Deutschland geht.

Außerdem brachte der VFA einen Gesetzentwurf ein, mit dem patentgeschützte Arzneimittel von 1996 an nicht mehr unter die Festbetragsregelung fallen. Begründung: Nur die freie Preisbildung bei patentgeschützten Arzneimitteln gibt Pharma-Unternehmen genügend Planungssicherheit, um die hohen Kosten und Risiken bei der Arzneimittelforschung weiter zu tragen.

Moderne Arzneimittel spielen in nahezu allen therapeutischen Bereichen eine erhebliche Rolle und sind zum Teil mit kräftigen, sogenannten strukturbedingten Umsatzsteigerungen verbunden. Darunter sind diejenigen Effekte zu verstehen, die mit einem Übergang zu modernen Präparaten aufgrund veränderter Darreichungsform oder eines alternativen therapeutischen Prinzips einhergehen. Bezogen auf den Gesamtmarkt waren sie in den Bereichen Herz-Kreislauf-System, Verdauungstrakt-Stoffwechsel, Blut/blutbildende Organe und Antiinfektiva von erheblicher Bedeutung.

Diese Regelung ist Geld wert – und ein Geschenk der Regierungsparteien an die Pharma-Industrie, so meinen Kritiker. Da für die freie Preisgestaltung allein das Patent, nicht aber die neuartige Therapie maßgebend ist, können die Unternehmen ohne großen Forschungsaufwand viel Geld verdienen. Der Experte Ulrich Moebius lästerte nach einer Bundestagsanhörung: „Ich kann auch filtrierten Pferdemist patentieren lassen und ihn als Innovation vermarkten." Er nannte den Gesetzesentwurf, den sich die Koalition ausgedacht hat, eine „Zwangssubventionierung der Pharma-Industrie".

Die Lobby meinte: „Unsere Stimme muß sich aus dem Grundrauschen der deutschen Gesundheitsszene herausheben, unsere Handschrift sollte nicht nur in Bonn, sondern auch noch in Brüssel erkennbar sein." Nationale Sichtweisen reichten angesichts der weltweit tätigen Unternehmen längst nicht mehr aus.

Sämtliche Industriezweige unterhalten stets direkten Kontakt zu den Entscheidungsträgern und befinden sich somit nahe den Futtertrögen. Der Daimler-Stern leuchtet nicht nur über den Dächern von Stuttgart, sondern auch in unmittelbarer Nähe des Kanzleramts in Bonn. Dort gehen Lobbyisten tagaus tagein eifriger zu Werke als manche Abgeordnete im Parlament. Mindestens ein Drittel der Volksvertreter ist außerdem direkt dem unmittelbaren Kreis der Einflußnehmenden zuzurechnen. In der US-Hauptstadt Washington treten die Interessenvertreter fast schon in Divisionsstärke auf.

Das Gewicht der Pharma-Industrie ist deshalb besonders hoch, weil sie im Mittelpunkt des öffentlichen Interesses steht. Und trotz aller Kritik an ihren immensen Gewinnen stellt sich die Frage, ob sie nicht unter all den Funktionären aus Politik und von den Krankenkassen ein stabilisierender Faktor ist und zudem noch flexibler und leistungsfähiger.

Natürlich wirken ihre Forderungen, wie etwa „Große Koalition der Vernunft", zur Regulierung der Preise nicht gleich überzeugend, weil sofort dahinter der Gedanke vermutet wird, es ginge ihr um noch höhere Profite. Gegen ihre Forderung, die Bedeutung der forschenden Arzneimittel-Hersteller als Wirtschaftssektor und als Schlüsselindustrie stärker zu bewerten, ist eigentlich aber nichts einzuwenden.

Arznei-Reklame: Wohltäter für andere

Daneben ist die Pharma-Industrie mit bis zu 30 Prozent ihrer Umsätze einer der wichtigsten Brotgeber anderer Branchen. Geht's den Pillenfabrikanten gut, so merken das insbesondere große Teile der Werbewirtschaft. Hunderte von Agenturen haben sich auf das Pharma-Geschäft spezialisiert. Kein Wunder: Die Werbeausgaben für freiverkäufliche Arzneimittel nehmen jährlich um zweistellige Prozentzahlen zu. Kaum ein anderer Zweig hat in der Vergangenheit einen derartigen Zuwachs erzielen können.

Während in die Werbung der sogenannten OTC-Produkte 1980 noch 260 Millionen Mark investiert wurden, lag die Summe 1990 schon bei 540 Millionen Mark und erreichte 1995 erstmals mit etwas über einer Milliarde Mark einen neuen Rekord. Nur wenn etwa das Bundesgesundheitsamt neue Produkte nicht zuläßt, verpuffen die Etats wirkungslos.

Mit der Reklame verdienen auch die Medien. 47 Prozent der Werbeausgaben landeten beim Fernsehen, 42 Prozent bei den Publikumszeitschriften, je vier Prozent bei Zeitungen und Hörfunk. Fachzeitschriften und Plakatwerbung heimsten nur zwei und ein Prozent ein.

Unter den Produkten mit dem größten Werbeaufwand befanden sich zum Beispiel „Cetebe"-Kapseln, „Aspirin", „Klosterfrau Melissengeist", „Thomapyrin", „Otriven" Nasenspray, das „Slim Fast" Diät-Drink-Pulver, „Vivimed"-Tabletten, „Nasivin" und „Calcium Sandoz forte".

Die Spezialisten im Bereich der ethischen (verschreibungspflichtigen) Mittel setzen auf naturwissenschaftliche Kompetenz.

Das lukrative Geschäft mit der Pharma-Werbung veranlaßte den Verband Deutscher Zeitschriftenverleger (VDZ) 1996, eigens ein branchenbezogenes Symposium, den „Pharmatag", zu veranstalten.

Nach Experten-Schätzungen dürften die rund 300 VDZ-Zeitschriften pro Jahr mehr als 10.000 Redaktionsseiten zu Gesundheitsthemen veröffentlichen. Die Zeitschriften können ihre „Kommunikationsvorteile" insbesondere in der Markenführung und Markenpflege entscheidend ins Spiel bringen. Denn Zeitschriften leben von der Kraft des gedruckten Wortes. Nur das gedruckte Wort und das illustrierende Bild entzieht sich der Flüchtigkeit des Augenblicks. Gelesenes wird besser behalten, wirkt – anders als Werbung im Fernsehen – über den bloßen Anreiz hinaus. Der birgt jedoch auch Vorteile.

Werbe-Kommunikation sollte nie Zufall sein, weiß die Pharma-Branche genau, sondern dem Ziel dienen, eine Markenvision zu realisieren. Die strategische Zielrichtung muß eindeutig sein und die Botschaft klar, knapp und einprägsam.

Fast 70 Prozent der Bürger orientieren sich beim Kauf freiverkäuflicher Medikamente an gedruckten Anzeigen oder TV-Spots. Nicht zuletzt darum hat die Zahl der Kampagnen in den vergangenen Jahren rapide zugenommen.

Nach den Erkenntnissen der Marktforscher können besonders die Werber für Husten- und Erkältungsmittel, Schmerz- und Verdauungspräparate sowie Vitamine und Mineralien auch in den kommenden Jahren mit höheren Etats rechnen.

Werbung belebt das Geschäft. Denn der Verbraucher entscheidet mehr denn je selbst darüber, welche Medikamente er kauft, und hat somit Einfluß auf die Pharma-Umsätze.

So hat die Reklame für OTC-Medikamente erstmals jenen Etat überschritten, den die Süßwarenhersteller für Werbung aufwendeten.

Viele Medikamente haben einen höheren Bekanntheitsgrad als mancher Bundesminister. Nach einer Studie kennen 82 Prozent der deutschen Bevölkerung die Schmerzmittel „Aspirin“ und „Spalt“, 76 Prozent den „Klosterfrau Melissengeist“ und 75 Prozent die Erkältungspille „Wick“ sowie „Biovital“ und „Doppelherz“. Und dies macht sich beim Kaufverhalten umsatzfördernd bemerkbar: „Die Leute kommen mit einem festen Produktwunsch in die Apotheke, egal ob das Medikament bei ihren Beschwerden angezeigt ist oder nicht“, haben mehrere Studien herausgefunden.

Aber wer vom riesigen Pharma-Werbeetat letztendlich den größten Anteil einsackt, ist noch offen. Denn die Pharma-Branche sieht die fragwürdigen Aspekte des TV-Werbebooms mit Unbehagen – 1994 wurden täglich 119 OTC-Werbespots ausgestrahlt, 1995 waren es bereits 170 und 1997 voraussichtlich weit über 200. Sicher bietet das Medium Fernsehen eine Reihe bedeutender Kommunikationsvorteile – vor allem in der Breitenansprache und dem schnellen Aufbau von Bekanntheitswerten. Nach jedem Spot muß aber der gesetzliche Warnhinweis gesendet werden. So wird 1997 bereits pro Tag 200mal pauschal vor pharmazeutischen Produkten gewarnt: „Zu Risiken oder Nebenwirkungen lesen Sie die Packungsbeilage oder fragen Sie Ihren Arzt oder Apotheker."

Wettbewerbsbedingt nimmt die aggressive Werbung am Pharmamarkt zu. Ende 1993 startete die amerikanische Tochtergesellschaft der britischen SmithKline Beecham Plc für eines ihrer verschreibungspflichtigen Medikamente eine Kampagne, die sich an der Vermarktung von Zahnpasta und Waschmitteln orientierte. Schautafeln in 50.000 Apotheken stellten heraus, daß die Monatsversorgung mit dem Magen-Mittel „Tagamet" billiger ist als eine entsprechende Pakkung des Konkurrenz-Produkts „Zantac" der Glaxo Plc.

SmithKline Beecham erklärte, die Kampagne ziele darauf, die Patienten über das Preis-Leistungs-Verhältnis aufzuklären. Das sei im Sinne des allgemeinen Bemühens, den Kostenanstieg im Gesundheitswesen zu dämpfen.

Es war das erste Mal, daß ein Pharma-Unternehmen in einer öffentlichen Kampagne direkt auf den höheren Preis eines konkurrierenden Medikaments hinwies und einen Rabatt als Marketing-Instrument einsetzte. Der Hauptgrund für diese aggressive Marketing-Strategie war jedoch, daß der Patentschutz für „Tagamet" 1994 auslief. Die amerikanische Gesundheitsbehörde hatte bereits anderen Pharma-Unternehmen die Genehmigung zur Produktion eines Medikaments mit der gleichen Wirkstoffkombination wie „Tagamet" erteilt. SmithKline Beecham zielte also darauf ab, vor Ablaufen des Patentschutzes seinen Marktanteil zu stärken.

„Tagamet" und „Zantac" zählten 1993 mit einem jährlichen Umsatz von 1,1 bzw. 3,5 Milliarden Dollar zu den global am meisten verkauften Magen-Medikamenten.

Die Industrie entwickelt und produziert, der Arzt verschreibt, die Apotheken verkaufen, und die Krankenkasse zahlt – so präsentierte sich bislang das traditionelle System der Arzneimittelversorgung.

Aber der direkte Kontakt zum eigentlichen Konsumenten, dem Patienten, wird in den kommenden Jahren erheblich an Bedeutung gewinnen. Wie stark sich der Informationsfluß in der Branche bereits verändert hat, verdeutlichte Edward R. Roberts, der Pharmachef der Firmengruppe E. Merck, Darmstadt, und Vorsitzende der Industrie-Vereinigung Pharmaceutical Partners for Better Healthcare (PPBH). Erste Ergebnisse einer Studie über ein Produkt von Merck wurden bereits zwei Tage später auf einer Internet-Seite des Informationsdienstes „OnkoLink“ veröffentlicht. Das heißt, der Patient, der diese Seite abrief, wußte nach zwei Tagen bereits mehr über das Produkt als viele der eigenen Firmenmitarbeiter.

Das Internet, prognostizieren Roberts und seine Kollegen, wird in den kommenden Jahren zu einer regelrechten Explosion der allgemein zugänglichen Pharma-Informationen führen und zu einem Marketinginstrument der Branche werden. Auch als Informationsmedium vom Nutzer zum Hersteller wird der „Information highway“ der Zukunft stark befahren werden. Einzelne Hersteller betreiben inzwischen die ersten interaktiven Informationsnetze – etwa der amerikanische Pharma-Konzern Eli Lilly im Bereich Diabetes. Vor allem mit Blick auf Leistungen unter dem Stichwort „Managed Healthcare“ – Qualität der Gesundheits-Versorgung – wird der Datenrückfluß vom Patienten an die Gesundheitsindustrie eine immer wichtigere Rolle spielen. Der Arzt verliert in diesem neuen Beziehungsgeflecht an Einfluß, obwohl er als Adressat des Pharma-Marketings nach wie vor erste Anlaufstelle ist.

Das Interesse der Industrie am Patienten ist nicht nur wirtschaftlich motiviert. Denn Patientengruppen mit wachsendem Organisationsgrad haben auch an politischem Gewicht gewonnen. Allein in Deutschland wird die Zahl der einschlägigen Organisationen inzwischen auf mehr als zehntausend geschätzt. Europaweit dürfte sie ein Vielfaches davon betragen. Das Spektrum reicht von kleinen lokalen Selbsthilfe-Gruppen bis hin zur großen professionell geführten Vereinigung, welche vor allem im angelsächsischen Raum zunehmend Einfluß anstreben und Initiativen im Forschungsbereich entfalten.

Die seit langem bestehenden individuellen Kontakte von Pharma-Unternehmen zu Selbsthilfe-Gruppen wurden in jüngster Zeit durch übergeordnete Kooperationen intensiviert, so etwa durch den Verband der forschenden Arzneimittel-Hersteller (VfA), und auf internationaler Ebene durch die Gruppe PPBH, in der sich rund 40 weltweit tätige, forschungsorientierte Pharma-Hersteller zusammengeschlossen haben.

Pharma-Aktien: Medizin fürs Depot

Auch deshalb gelten die Pharma-Aktien bei den Börsianern als besonders interessante Investments. Unter den hundert wichtigsten US-Wirtschaftszweigen rangierte die Gruppe jahrzehntelang bei den am besten Plazierten, auch während magerer Konjunkturzeiten. 1996 wurden die Gewinnprognosen für die bedeutendsten 30 US-Titel innerhalb nur weniger Monate zweimal nach oben revidiert, ein untrügliches Zeichen dafür, daß die Geschäfte prächtig laufen. Von den Börsen-Analysten erhalten die Pharma-Aktien praktisch schon traditionell durchweg glänzende Anlagenoten, etwa mit Prädikaten wie „Pharma-Titel: Medizin fürs Aktiendepot“.

Zum Beispiel kletterte der Kurs der Merck & Co zwischen 1985 und 1997 adjustiert von fünf auf fast 100 Dollar, was einem Kursgewinn von 1900 Prozent entspricht. Solche Größenordnungen sind bei Pharma-Papieren die Regel.

Mit Titeln wie Hoffmann-La Roche und Glaxo (7300 Prozent), die auf jeder Empfehlungsliste stehen, waren noch höhere Profite zu machen. Mit einzelnen Papieren – etwa aus dem Biotechnologie-Sektor – kamen wagemutige Investoren sogar auf Gewinne von über 10.000 Prozent. Das bedeutet: Binnen weniger Jahre wurde aus einem Basisinvestment von 10.000 Mark eine Million Mark.

In Deutschland führten die Aktien von Hoechst und Bayer jahrelang den Börsenaufschwung an. Die Bayer-Aktie galt zum Beispiel Anfang 1997 als „unterbewerteter Pharma-Dynamo". Natürlich hängt die Börsen-Performance von Pharma-Unternehmen eng mit dem Erfolg oder Mißerfolg eines oder mehrerer Präparate zusammen. Den Schering-Börsenkurs liftete zum Beispiel des Multiple-Sklerose-Mittel „Betaferon", weil es das „Zeug zum Bestseller" hatte.

Konkurrenz erhielt Schering im Mai 1996 mit der Zulassung für „Avonex", ebenfalls ein Multiple Sklerose-Mittel – von der erst 1978 gegründeten amerikanischen Biogen Inc. Die noch junge Pharma-High-Tech-Gesellschaft verspricht sich davon einen erheblichen Umsatzanstieg. Allein in den USA leben 250.000 MS-Patienten, deren Leidensprozeß durch „Avonex" verzögert oder gelindert werden kann. Dazu müssen sie sich das Medikament fortlaufend injizieren. Die Kosten sind recht hoch, denn Biogen verkaufte eine Monatsration „Avonex" für 710 US-Dollar an den Großhandel. Der Biogen-Börsenkurs kletterte um 100 Prozent. Für den Erfolg von „Avonex" ist das Konkurrenzprodukt „Betaferon" der Berliner Schering AG der Maßstab. 1996 brachte es einen Umsatz von über 500 Millionen Mark.

Allerdings neigen die Börsianer auch hier gerne zu Übertreibungen. Experten stimmen in einem Punkt überein: Biotechnologie-Aktien sind ein Risikogeschäft: Eine schlechte Nachricht zum Beispiel über enttäuschende klinische Testphasen – und der Kurs rast in den Keller. Die Beliebtheit solcher Aktien leidet darunter aber keineswegs: In den USA wagten 1996 immerhin 87 junge Biotech-Firmen über die sogenannten Initial Public Offerings (IPO) den Gang an die Börse. Wenigstens am Anfang des Börsenhandels stiegen die Kurse kräftig. Und mit den reichlich hoch angesetzten Ausgabepreisen der Neuemissionen bekamen die jungen Start-up-Gesellschaften eine Menge Geld in ihre Kassen.

Aktien-Neuemissionen aus dem Pharma- und Biotechnologie-Bereich waren sehr oft ein voller Erfolg. So etwa auch die Börsenplazierung der deutschen Schwarz Pharma AG, obgleich die hiesigen Verhältnisse nur ein müder Abklatsch der ungemein spekulationsfreudigen US-Börsenszene sind. Die bunte Vielfalt bekommt der „risikofreudige" Anleger in Europa bestenfalls noch in England geboten.

Damit auch die „Chemie" zwischen den Anlegern und Arzneimittelfabrikanten stimmt, bemüht sich die Pharma-Branche zunehmend offensiv um eingängig vorgetragene „Investor Relations". Hierbei präsentieren die Unternehmen sich selber – und dazu die Gewinnchancen mit ihren Aktien einem breiten Publikum aufs allerbeste. Die Kundschaft besteht vorwiegend aus institutionellen Investoren, etwa Investmentfonds, und vermögenden privaten Anlegern.

Das Ziel heißt: Marktwertsteigerung der eigenen Firma, zu neudeutsch: Shareholder value.

Hierbei ist es durchaus nützlich zu wissen, welche Unternehmen derart tätig sind. Die „Wirkung" von derlei Symposien läßt sich oft schon nur wenige Tage später an der Börse am höheren „Ordervolumen" der besprochenen Titel ablesen – die Kurse steigen.

Auch der Pharma-Konzern Schering hat festgestellt, daß Investor Relations in einer speziellen Anbindung zwischen Forschern, Ärzten und Finanzanalysten als wirkungsvolles Instrument, sich der Öffentlichkeit mitzuteilen, nützlich sein kann.

Gemeinsam loten sie die Perspektiven neuer Produkte aus, was nach Publizierung wiederum die Kursentwicklung an der Börse nachhaltig beeinflußt.

Ein dänisches Pharma-Unternehmen wurde beispielsweise nach breiter Kontaktaufnahme zu Finanz-Analysten bei den großen US-Investmentbanken an der Börse sodann mit dem 17fachen des Jahresergebnisses pro Aktie gehandelt. Davor war es nur der sechsfache Wert – ohne größere Veränderung des Unternehmens selbst –, mithin ein unmittelbarer IR-Erfolg.

Einschlägig rührig ist auch der Waschmittel-, Kosmetik- und Chemiekonzern Henkel im werbefrohen Düsseldorf am Rhein. Nicht zuletzt aufgrund des hohen Bekanntheitsgrades des Unternehmens, hat sich sein Börsenkurs auch in schlechteren Zeiten über die Jahre hinweg ganz gut behauptet, weil vermögende und auch weniger betuchte Aktionäre bei der Stange bleiben.

Die systematisch angelegte Kommunikationspolitik zwischen Unternehmen und der Öffentlichkeit – den Kapitalmärkten, Aktionären und potentiellen Investoren – gehört heutzutage für börsennotierte Aktiengesellschaften zum Pflichtprogramm, laut Veba-Konzern-Chef Ulrich Hartmann „eine Aufgabe erster Priorität".

In den USA hatte der Automobilkonzern General Motors die externe Kommunikation schon vor 30 Jahren zum festen Bestandteil der Unternehmensstrategie installiert.

Von den Kapitalmärkten wurden die verbesserten Pharma-Perspektiven und die Erfolge der Strukturbereinigung mit kräftigen Kursgewinnen honoriert. In dem Zeitraum zwischen Mitte 1995 und Mitte 1996 wuchs der Börsenwert der führenden 30 Pharma-Unternehmen um knapp 37 Prozent auf zusammen 811 Milliarden Dollar.

Der Dow-Jones-Branchenindex für Pharma-Aktien ist 1995 um fast 60 Prozent gestiegen und bis Anfang 1997 nochmal um 40 Prozent. Hinter der Pharma-Hausse stehen auch die vielen Übernahmen und Fusionen, die die Phantasie der Börse beflügelt haben. Bei vielen Unternehmen haben die Einsparungen sich in deutlich verbesserten Erträgen niedergeschlagen. Schließlich hat das Scheitern der Clintonschen Gesundheitsreform den politischen Druck, der auf der Branche lastete, gemildert. Preiserhöhungen waren nun wieder leichter durchsetzbar.

Der Bewertungsrückstand deutscher Pharma-Titel gegenüber Schweizer und amerikanischen Konkurrenten war aber selbst noch 1997 beträchtlich.

Bei erstklassigen Branchenvertretern wie Merck, Roche oder Eli Lilly entsprach die Börsenkapitalisierung dem Fünf- bis Sechsfachen des Umsatzes. Demgegenüber wurde zum Beispiel die Bayer AG – wenn man sie als reines Pharma-Unternehmen betrachtet, also das gesamte umfangreiche Chemiegeschäft außer acht läßt – lediglich mit dem Vierfachen, Hoechst nur mit dem 2,5fachen und Schering gar nur mit den 1,5fachen ihrer Pharma-Erlöse bewertet.

Neben Renditen und den Unterschieden in den Konzernstrukturen spielt bei diesem Bewertungsgefälle die Qualität von Produktprogramm und Forschungspipeline eine zentrale Rolle. Vor allem amerikanische und britische Analysten sind in dieser Hinsicht zu einer sehr differenzierten Betrachtung übergegangen. Ausgangspunkt ist die Überlegung, daß angesichts des Kostendrucks im Gesundheitswesen ein Portfolio mit innovativen und patentgeschützten Produkten größeres Wachstum, besseren Schutz gegen Preiswettbewerb und damit eine langfristig deutlich höhere Ertragskraft verspricht als ein Programm mit älteren Produkten, die sodann der Generika-Konkurrenz ausgesetzt sind.

Die bestehenden Unterschiede werden am Beispiel der im Pharma-Bereich annähernd gleich großen Unternehmen Hoechst und Roche deutlich. Während der Schweizer Konzern etwa zwei Drittel des Umsatzes mit patentgeschützten Produkten erwirtschaftet – und auch in näherer Zukunft keine Patentabläufe anstehen –, erreicht dieser Anteil bei Hoechst lediglich rund 20 Prozent.

Ein anderes Beispiel bildet die britische Glaxo Wellcome. Deren Kursentwicklung hat immer unter der Sorge gelitten, der Konzern verfüge nicht über genügend neue Produkte zur Substitution des Umsatzträgers „Zantac", der in Zukunft seinen Patentschutz verliert, beziehungsweise teilweise schon verloren hat. Die Kreativität in Forschung und Entwicklung bleibt demnach ein zentrales Kriterium, sowohl für den Erfolg am Markt als auch für den an der Börse. Ein Großteil des Wettbewerbs der Pharma-Aktien findet in den Labors statt.

Generika: Profite mit Kopien

Bei einer Reihe von umsatzstarken Medikamenten lief in den vergangenen Jahren der Patentschutz aus. Allein in den USA waren 1993/94 davon 17 Arzneien mit einem Umsatzvolumen von 8,5 Milliarden Dollar betroffen, 1995/96 waren es sechs mit 3,7 Milliarden Jahresumsatz. Bis zum Jahr 2005 wird die Anzahl über 150 Stück betragen. Ihr jährlicher Umsatz belief sich per 1997 auf über 30 Milliarden Dollar, also mehr als 15 Prozent des Weltmarktes. Nach Patentablauf werden die Präparate auch von anderen Firmen, den Nachahmern, meist unter dem Preis der Originalhersteller auf den Markt gebracht. Die Aufwendungen für Forschung und Entwicklung entfallen fast komplett.

Sie bereichern sodann das Pharma-Segment Generika. Es wird von den Regierungen auf der ganzen Welt mit administrativen Maßnahmen unterstützt, da preiswerte Präparate die Kosten im Gesundheitswesen senken helfen. In jüngster Zeit haben Generika einen enormen Aufschwung genommen. In Deutschland betrug der Anteil einschlägiger Verordnungen 1987 nur 17,2 Prozent, 1996 aber schon über 40 Prozent.

Daneben gibt es zunehmend Bemühungen, ehemals verschreibungspflichtige Präparate – etwa über Apotheken – frei verkäuflich zu machen – Fachjargon: Switching. Solche Mittel werden dann als sogenannte OTC-Arzneien rezeptfrei angeboten.

Beide Segmente haben eine große Zukunft vor sich. Der Weltmarkt für Nachahmerprodukte wird im Jahr 2000 mit rund 30 Milliarden Dollar ein doppelt so hohes Volumen wie 1996 haben. Und er wächst doppelt so schnell wie der sonstige rezeptpflichtige Arzneimittelsektor.

Als Gründe dafür gelten der anhaltende Zwang der Gesundheitssysteme, den Kostenanstieg zu begrenzen, aber auch die Tendenz zu großen Einheiten bei den Abnehmern der Medikamente. Das höchste Wachstum erwarten die Hersteller in etablierten Märkten wie Deutschland, Großbritannien oder den USA sowie in Frankreich, Schweden oder Japan, wo Nachahmerprodukte derzeit noch eine untergeordnete Rolle spielen. Auch Osteuropa wird mittelfristig vermutlich interessante Perspektiven für die Generikabranche bieten.

Wo immer ein staatliches Gesundheitswesen existiert, geht der Trend zu Generika vom Staat aus. Ein typisches Beispiel für einen politisch beeinflußten Wandel stellt Frankreich dar. Nun versucht die Pharmazeutische Industrie des Landes, die bisher markentreue Ärzteschaft von der Qualität des Generikaangebots zu überzeugen und entsprechende Präparate zu plazieren.

Der Verkauf mit OTC-Präparaten boomt besonders deshalb, weil immer mehr Menschen zur Selbstmedikamentation greifen. Die teils sinkenden Verschreibungszahlen für bisher rezeptpflichtige Medikamente werden durch den steigenden OTC-Anteil durchaus wettgemacht. Das Frankfurter Institut für medizinische Statistik ermittelte bei Rheuma-Mitteln bei der Rezept-Verschreibung einerseits einen Rückgang von 24 Prozent. Dafür verzeichnete aber der einschlägige OTC-Bereich ein Plus von 35 Prozent. Sowohl der Generika- als auch der OTC-Markt bringen den Konzernen zwar meist kleinere Gewinnmargen, dafür leistet das wachsende Volumen einen zunehmend höheren Ergebnisbeitrag.

Zu hohen Umsatzzunahmen führen regelmäßig die Grippe- und Erkältungswellen im Frühjahr, worüber sich besonders die Apotheker freuen. Den größten OTC-Teilmarkt bilden nämlich Erkältungs- und Hustenmittel mit 1,36 Milliarden Mark Umsatz vor den Schmerzmitteln (903 Millionen Mark). All jene Medikamente werden von Frauen häufiger genutzt als von Männern.

Der Wettbewerb wird mit harten Bandagen geführt. Die jeweiligen Segmente sind stark umkämpft. Dies geschieht zum Teil über den Preis als zentralem Konkurrenzfaktor. Nach einigen Studien datiert diese entscheidende Veränderung auf das Jahr 1995. Damals setzte bei den umsatzstarken Wirkstoffen „Captopril“ und „Ranitidin“ ein bis dahin nie beobachteter Preisverfall ein. Bei „Captopril“, einem Herzmittel mit rund 280 Millionen Mark Umsatzvolumen in Deutschland, brachten beide Hersteller der Originale, Bristol-Myers Sqibb und Schwarz Pharma AG, Monheim, noch vor Patentablauf je ein „Captopril“-Generikum zu 30 Prozent reduzierten Preisen heraus. Direkt nach Patentablauf wurde dieser von einem halben Dutzend anderen Generika-Anbietern um weitere 30 Prozent unterboten.

Für Aufsehen sorgte vor allem die im Geschäft bis dahin kaum bekannte Wörwag Pharma GmbH in Stuttgart, die mit einem nochmals günstigeren „Captopril“-Präparat den Wettbewerb weiter anheizte. Zuletzt waren die Preise für den Wirkstoff auf rund ein Fünftel des ehemals patentierten Originals gefallen.

Als weniger erfolgversprechend erwies sich dagegen die Politik, über Preissenkungen beim Original dagegenzuhalten. Die britische

Glaxo bot ihren Umsatzträger „Zantac“ (Wirkstoff: Ranitidin) 30 Prozent billiger an, um dem Verlust von Marktanteilen durch Generika-Konkurrenz vorzubeugen. Es nutzte nichts: Schon relativ kurze Zeit nach Patentablauf entfiel der Löwenanteil der Ranitidin-Verschreibungen auf Nachahmerpräparate.

Indessen gibt es auch hier bestimmt keine Regel ohne Ausnahme. Die Verkaufskurve des bewährten und hochgeschätzten Herzmittels „Adalat“, ein alter Schlager im Originalsegment des Bayer-Konzerns, zeigt immer noch einige Dynamik. Obwohl das Patent bereits auslief, hat „Adalat“ sich lange Zeit gegen billigere Kopien anderer Firmen behauptet und gehört mit 11,35 Milliarden Mark Jahresumsatz immer noch zu den „Blockbustern“.

Auch der Bayer-Konzern reagiert auf die wachsende Bedeutung von Generika. Bereits 1994 hatte er die Schein Pharmaceutical Inc. in den USA – eine der größeren einschlägig tätigen Gesellschaften – gekauft. Es folgten Engagements in Kanada, Mittelamerika, England, Taiwan und Südafrika.

Das Unternehmen hatte lange Zeit auf teure, erstklassige Präparate aus eigenen Laboratorien gesetzt. Mit der neuen Linie „Billig aber Bayer“ will der Konzern auch im deutschen Nachahmer-Business ganz vorne mitspielen.

Hintergrund dafür ist das „Joch des Arzneimittelbudgets“. Die Nachahmer-Präparate werden von den Ärzten zunehmend häufiger verschrieben, weil sie meist billiger sind. Die Gefahr für die Generika-Hersteller liegt hierbei jedoch darin, daß sie sich mit den Nachahmer-Produkten selber Konkurrenz machen und die eigene etablierte und teure Medikamenten-Palette schwächen. Dieses Risiko der Kannibalisierung laufen indessen alle Unternehmen, die an jeder Verkaufsfront mitmischen. Insofern ist es wichtig, daß die Generika-Substanzen nicht allzusehr in Konkurrenz zum eigenen Originalprodukt treten.

Noch Mitte der achtziger Jahre hatte Bayer auf Markenqualität gesetzt und sich scharf gegen Nachahmer zur Wehr gesetzt. „Wenn Ihnen die Gesundheit Ihres Kindes teuer ist, darf Ihnen nicht jedes Medikament billig sein“, lautete damals die Argumentation. Mit der

Gründung von Basics Pharma sicherte sich Bayer die Rolle eines „Key-Players". Eine spezifische Strategie soll helfen, die teuren, innovativen, verschreibungspflichtigen Produkte abzusichern.

Um sich größere Anteile des fetten Kuchens zu sichern, setzte Bayer auf Dumpingpreise. Die Bundesvereinigung Deutscher Apothekerverbände (ABDA) klassifizierte die Angebote der eigens dafür gegründeten Bayer-Tochter Basics Pharma sogar als „dramatisch günstig im Preis", beim Präparat „Cimetidin" beispielsweise liege er 100 Mark unter dem Festbetrag. Die „Billiglinie" hat gute Chancen auf Erfolg, das Gesamtvolumen liegt laut einem GKV-Report bei jährlich 500 Millionen Packungen oder 15 Milliarden Mark Umsatz in der Bundesrepublik.

Weniger angetan zeigte sich die Konkurrenz. Das Ulmer Pharma-Unternehmen Ratiopharm, im Generika-Bereich seit 20 Jahren eine Traditionsfirma mit dem größten einschlägigen Umsatzvolumen, reagierte gereizt und bemühte ob der aggressiven Bayer-Preispolitik die Gerichte.

Den wenig griffigen Slogan „Basics versus Generics" zog Bayer vor dem Landgericht Ulm noch freiwillig zurück, die einstweilige Verfügung von Ratiopharm gegen die Werbung „Billig aber Bayer" wurde abgeschmettert. Das Duell zwischen altem und neuem Nachahmer ging weiter. In Ausgaben der „Ärztezeitung" setzte der Konzern die extra provokative „Billig-aber-Bayer"-Anzeige fort. Vier Seiten weiter hinten konterte Ratiopharm: „Billig aber Ratiopharm". Einer weiteren Anzeige „Alles Gute kommt von Bayer" begegneten die Ulmer vier Seiten später mit „Alles Gute kommt von Ratiopharm".

In der Pharma-Industrie galt es zunächst quasi als Glaubensfrage, ob der illustre Kreis der forschenden Arzneimittel-Hersteller auch auf die Produktion von Generika setzen sollte. Die komfortable Nische mit jährlichen Renditen von 15 Prozent erschien aber so verlockend, daß inzwischen so gut wie alle Konzerne auch das Segment Generika ausgiebig beackern. Als erfolgreiches Eintrittskonzept gilt die „Early-entry"-Strategie der Originalhersteller. Das bedeutet: Pharmafabrikanten stellen ihren Originalpräparaten bereits im Vorfeld des Patentablaufs eigene Generika zur Seite.

Der langfristige Erfolg erfordert vor allem einiges an „Commitment". Solcherlei „Bindung" bedarf einer wohlabgewogenen Trennung zum ethischen Geschäft, um die eigene „Marke" nicht zu beschädigen.

Ohne breit angelegte Kampagnen läuft beim Switching so gut wie nichts. Schon die Werbung verschlingt Unsummen. Es hat keinen Sinn, halbherzige Versuche zu starten. Anders als in den besonders üppigen Anfangsjahren des Generika-Marktes muß nach Schätzung der Experten ein Newcomer, der heutzutage in dem Geschäft noch Fuß fassen will, mindestens 30 Millionen Mark jährliche Kosten verkraften. Bei drei bis fünf Jahren Anlaufphase resultiert daraus leicht ein Finanzierungsbedarf von 150 Millionen Mark. Im Wettbewerb bestehen werden jene Unternehmen, die eine griffige Strategie, einen langen Atem und genügend Finanzkraft mitbringen.

Der US-Riese Merck & Co. hat dem deutschen Generika-Markt 1995 wieder den Rücken gekehrt. Und Hoechst Marion Roussel ist hierzulande mit dem Segment gar nicht erst an den Start gegangen, obwohl sie mit den Töchtern Copley Pharmaceuticals Inc., Massachussetts, Arthur H. Cox & Co. Ltd., England und der amerikanischen Rugby Group Inc., international mit vier Prozent Marktanteil der zweitgrößte Anbieter ist. In der Branche hat diese Zurückhaltung bereits Spekulationen genährt, der Frankfurter Pharma-Riese suche nach einem Käufer für seine Generika-Aktivitäten.

Große Unternehmen wie Glaxo Wellcome Plc., London, Hoffmann-La Roche AG, Basel, oder Pfizer Inc., New York, zeigten bisher nur gedämpftes Interesse für das Segment. Eine derartige Differenzierung der Strategien wird sich in den kommenden Jahren vermutlich noch verstärken. In den USA kooperieren die Schweizer in einigen Produktlinien neuerdings mit dem Bayer-Konzern.

Der deutsche Generika-Markt wird noch von einem Hersteller der ersten Stunde dominiert: Die Ratiopharm GmbH & Co., Ulm, ein Unternehmen, das zum Verbund des Industriellen Adolf Merckle gehört, liegt mit knapp einer Milliarde Mark Umsatz unangefochten an der Spitze. Es sei, so loben Experten, eine der wenigen unter den 700 Anbietern, die eine „klare Generika-Strategie" haben.

Die Firmen Hexal Pharma, E. Merck in Darmstadt und die Stada AG liegen mit Umsätzen zwischen 220 und 300 Millionen Dollar noch deutlich vor den heimischen Generika-Umsätzen von Bayer und BASF Generics. Nach dem Einstieg Ende der achtziger Jahre baute Merck Darmstadt den Generika-Bereich durch hohe Investitionen und mehrere Akquisitionen konsequent aus. Trotz der dazu erforderlichen Kosten erzielte das Unternehmen 1995 eine operative Marge von 16,8 Prozent. Schwarz Pharma machte aus der Not eine Tugend. Der Patentablauf des umsatzstärksten Produkts veranlaßte das Unternehmen, noch vor der Konkurrenz selbst ein Generikum auf den Markt zu bringen. Insbesondere diese Umsätze und die jüngste Akquisition von „Puren" verhalfen dem Unternehmen auf Rang vier der größten Generika-Hersteller in Deutschland.

Mittelfristig werden sich in dem Markt weltweit höchstens 20 Anbieter von internationalem Zuschnitt behaupten, darunter auch eine Reihe größerer Pharma-Konzerne alten ethischen Arzneimittel-Zuschnitts. Und natürlich auch originäre Generika-Hersteller wie zum Beispiel die Ivax Corp., Miami/Florida, mit über einer Milliarde Dollar Umsatz und 6,7 Prozent Marktanteil, wenn sie nicht eines Tages von der Konkurrenz aufgekauft wird.

Deutschland ist mit 5,7 Milliarden Mark nach den USA der zweitgrößte Generika-Markt. Sortiert nach Umsätzen des Jahres 1996 belegt Hoechst weltweit den zweiten Platz, vor Ratiopharm (Platz drei), Bayer (Platz fünf), Hexal (Platz acht), Merck KGaA (Platz neun) und Stada (Platz zehn). Weltweit erwarten Experten ein Wachstum zwischen 11 und 16 Prozent bis zum Jahr 2000.

Medikamente: Boom ohne Rezepte

Gut 100 Mark pro Kopf investieren die Deutschen jährlich in selbstverordnete Arzneien. Mehr als jede dritte Packung kaufen sie ohne Rezept. Bis 1993 zahlte die Kasse. Ärzte verschrieben Vitamintabletten oder Entwässerungskapseln willig auf dem Rezeptblock. Dann strich Gesundheitsreformer Horst Seehofer die Zahl der verordnungsfähigen

Medikamente via Arzneimittelbudget kräftig zusammen und verlagerte die Kosten auf den Patienten. Ob die Nase läuft, der Magen drückt, der Kopfschmerz sticht oder der Schlaf ausbleibt – der Griff in die Hausapotheke verheißt schnelle Linderung. Besonders bei Magen-Darm-Beschwerden, Erkältung und Schmerzen ersparen sich Kranke gern die Warteschleife in der Arztpraxis und kurieren selbst.

Der Trend zur Eigentherapie hat viele Gründe. Als vorrangiges Motiv nannten die in einer Focus-Studie im Jahr 1996 Befragten rechtzeitige Krankheitsvorbeugung (53 Prozent), und jeder fünfte hatte keine Zeit, zum Arzt zu gehen. 21 Prozent gehen nie zum Arzt und nehmen auch keinerlei Medikamente zu sich, verweigern sich den Segnungen der modernen Medizin also prinzipiell oder werden aus Überzeugung nicht krank. Die Bestseller der Hausapotheke sind seit Jahren „Klosterfrau Melissengeist" (Kräuterschnaps), „Aspirin C", „Aspirin" (Schmerzmittel), „Thomapyrin" (Schmerzmittel), „Spalt" (Schmerzmittel), „Wobenzym" (Dragees gegen Entzündungen), „KWAI"-Dragees (Knoblauch), „Doppelherz", „Enova" (Vitamin, Mineral). „Wick-Medinait" (Erkältungssaft), „Bepanthen" (Heilsalbe), „Echinacin" (Planzensaft), „Mobilat" (Muskel- und Gelenkschmerzen).

Mitunter verursacht die Eigentherapie auch neue Leiden. So plagte einen Hobbymediziner („Ich bin ein Hypochonder") nach hohen Vitamin-C-Gaben regelmäßig „irrsinniges Sodbrennen", dem er mit einem Säurebinder zu Leibe rückte.

Den typischen Fall einer unheilvollen Eigenbehandlung beschrieb ein niedergelassener Arzt so: Der Patient kam mit schweren Herzrhythmusstörungen in die Sprechstunde, Ursache unklar. Erst im Gespräch stellte sich heraus, daß der Mann fast jeden Morgen seinen Kater mit einem Acetylsalicylsäure-Präparat kurierte. Den sauren Magen räumte er mit einer Verdauungspille auf, was zu Verstopfung führte, die er wiederum mit Abführmitteln anging.

Ob jedes freiverkäufliche Medikament hält, was die Indikationsverschreibung laut Beipackzettel verspricht, ist für den Laien oft nur schwer einzuschätzen. Zu vielversprechend sind die Werbeverheissungen, zu unüberschaubar ist die Produktpalette. Allein im Bereich der Abführmittel hatte der Kunde die Wahl zwischen 339 verschiedenen Präparaten, bei den Vitaminen standen 413 zur Auswahl. Auch Arzneien, die ihre Wirksamkeit in wissenschaftlichen Studien nie bewiesen haben, schlagen an. So heilt der Placebo-Effekt durchschnittlich jeden dritten Patienten. Nach einer Studie läßt sich die Placeboheilung sogar noch verdoppeln, wenn sich ein Arzt dem Patienten gegenüber besonders enthusiastisch über die Wirksamkeit von Pillen ausläßt.

Ein Fünftel der 1,5 Millionen Medikamentenabhängigen in Deutschland, so erklärt die deutsche Hauptstelle gegen Suchtgefahren (DHS), stammt aus dem Selbstmedikationsbereich. Als risikoreiche Präparatsgruppen nennen die Experten Abführmittel, Schmerzmittel und Appetitzügler.

Das größte Suchtpotential und – bei fortgesetzter Anwendung – ein hohes gesundheitliches Risiko bergen die Schmerzmittel, vor allem Kombinationspräparate, bei denen mehrere Wirkstoffe oder aufputschende Substanzen wie Koffein beigemischt sind.

Rund 200 Millionen Packungen Analgetika wandern jährlich über den Apothekertresen, 150 Millionen davon ohne Rezept. Unter den 20 meistverkauften finden sich elf Kombinationspräparate, darunter sieben mit Koffeinanteilen. Bei etwa 6000 aller 30.000 dialyseabhängiger Patienten hierzulande ist die Niereninsuffizienz auf regelmäßigen Konsum solcher Arzneien zurückzuführen. „Die Risiken für chronische Nierenschäden nehmen nach einer gehäuften Einnahme von mehr als einem Kilo analgetischer Substanzen zu“, resümiert Martin Molzahn, Professor für Nieren- und Hochdruckkrankheiten am Berliner Humboldt-Krankenhaus.

Ein rezeptpflichtiges Arzneimittel kostete in der Apotheke durchschnittlich 46 DM, ein nicht rezeptpflichtiges 16 Mark. Jährlich gut 20 Milliarden Mark können die Krankenkassen europaweit mit der Selbstmedikation tatsächlich oder vermeintlich Erkrankter sparen, rechnete Dieter Thomae, Vorsitzender des Gesundheitsausschusses des Bundestags, vor. „Die Kassen müssen sich auf die teuren Bereiche konzentrieren.“

Die Pharmafirmen, von der Gesundheitsreform um Einnahmen

im Verordnungssektor gebracht, witterten neue Gewinne. Wenn mit der Rezeptpflicht auch die Zwischeninstanz Arzt wegfällt, können die Hersteller auf zusätzliche gesunde Umsätze hoffen.

Etwa ein Viertel des Pharma-Absatzes in Deutschland entfällt auf den Bereich der Selbstbehandlung. Die Wachstumsraten liegen nach wie vor bei mindestens 15 Prozent jährlich. Und beispielsweise werden in Deutschland auch 58 Prozent aller Vitamine, 55 Prozent aller Husten- und Erkältungsmittel sowie 53 Prozent aller Rheumapräparate ohne Beteiligung der Ärzte direkt vom Endkunden gekauft.

Der Beipackzettel dient hierbei mit 38 Prozent Nutzung als zunehmend wichtiges Informationsmaterial. Gerade solche Erkenntnisse sind für die Arzneimittel-Hersteller von großer Bedeutung, erlauben sie doch eine direkte Einfußnahme auf den Patienten. Immerhin gehen 40 Prozent des Umsatzes auf Produktempfehlung zurück und nur 14 Prozent auf Beratung.

Medikamente: Blockbuster – Die Profitträger

Bei vielen Konzernen sind die neuen innovativen Medikamente Motor des Wachstums. Glaxo Wellcome, mit 14 Milliarden Dollar weltweit am umsatzstärksten, verdiente in der ersten Hälfte des Geschäftsjahres 1996/97 mit seinen seit 1990 zugelassenen Präparaten um 51 Prozent mehr gegenüber dem entsprechenden Zeitraum des Vorjahres. Die Umsätze mit Medikamenten zur Behandlung von HIV-Infektionen wurden nahezu verdoppelt. Die von den AIDS-Experten favorisierte Kombinationstherapie hat geholfen, „Retrovir“ und „Epivir“ „als Standardtherapie“ zu etablieren.

„Wir haben allen Grund, zuversichtlich in die Zukunft zu schauen“, sagte Glaxo-Chef Sir Richard Sykes bei Vorlage der Bilanz in London.

Die Karten in der Pharma-Branche werden ständig neu verteilt. Die Weltrangliste der umsatzstärksten verschreibungspflichtigen Medikamente, der Blockbuster, unterliegt drastischen Änderungen. Glaxo

Wellcomes „Zantic" wird im Jahr 2000 „nicht einmal mehr zu den 40 umsatzstärksten Präparaten" weltweit zählen. Wie die Autoren des Londoner Investmenthauses Lehman Brothers in ihrer Studie „Pharma-Pipelines" schreiben, wird „Zantic" – derzeit mit Jahresumsätzen von umgerechnet rund 5,4 Milliarden DM das weltweit verkaufsstärkste ethische Medikament überhaupt – im Jahre 2000 Umsätze von „nicht mehr als 700 Millionen Dollar" erzielen.

Der Verlust von Patentschutz und starke generische Konkurrenz werden das Absatzvolumen dramatisch drücken. Aber diverse neue Präparate sichern dem Unternehmen seine weltweite Spitzenstellung.

Profitieren vom Verlust von „Zantic" wird vermutlich vor allem das Präparat „Prilosec" (Losec), ebenfalls ein Magen-Mittel von der schwedischen Astra und der amerikanischen Merck & Co. Das Medikament wird im Jahre 2000 weltweit rund 5,8 Milliarden Mark Umsatz erzielen. Auf Rang zwei wird laut Lehman Brothers „Epogen" (Eprex) von den Firmen Amgen, Johnson & Johnson und Chugai (Japan) folgen. Die Jahresumsätze sollen bis zum Ende des Jahrzehnts auf 3,5 Milliarden Mark steigen.

Von den Top-5-Bestsellern des Jahres 1994 („Zantic", „Procardia", „Prilosec", „Epogen" sowie „Vasotec") werden in einigen Jahren nur noch zwei Mittel echte Blockbuster-Umsätze erzielen: „Epogen" sowie „Prilosec". „Epogen" (Eprex), das zur Verbesserung der Abwehrkräfte nach Chemotherapie eingesetzt wird, ist das einzige Top-5-Arzneimittel, das mit einem japanischen Hersteller (Chugai) in Verbindung gebracht wird.

Das Anti-Depressivum „Prozac" (Hersteller Eli Lilly) wird laut Untersuchung mit Jahresumsätzen von 4,4 Milliarden Mark im Jahre 2000 das drittstärkste ethische Arzneimittel sein. Es folgen auf Platz vier und fünf „Zocor" (Lipovas) von Merck (USA) mit Jahresumsätzen von 3,7 Milliarden Mark und „Norvasc" (Istin) von Pfizer mit 2,9 Milliarden Mark.

Lehman Brothers stellte darüber hinaus fest, daß die Ausgaben der internationalen Pharma-Branche für Forschung und Entwicklung zum Ende des Jahrzehnts nicht länger durch die von neuen Präparaten erzielten Einnahmen komplett gedeckt würden. Das hat direkte Auswirkungen auf die Investitionstätigkeit.

Beeindruckend ist auch die Geschwindigkeit, mit der die Pharmakologen in den vergangenen Jahren der Seuche Aids zu Leibe rückten. Hierbei fand ein richtiggehendes Wettrennen um wirkungsvolle Medikamente statt. Viele große und namhafte Konzerne beteiligten sich daran. Kein Wunder: Der Verkaufsmarkt per 1997 wird auf mindestens 2,5 Milliarden Dollar geschätzt.

Immerhin hat die Krankheit heute dank einiger Kombinationstherapien „ein neues Gesicht", so die Wissenschaftler. Mit bestimmten „Wirkstoff-Cocktails" läßt sich das HIV-Virus in Schach halten und die Sterberate deutlich reduzieren.

Eine Studie belegte, daß mit einer Kombination aus dem Protease-Hemmstoff „Saquinavir" (Invirase) und dem Hemmstoff der Reversen Transkriptase, dem Nukleosit-Analogon ddC (Hivid) 73 Prozent weniger Behandelte sterben als mit dem schon etwas älteren Wirkstoff ddC allein. Vorgestellt wurden die Daten mittels eines Satellitensymposiums des Unternehmens Hoffman-La Roche vor Beginn der XI. Internationalen AIDS-Konferenz in Vancouver 1996.

Als erster auf dem Markt war der Schweizer Pharmariese Hoffmann-La Roche, mit „Saquinavir". Nur drei Monate später folgten die Konkurrenzpräparate „Ritonavir" (Abbot Labs) und „Indinavir" (Merck & Co.).

93 Prozent der global 30 Millionen HIV-Infizierten leben in den Ländern der dritten Welt. Dem steht gegenüber, daß 94 Prozent aller Mittel für Aufklärung, Verhütung und Behandlung von den Industrie-Nationen aufgebracht werden – ein Phänomen der totalen Gegensätze.

Inzwischen sind 60.000 aidskranke und HIV-infizierte Amerikaner und 10.000 weitere Patienten in der übrigen Welt Nutznießer der neuen Behandlung.

Die hochdosierte „AZT"-Monotherapie gilt inzwischen als Kunstfehler; in niedriger Dosierung bleibt sie aber Bestandteil der propagierten Kombinationstherapien. „AZT" brachte dem britischen Konzern Glaxo Wellcome bis 1996 immerhin stattliche 2,6 Milliarden Dollar ein.

Schon heute verkauft die Aids-Industrie HIV-Medikamente und Diagnostika im Wert von zusammen über drei Milliarden Dollar jährlich. Der „Aids-Cocktail für die Reichen“ kostet pro Jahr pro Person 25.000 Dollar. Viele HIV-Infizierte schlucken monatlich bis zu 1000 Pillen. Das „Potential“ ist riesig. Forscher rechnen damit, daß bis zum Jahr 2000 rund 100 Millionen Menschen mit dem Aids-Erreger HIV infiziert sein würden. Zudem gilt HIV als Wegbereiter für andere Erreger, die unter Menschen mit geschwächtem Immunsystem leicht zu schweren Krankheiten führen, etwa Tuberkulose oder Hepatitis. Die düstere Prognose einiger Infektionsforscher lautet: „Wenn Aids Schwarzafrika nicht auslöscht, wird es die Tuberkulose tun.“

Diskutiert wird auch darüber, ob die Pharma-Firmen dazu gebracht werden können, die Medikamente billiger zu verkaufen. Denkbar wäre zum Beispiel, daß die Vereinten Nationen bestimmte Krankheiten als so bedrohlich einstufen, daß die entsprechenden Medikamente oder Impfstoffe sozusagen der Weltbevölkerung gehören. Im Gegenzug könnte die entwickelnde Pharma-Industrie unbegrenzte Patentlaufzeiten für andere, lukrative Präparate bekommen. Als Äquivalent wäre dies wahrscheinlich kein schlechtes Geschäft.

Unter dem Druck der Aids-Aktivisten schuf die amerikanische Gesundheitsbehörde FDA ein „beschleunigtes Zulassungsverfahren für Therapien gegen schwere und unheilbare Krankheiten“. Mit der neuen Regelung sollen vielversprechende Substanzen, die aufgrund vorläufiger Befunde „symptomatische Verbesserungen erwarten lassen“, rasch zum Patienten gelangen, so etwa auch bei Krebs. Die Begründung der FDA für diese Entscheidung: Es sei unethisch, sterbenden Patienten eine neue Therapie mit dem Argument vorzuenthalten, daß langfristige wissenschaftliche Studien deren Wirksamkeit erst erweisen müßten. Erfahrungsgemäß beeinflussen solche grundsätzlichen Entscheide auch die europäischen Behörden.

Bevor ein Medikament für den Markt freigegeben wird, müssen die Arzneimittelbehörden – das gilt auf beiden Seiten des Atlantiks

– Nutzen und Risiken in einem aufwendigen Zulassungsverfahren gegeneinander abwägen. Sie prüfen, ob die Pharma-Firma, die um Zulassung nachsucht, in Tierversuchen und an gesunden wie kranken Probanden Beweise für die Wirksamkeit und Unbedenklichkeit einer Substanz erbringen konnte. Vom Beginn der entscheidenden Phase-III-Prüfung bis zur Zulassung eines Medikaments vergehen oft sieben Jahre. Für viele Kranke ist es dann längst zu spät.

Viele der 1500 Biotechnologie-Firmen in den USA hoffen, daß die FDA auch bei der Gentherapie niedrigere Maßstäbe an die Wirksamkeit anlegt.

Die schnellere Zulassung führt unterdessen zu Problemen. Häufig wird über Losverfahren entschieden, welche Patienten in den Genuß des Präparats kommen. So wählte etwa eine amerikanische Schering-Tochter mit der Vergabe des neuen „Betaferon“ für Multiple-Sklerose-Kranke mangels genügend neuem Stoff anfangs die Glückstrommel.

Als das Penicillin gegen Ende des Krieges in den USA endlich zum Einsatz kam, stand ebenfalls nicht genug Substanz zur Verfügung. Doch da galt Kriegsrecht, und ethische Erwägungen hatten keine Bedeutung. Es wurden ausschließlich geschlechtskranke Soldaten mit dem neuen „Wundermittel“ behandelt – damit man sie schnell wieder an die Front schicken konnte.

Als der Pharma-Konzern Abbot Labs in Frankreich das neue Aids-Mittel „Ritonavir“ dort an 100 Patienten verlosen wollte, mit dem Argument, mehr Substanz sei nicht verfügbar, ketteten sich Aids-Aktivisten an die Werkstore des Konzerns, und der Nachrichtensender CNN verbreitete die Bilder in der ganzen Welt. Erstaunlich schnell war danach genug „Ritonavir“ für alle da.

Die Rolle der Weltgesundheitsorganisation WHO als „Globaler Gesundheitsmanager“ wird hierbei recht unterschiedlich beurteilt. Ihr sei es bisher nur gelungen, die Pocken auszurotten, bei der Bekämpfung der Tuberkulose blieb sie erfolglos, und das, obwohl es in diesem Falle seit langem wirksame und sogar vergleichsweise billige Medikamente gibt.

Zu den ausgesprochenen Rennern unter den Blockbustern zählen die neuen Antidepressiva. Der „König" dieser einträglichen Mental-Health-Sparte ist das von Eli Lilly zuerst verkaufte „Prozac". Es ist eines der lukrativsten Präparate in der modernen Pharma-Geschichte. Allein in den USA beträgt der jährliche Markt dafür drei Milliarden Dollar. 1995 wurden in Amerika 19 Millionen Packungen verschrieben.

1996 wurde erstmals „Prozac" im Wert von über vier Milliarden Mark verkauft, obwohl sein Anteil um 6,5 auf 40,7 Prozent zurückging. Die Konkurrenz stammte von den rund fünf Jahre jüngeren innovativen Präparaten, etwa „Zoloft", „Paxil", „Effexor" und „Serzone" der nicht minder renommierten US-Firmen Pfizer, Smithkline Beecham und Bristol Myers Squibb. Dank aggressiven Marketings erzielten sie seit ihrer Einführung 1993 jährliche Zuwachsraten um teilweise über 50 Prozent und kamen 1996 schon knapp an die Umsatzmilliarde heran.

In Frankreich verkaufen sich Antidepressiva offenbar besonders gut. Mitte der neunziger Jahre nahmen die Franzosen 211 Millionen Schachteln mit fast fünf Milliarden Pillen gegen Nervosität, Lebensangst oder andere seelisch bedingte Leiden. Ihr Verbrauch an Beruhigungsmitteln ist bei weitem der höchste in Europa, mehr als das Dreifache dessen, was Briten und Deutsche schlucken.

Der Soziologe Alain Ehrenberg sieht den Grund im gestiegenen Erwartungsdruck. Sogar wenn jemand sich nur um eine untergeordnete Stelle bewirbt, soll die Person selbständig sein, effizient, dynamisch, motiviert. Gesellschaftliche Probleme, die vor 20 Jahren politischen Ausdruck gefunden hätten, würden heute in psychischen Kategorien von Angst und Depression gesehen: Deshalb die Welle von chemischen Prothesen.

Für diese alarmierenden Daten aus dem Land der Lebenskünstler und Genießer machen Psychiater in erster Linie die Hersteller der Antidepressiva verantwortlich. Unter dem doppelten Druck von Produzenten und Patienten müsse ein Arzt ein Held sein, wenn er der Versuchung widerstehen wollte, systematisch zu verschreiben. Hinzu kommt, daß „zwischen zahlreichen Meinungsführern im akademischen Bereich und der Pharma-Industrie enge Beziehungen bestehen". Dadurch erhält die Reklamebotschaft höhere Weihen und zusätzliche Glaubwürdigkeit. Für Umsatz ist gesorgt.

In die Apotheken kommen inzwischen sogar Kunden mit einem „Prozac"-Rezept vom Veterinär. Es bewährt sich offenbar bei Hunden, die zu unruhig oder aggressiv sind.

In Frankreich praktizieren 6000 Psychiater; 36.000 katholische Priester zelebrieren die Messe. Aber es gibt noch andere Helfer in Seelennöten. Fast 50.000 Französinnen und Franzosen meldeten bei den Ämtern im vergangenen Jahr Einkommen als Hellseher, Astrologen und sonstige Heilkundige an – mehr als je zuvor. Im Land des Logikers René Descartes („Ich denke, also bin ich.") ist im 400. Jahr nach dessen Geburt das Irrationale auf breiter Front im Vormarsch.

Vor allem in Altenheimen werden Psychopharmaka reichlich verabreicht – und die Tendenz ist steigend. Jeder zweite Bewohner erhält ein einschlägiges Medikament.

Außerdem schlucken die Alten 78 Prozent der Herzmittel und 77 Prozent der Blutsenker.

Über 60 Jahre alte Patienten machen zwar nur 23 Prozent der Krankenversicherten aus, aber diese Altersgruppe vereinigt rund 65 Prozent der Arzneimittelverordnungen auf sich. Der enorme Arzneimittelverbrauch der Senioren ist eine unermüdliche Ertragslokomotive für die Pharma-Industrie. Je älter die Patienten werden, um so mehr Medikamente verbrauchen sie; je älter die Bevölkerung wird, desto stärker steigt der Gesamtumsatz.

Nach amerikanischen Studien erhalten alte Menschen zwischen drei und 12 Medikamente pro Tag, die rezeptfreien Substanzen nicht eingeschlossen. Bis zu 60 einzelne Medikamentendosen pro Tag sind nichts Ungewöhnliches. Für manchen Greis ist der Tagesablauf strukturiert durch die Befolgung spezieller Therapieschemata.

Dabei kann, so sinnvoll der gezielte Einsatz eines Medikaments im Einzelfall sein mag, der Alterungsprozeß nicht aufgehalten oder gar rückgängig gemacht werden. Der pharmakologische Overkill schadet dem Patienten manchmal mehr als das Gesundheitsproblem, das damit therapiert werden soll. Ältere Patienten werden manchmal im Zustand der chronischen Arzneimittelvergiftung gehalten, wenn der körpereigene Abbau eingenommener Medikamente mit dem Nachschub nicht mehr Schritt hält. Viele Pillen zirkulieren ohne Prüfung auf den Märkten oder sind medizinisch überholt.

Bei 70- bis 80jährigen kommt es doppelt so häufig zu Nebenwirkungen wie bei 40- bis 50jährigen, und diese Nebenwirkungen fallen meist auch noch dramatischer aus. Ungefähr fünf Prozent aller Krankenhauseinweisungen alter Menschen, so schätzen deutsche Experten, sind auf Arzneimittelnebenwirkungen zurückzuführen.

Als historischer Tag der jüngsten Pharma-Geschichte gilt die Einführung der Pille am 1. Juni 1961. Es war ein gesellschaftlichen Ereignis ersten Ranges und schlug auch aus finanzieller Sicht voll ein.

Die erste Pillen-Generation enthielt noch etwa das Sechsfache der Wirkstoffe heutiger Rezepturen. Die Frauen schluckten es. Die Amerikanerinnen bereits ein Jahr früher als die Deutschen: 1960 schon brachte der Chikagoer Pharma-Konzern G. D. Seale „Enovid 10" auf den Markt.

1965 wurde die erste DDR-Pille in ostdeutsche Arzneimittelregister eingetragen: „Ovosiston". Der VEB Jenapharm hatte sie im Auftrag der DDR-Regierung entwickelt. Weil der hormonelle Grundstoff aus tropischen Wurzeln auf dem Weltmarkt so teuer war, gewannen die DDR-Wissenschaftler die für ihre Pillenproduktion notwendigen Hormone aus landesweit gesammelter Schweinsgalle. Anders als in Westdeutschland gab es im Osten so gut wie keine moralischen Widerstände gegen das neue Medikament.

Inzwischen leidet der Verkauf von Antibabypillen der „dritten Generation" unter der Risiko-Diskussion. Die Absatzzahlen gingen teilweise um die Hälfte zurück, dafür war das Kondom im Kommen, wovon beispielsweise der große US-Health-Care-Konzern Johnson & Johnson profitierte.

Zur Gruppe der vier größten Pillenhersteller gehören die holländische Akzo Nobel sowie die US-Firmen American Home Products und Johnson & Johnson.

Der Weltmarkt für Klimakteriumpräparate ist mit rund 2,5 Milliarden Mark noch relativ klein. Aber in den USA und Europa werden nur knapp 15 Prozent der Frauen behandelt, obwohl klinische

Studien zeigen, daß eine frühzeitige Prävention insbesondere die Osteoporose deutlich reduzieren kann. Die medizinische Vorsorge wird jetzt zunehmend genutzt. So kommt der Markt auf jährliche Zuwachsraten zwischen zehn und 15 Prozent. Experten schätzen, daß sich das Volumen bis zum Jahr 2000 auf 4,5 Milliarden Mark nahezu verdoppelt.

Mit einem Anteil von weltweit rund 40 Prozent ist American Home Products Marktführer. Novartis steht mit 16 Prozent auf Rang zwei. Mit dem Präparat „Climara" ist Schering in den USA mit rund sechs Prozent auf Position drei dabei.

Bluthochdruck gilt als Volkskrankheit. Bei den meisten Betroffenen würden schon Abnehmen, mehr Bewegung oder salzarme Kost ausreichen, um die Werte zu normalisieren. Tatsächlich werden jedoch etwa 14 Millionen Deutsche, die meisten älter als 50 Jahre, mit einem blutdrucksenkenden Medikament dauertherapiert, um das Risiko von Herzinfarkten, Schlaganfällen oder Nierenschäden zu senken. Die meisten Patienten erhalten dazu sogenannte Kalziumantagonisten. Doch seit kurzem streiten sich die Experten über schwere Nebenwirkungen dieser Medikamente.

Neuerdings legen die Verbraucherverbände immer wieder Listen sogenannter notwendiger Arzneimittel vor. Sie sollen den Ärzten bei der Wahl preiswerter Medikamente helfen. Anhand der Liste ist zu sehen, welches Mittel bei gleicher Qualität das billigste ist. Per 1997 waren 8700 Arzneien mit etwa 50.000 Darreichungsformen von rund 400 Herstellern auf dem Markt.

Die Hersteller selbst haben, so die Pharma-Verbände, „viele Absurditäten vom Markt genommen", aber die Kritiker meinen, es liege noch „viel unkontrollierter Mist vor". Sie fordern ein „Verkaufsverbot für alle Arzneimittel, die keine Wirksamkeits- und Unbedenklichkeitsprüfung durchlaufen haben". Zumindest aber müsse eine Kennzeichnung her: „Achtung, dieses Medikament wurde nicht auf Wirksamkeit und Unbedenklichkeit geprüft."

Darunter sind auch häufig verschriebene Mittel zur Durchblutungsförderung und Rheumamittel. In einem Informationsblatt für die Patienten erklärten Krankenkassen und Ärzte, mit einer

Verordnungssperre seien Einsparungen ohne Qualitätsverlust möglich.

So hat das Bundessozialgericht (BSG) 1996 die „Negativliste" des Bonner Gesundheitsministeriums für Arzneimittel gebilligt, womit rund 4500 Medikamente von der Erstattungspflicht der gesetzlichen Krankenkassen ausgenommen wurden. Begründung: Der Ausschluß unwirtschaftlicher Arzneimittel sei „sachlich gerechtfertigt und verfassungsrechtlich nicht zu beanstanden".

In einem konkreten Fall hatte ein Unternehmen diese Beschränkung als unzulässigen Eingriff in ihre Berufs- und Unternehmensfreiheit empfunden und Klage eingereicht. Nach Erlaß des Gesundheitsministeriums war der Umsatz des auf der Negativliste geführten Rheuma- und Durchblutungsmedikaments „Wobenzym" um 30 Prozent zurückgegangen.

Der Weltmarkt an Arzneimitteln hatte 1991 ein Volumen von 194,6 Milliarden Dollar, Europa davon 63,7 Milliarden. Zwischen 1992 und 1993 betrugen die Wachstumsraten nur 2,6 Prozent. Danach ging's mit 13 % von 1994 auf 1995 schon wieder sehr flott aufwärts. In 1997 wird die 300-Milliarden-Grenze überschritten, Europa kommt auf 90 Milliarden.

Für den klaren Durchblick im Angebotsdschungel des Medikamentensortiments sorgen Hunderte von Fachpublikationen und einschlägige Ratgeber, etwa Arzneimittelführer, die das Format vom Telefonbuch einer Großstadt haben.

Kein Geld verdienen läßt sich mit Pharma-Produkten, für die zwar großer Bedarf, aber nur wenig kaufkräftige Nachfrage besteht. Obwohl sich weltweit resistente Malaria-Stämme ausbreiten, liegen die Patente für ein in Kolumbien entwickeltes Impfverfahren brach – der typische Malaria-Patient der dritten Welt hat leere Taschen. Und außerdem keine Krankenkasse. Erst deren Vorhandensein spannt den Schirm für umsatzträchtige, innovative Medikamente auf. 80 Prozent aller weltweit hergestellten Arzneimittel werden von nur rund 20 Prozent aller Menschen konsumiert – in den „reichen" Industrienationen.

Als Buch mit sieben Siegeln gilt seit jeher die Preisgestaltung auf dem Pharma-Markt. Selbst für gewiefte Beobachter bleibt unerfindlich, warum beinahe wirkungslose Medikamente teuer sind, oder warum ein und dasselbe Präparat auf der holländischen Seite der Grenze teurer ist als auf der deutschen. Die Pharma-Branche hat sich an Diskussionen dieser Art jedoch längst gewöhnt. Zur Öffentlichkeitsarbeit jedes Unternehmens gehört die Verteilung von Broschüren zum Thema „Das Medikament und sein Preis". Dem jeweiligen Präparat ließen sich nur schwer direkte Herstellungskosten zuordnen, heißt es, vom Ersatz für die verlorengehende Patentlaufzeit ist die Rede oder gar vom „Generationenvertrag" in der Pharma-Forschung. Damit ist gemeint, daß schon die Medikamente von heute die Forschungskosten von morgen erwirtschaften sollen.

Ärmere Staaten – vor allem in Afrika – werden nach einem Bericht der französischen Zeitung „Le Monde" verstärkt Opfer von Medikamentenbetrug. Die in gefälschten Originalpackungen verkauften Produkte erreichten in einigen afrikanischen Staaten bereits einen Marktanteil von 60 Prozent.

Pharma-Hersteller werben auch mit „BSE-sicheren" Medikamenten – eine gefährliche Augenwischerei. Der Beipackzettel eines Mittels auf Basis natürlicher Wirkstoffe gegen Rheuma und Gelenkerkrankungen etwa liest sich wie ein Horrorkatalog: In dem Cocktail, Produktname „NeyChondrin", stecken nicht nur Extrakte aus Rinderhirn. Auch Rückenmark, Plazenta, Brustdrüse und Hoden der Tiere lieferten Wirkstoffe.

Verbrauchern, die sich schon lange nicht mehr trauen, in ein saftiges Steak zu beißen, muß die Mixtur den Angstschweiß auf die Stirn treiben. Rinderwahn jetzt aus der Pillenschachtel?

Vierzig Präparate mit zweifelhaften Rinderextrakten, schätzt die Arzneimittelkommission der Deutschen Apotheker, wurden 1996 vom Markt genommen.

England: Agile Briten

Großbritanniens ethischer Pharma-Markt ist vergleichsweise klein. Hier wurden per Mitte der neunziger Jahre nur etwa vier Milliarden Pfund jährlich umgesetzt. Mit etwa acht Rezepten pro Patient im Jahr hebt sich die Insel deutlich von den Gewohnheiten auf dem Kontinent ab: In Frankreich sind es rund 38 und in Italien 20 Rezepte, die die Ärzte verschreiben. Um so wichtiger ist für die Pharma-Industrie der Export. Er ist der zweitgrößte Devisenbeschaffer des Landes – nach dem Nordseeöl. Bereits 1992 konnte der Überschuß im Pharma-Außenhandel um 12 Prozent gesteigert werden und erreichte damit die Rekordhöhe von 1,33 Milliarden Pfund. Die Ausfuhr legte um 17 Prozent auf 2,99 Milliarden Pfund zu. Die EG war mit 47 Prozent wichtigstes Absatzgebiet.

Die Ausfuhr nach den USA und nach Japan stieg um 19 und 29 Prozent. Zwar expandierten die Lieferungen nach Osteuropa mit beinahe 50 Prozent am stärksten, jedoch machten sie weniger als fünf Prozent der gesamten Arzneimittel-Exporte aus.

Wie wichtig die Pharma-Industrie für Großbritannien ist, zeigt eine Aufstellung des britischen Handels- und Industrieministeriums. Unter den 10 in F&E führenden Unternehmen halten Glaxo Wellcome mit 1,2 Milliarden Pfund oder 15,1 Prozent des Umsatzes sowie SmithKline Beecham (653 Millionen Pfund, 9,3 Prozent) die Ränge eins und zwei. Mit der Zeneca Inc., die erst vor einigen Jahren vom Chemiekonzern ICI „abgetrennt“ wurde, folgt ein weiteres Pharma-Unternehmen auf Platz vier (549 Millionen Pfund, 11,2 Prozent).

Eines von fünf für Forschung und Entwicklung ausgegebenen Pfund Sterling wird von der Pharma-Industrie investiert. Das sind vier Millionen Pfund pro Tag. Fünf der zwanzig am häufigsten verschriebenen Präparate sind britischen Ursprungs.

Die Arzneimittel-Industrie wurde auch mit verschiedenen „königlichen“ Preisen ausgezeichnet, und die „Financial Times“ lobte ganz nach Empire-Art: „gesund, erfinderisch und britisch“. Die

Hälfte der gesamten britischen Unternehmensgewinne stammte aus Gesellschaften der Pharma-Branche.
Damit Großbritannien auch in der Biowissenschaft vorneweg marschiert, stellte das Ministerium für Handel und Industrie reichlich Geld zur Verfügung. Die Regierung trägt zu Projekten 50 Prozent der Kosten bei, der Rest kommt von der Industrie. In über 650 gemeinsamen Projekten sind rund 130 akademische Einrichtungen und über 800 Unternehmen beteiligt.

Das sogenannte LINK-Programm, ist ein Beispiel für die strategische Ausrichtung der britischen Forschungs- und Technologiepolitik, so wie sie 1993 in dem Grundsatzpapier „White Paper" formuliert wurde. Es ist eine engere Partnerschaft zwischen Regierung, Industrie und Wissenschaft zu schaffen, insbesondere in Bereichen, die für das ökonomische Wohlergehen der Gesellschaft künftig von Bedeutung sind. Im einzelnen sind dies neben der Biotechnologie die Kommunikations- und Computertechnik, der Maschinenbau, Produktionsprozesse, Luftreinhaltung und Energiesparen sowie soziale Trends.

Das britische Modell der Forschungsförderung gleicht dem amerikanischen. Immer mehr kleine, innovative Unternehmen wagen den Gang an die Londoner Börse. Sie müssen nicht große Volumen umsetzen, sie dürfen auch ruhig Verluste ausweisen. British Biotech aus Oxford ist solch ein Unternehmen. Es machte pro Jahr einen Verlust in zweistelliger Millionenhöhe. Trotzdem wurde die Aktie wie verrückt gekauft. Der Grund: Hoffnung auf ein erfolgreiches Krebsmittel. Die Chancen, daß solch ein Produkt in ein paar Jahren auf den Markt kommt, lagen Mitte 1996 bei etwa 25 Prozent. Ein weiterer „Hoffnungskandidat" ist die Gesellschaft Chiroscience.

Wie gut britische Pharma-Unternehmen sind, zeigt sich darin, daß sie 13 der 50 in der Welt am meisten verkauften Arzneimittel entdeckt und entwickelt haben.

Japan: Eigene Gesetze

Im Vergleich zu ihren sonstigen Exporterfolgen, etwa in der Unterhaltungselektronik und im Automobilbau, ist die Rolle Japans im internationalen Pharma-Zirkus erstaunlich bescheiden.

Anders als in Europa und den USA durchlief der Wirtschaftszweig Anfang der siebziger und neunziger Jahre eine Rezession.

Unter den Big Fifties tauchen die Nippon-Konzerne Takeda, Sankyo, Yamanouchi und Eisai erst im Mittelfeld auf. Für sich selber ist Japan indessen mit rund 90 Milliarden Mark das zweitgrößte Absatzgebiet für ethische Arzneimittel – nach den USA und vor der BRD.

Die Japaner geben für verschreibungspflichtige Medikamente mehr aus als jedes andere Volk. Zudem gehen sie mit durchschnittlich einmal im Monat auch besonders häufig zum Arzt, der als „Verteiler“ von Medikamenten in Japan eine noch größere Rolle spielt als anderswo.

Große europäische und amerikanische Pharma-Hersteller sind auf dem japanischen Markt so aktiv, daß die einheimischen Anbieter an Boden verlieren. Der Rückstand resultiert aus nationalen Eigenheiten. Die Hersteller können als Folge der turnusmäßigen Pharma-Preissenkung immer wieder nur eine sehr begrenzte Expansion der Umsätze verbuchen.

Zum Beispiel haben im April 1994 und 1996 die japanischen Behörden die Arzneimittelpreise wieder sehr genau unter die Lupe genommen. 64 Prozent aller auf dem Markt befindlichen Arzneimittel (13.375) waren von der Überprüfung nachteilig betroffen. Im Gegensatz dazu wurden die Preise für bisher kostengünstigere, aber wichtige Produkte um 15,6 Prozent erhöht.

Die Preispolitik des Ministeriums für Gesundheit und Sozialwesen (Ministry of Health and Welfare – MHW) beschneidet nicht nur die Erträge der Branche – einschließlich der in Japan tätigen Auslandsunternehmen –, sondern belegt erfolgreiche Präparate mit einem überproportionalen Malus, der sich als innovationshemmend niederschlägt.

Die Regularien hierfür orientieren sich am Umsatz eines Medikamentes, dessen Kassenpreis stärker gesenkt wird, wenn es sich bewährt und am Markt mit hohen Volumen durchgesetzt hat. Die amtliche Roßkur zur Bremsung der Kostenexplosion hat Konsequenzen: Leistung und Innovation werden sozusagen bestraft.

Der Anteil japanischer Erzeugnisse an den 20 weltweit führenden Arzneimitteln liegt bei nur 5 Prozent. Dem stehen US-amerikanische und britische Produkte mit 29 und 33 Prozent gegenüber.

Die F&E-Aufwendungen der führenden zehn europäischen und US-amerikanischen Pharma-Unternehmen waren fast dreimal so hoch (911 Mio. Dollar je Unternehmen) wie diejenigen der zehn größten japanischen Arzneimittel-Hersteller (312 Mio. Dollar).

Grundlagenforschung und vorklinische Arbeiten japanischer Unternehmen finden zunehmend in Nordamerika und Westeuropa statt. Die Firmen Yamanouchi, Eisai und Fujisawa unterhalten eigene Forschungsinstitute in England. Daiichi, Otsuka, Eisai, Tanabe und Chugei forschen entweder in Zusammenarbeit mit Universitäten oder mit Biotechnologie-Firmen, die die Unternehmen in den USA erworben haben. Auch bei klinischen Studien und Prüfungen in Zusammenhang mit der Arzneimittelzulassung liegt der Schwerpunkt in Westeuropa und Nordamerika und nur teilweise in Asien/Ozeanien.

Das derzeitige Bewertungs- und Zulassungssystem des MHW für Arzneimittel ist weltweit einzigartig. Ein gutes Beispiel für die merkwürdige Praxis ist das Antibiotikum „Sorivudin“, das mehrere Todesfälle verursachte, bevor und nachdem es zum Verkauf freigegeben wurde.

Bis heute hat in Japan ein antiquiertes und kostentreibendes Gesundheitswesen mit den drei Teilnehmern Herstellern Kliniken und der Gesundheitsbürokratie überlebt. Der Kranke muß auch bei unbedeutenden Beschwerden Ärzte und Krankenhäuser bemühen, zu deren wichtigster Einnahmequelle die Verabreichung von Medikamenten zählt, die entsprechend üppig zugeteilt werden. Als Faustregel gilt, daß pro Arzt zwei Pharmaberater nötig sind. Nur 17 Prozent aller Patienten erhalten ihre Medikamente in den 33.000 „Apotheken" des Landes, die diese Bezeichnung kaum verdienen, sondern eher Drogerien und Gemischtwarenläden mit einem nebenberuflichen Apotheker sind. Ihr Jahresumsatz von umgerechnet 14 Milliarden Mark verteilt sich schwerpunktmäßig auf Stärkungsgetränke und Rheumapflaster, jedoch kaum auf verschreibungspflichtige Arzneien. Die Leistungen für Gesundheit haben sich seit Mitte der achtziger Jahre auf umgerechnet 375 Milliarden Mark verdoppelt. Die Kostenexplosion ist auch auf die rapide demographische Alterung in Japan zurückzuführen.

In diesem von Provinzialität gegängelten Pharma-Kosmos geriet der Weltmarkt draußen erst gar nicht richtig in Sicht. Die globale Fusionswelle der Branche ging an den japanischen Wettbewerbern, von einigen kleineren Übernahmen abgesehen, fast vollständig vorüber.

Diese Tatsache erscheint um so bemerkenswerter, als die japanischen Pharma-Hersteller zwar auf dem zweitgrößten Weltmarkt antreten, aber selbst dort nie die Dominanz erlangen, die als Voraussetzung zum Sprung auf den Weltmarkt für alle anderen Industriezweige Japans notwendig war und ist. Die mangelhafte Innovationskraft, die die Branche kennzeichnet, abgesehen von gewissen Segmenten wie Antibiotika, geht teilweise auf das Konto nicht ausreichender Unternehmensgröße und teilweise auf den Interessenkonflikt im Gesundheitsministerium zwischen Förderung der Industrie und Vermeidung unkontrollierter Steigerung der öffentlichen Gesundheitskosten zurück.

Einige Skandale um tödliche Nebenwirkungen oder die HIV-Tragödie haben das Ansehen der japanischen Pharma-Industrie zusätzlich lädiert. Wenn sich dann noch, wie bei einem neuen Wirkstoff gegen Zuckerkrankheit von Sankyo wegen Verdachts der Krebserregung, die geplante Vermarktung verzögert, schlägt sich das sofort negativ in der Ertragsbilanz nieder.

Dennoch: Diese Kombination einer strukturschwachen Branche und eines – wenn auch nur aus demographischen Gründen – wachsenden Marktes hat die ausländischen Wettbewerber auf den Plan gerufen: Statt der japanischen Pharma-Industrie durch Lizenzvergabe und Vertriebsverträge auf die Beine zu helfen, geht der Trend dahin, Umsatz in Japan nicht nur durch den mühsamen Ausbau eigener Pharmatöchter zu steigern, sondern durch Übernahmen hinzuzukaufen. Andererseits werden große japanische Pharma-Unternehmen nach ausländischem Vorbild fusionieren.

5 Fusionen: Das Mega-Monopoly

Faszination der Stärke

Im März 1996 war die Überraschung perfekt: Die traditionsreichen Unternehmen Sandoz und Ciba-Geigy fusionierten zu einem Superkonzern unter dem Kunstnamen „Novartis". Mit einem Börsenwert von 75 Milliarden Schweizer Franken (90 Milliarden Mark) war es der größte Zusammenschluß der Industriegeschichte.

Novartis wurde damals weltweit nur noch von der britischen Glaxo Wellcome übertroffen, die kurz zuvor durch eine „feindliche Übernahme" entstanden ist.

Axel Krauer, ehemals Chef von Ciba-Geigy und nun erster Mann von Novartis, begründete die Mega-Fusion kurz und bündig: „Wir müssen kräftig Kosten sparen." Die Zukunft wird ganz anders aussehen. Die Ausgaben für Pharmaka werden allerorten beschränkt und die Aufwendungen für F&E immer höher. Auf den ersten Blick ist dies nicht unbedingt einsichtig: Ciba-Geigy erzielte 1995 einen Gewinn von 2,2 Milliarden Franken nach Steuern. Sandoz kam auf 2,1 Milliarden. Das ergibt Renditen von 12 und 14 Prozent. So gut verdiente kein einziges deutsches Großunternehmen.

Die Schweizer lobten den Mut der beiden Gesellschaften, aus Traditionen auszubrechen und Ballast abzuwerfen. Nicht die Faszination der Größe habe den Ausschlag gegeben, sondern die gemeinsame Stärke und die industrielle Logik mit dem Fokus auf Pharma, Agrochemikalien und Ernährung. Die Wirtschaftspresse rühmte den visionären und dynamischen Geist, der das Klischee vom bedächtigen und kleinkrämerischen Schweizer Manager korrigiert habe.

Bei der Gesundheitsnahrung spielt der Superkonzern ganz vorne mit. Im Pflanzenschutz ist er gar internationaler Spitzenreiter vor der deutschen AgrEvo, einer Tochter von Hoechst und Schering. Auch in der Gentechnik, wo Ciba und Sandoz US-Firmen wie

Chiron, Genetic Therapy oder Systemix aufkauften, zählt er zur Weltspitze.

Der Plan der Fusion von Ciba und Sandoz ist innerhalb von drei Monaten umgesetzt worden. Erste Kontakte haben laut Sandoz-Verwaltungspräsident Marc Moret Ende November 1995 stattgefunden.

Eher skeptisch waren nur die Kommentare in Basel, wo man bei der ersten nächtlichen Meldung über die Fusion zunächst einen verfrühten Aprilscherz vermutete. Speziell im Vorfeld der Novartis-Transaktion gab es einen weitverbreiteten Konsens, daß eine solche Transaktion nicht zu realisieren wäre – trotz vorhandener Industrie-Logik und unbestreitbar großen Synergie-Potentials. Der Name Ciba ist 250 Jahre alt, Sandoz 110 Jahre. In welcher Form die alten Traditionsnamen vom neuen Konzern weitergenutzt werden, blieb lange unklar. Der Konzern behält aber die Namensrechte.

Ciba-Chef Alex Krauer sagte, es sei eine faszinierende Vision, aus zwei starken Unternehmen eine noch stärkere Einheit zu bilden. Der neue Novartis-Chef Daniel Vasella, der das Pharma-Geschäft von Sandoz leitete, hofft, in drei Jahren 1,8 Milliarden Franken einzusparen, unter anderem durch Auflösung von 13.000 Arbeitsplätzen.

Die Überlebenstaktik trägt den Namen „Life Sciences", so wie bei einigen anderen Unternehmen auch – etwa dem Bayer-Konzern. An diesem roten Faden entlang läuft bei Novartis die gesamte Produktpalette vom Schutz der Ernte über die Behandlung von Vieh bis zum Heilmittel der Menschen, die erkrankt sind, womöglich an den Folgen von Überernährung.

Der Begriff steht sozusagen als Symbol für den Aufbruch ins kommende moderne Pharma-Zeitalter.

Die Ciba- und Sandoz-Fusion hat in der Branche wie eine Bombe eingeschlagen. Der Wettbewerb, so meint die deutsche Großchemie, wird sich noch verschärfen. Hoechst wird vermutlich noch in diesem Jahrzehnt seine Pharma-Sparte als eigens ausgegliederte Aktiengesellschaft an die Börse bringen – übrigens sicherlich ein gutes Geschäft, nicht nur für den Konzern selber, sondern auch für die Aktionäre. Pharma-Aktien waren schon 1995 bis 1997 die großen Renner am deutschen Aktienmarkt.

Der Konzernvorstand vertritt die Ansicht, die Novartis-Entscheidung bestätige letztlich die eigene Strategie. Seine Hauptaufgabe besteht in der Zusammenführung der drei Firmenkulturen von Hoechst und den hinzugekauften Gesellschaften Marion Merrell und Roussel Uclaf. Die Zusammenführung zu Hoechst Marion Roussel (HMR) war mit dem Abbau von weltweit 8000 Stellen verbunden.

Bei Bayer ging man nach der schweizerischen Großfusion von einer deutlich veränderten Wettbewerbssituation aus. Der Zusammenschluß zeige, daß bei den Anstrengungen zur Strukturverbesserung, zur Rationalisierung und zum Kostenabbau noch längst nicht das Ende der Fahnenstange erreicht sei und der internationale Wettbewerb den Unternehmen auch keine „Pause zum Luftholen" gönne.

Die BASF fühlte sich mit ihrem vergleichsweise kleinen Pharma-Geschäft (Knoll) durch die Fusion nicht direkt tangiert, mit Ausnahme des Pflanzenschutzgeschäftes. Dort rangiert die BASF vor Sandoz weltweit auf Platz zehn. Weltmarktführer ist bisher schon Ciba, die ihre Position noch verstärken wird.

Die Schering AG sah durch die schweizerische Mammuthochzeit keine Auswirkungen auf ihr Pharmageschäft. Einfluß hatte diese aber auf den Kurs der Schering-Aktie. Das Unternehmen wurde immer wieder als einer der heißesten Übernahmekandidaten gehandelt.

Der Pharma-Umsatz von Novartis betrug rund 18 Milliarden Mark, der Gesamtumsatz erreichte 35 Milliarden. Größer in der Schweiz war jetzt nur noch der Nahrungsmittel-Multi Nestlé.

Hoechst brachte es nach dem Erwerb der amerikanischen Gruppe Marion Merrell Dow 1996 auf etwa 14,5 Milliarden Mark, Schering auf 4,6 Milliarden, Bayer auf rund sieben Milliarden und die BASF auf etwa drei Milliarden Mark Pharma-Umsatz.

Novartis wird auf mehreren medizinischen Gebieten weltweit führend sein. Dies sind Immunologie/Entzündung, Störungen des zentralen Nervensystems, Herz/Kreislauf, Hormon- und Stoffwechselkrankheiten, Krebs, Dermatologie und Asthma. Bei den zehn Spitzenprodukten werden jährlich zweistellige Wachstumsraten erwartet. Und als besonders wichtig darf gelten, daß sich das Produkte-Portefeuille der beiden Partner in idealer Weise ergänzt.

Bei Zukunfstechnologien verfügt Novartis, insbesondere durch Partnerschaften mit Biotechnik-Unternehmen, über sehr gute Ausgangspositionen. Dies betrifft die Gen-, Zell- und Organtherapie. Zu den Vorreitern gehört Novartis auch bei der Xenotransplantation (Übertragung von Tierorganen auf den Menschen). Die Entwicklungsaktivitäten von Ciba und Sandoz umfassen gegenwärtig 94 größere Projekte. Davon befanden sich 1996 zwei Dutzend in der vorklinischen Phase, 28 sind in den Phasen I und II angesiedelt, während 43 bereits die Phase III erreicht haben.

Zu den Schlüsselsubstanzen gehören ein Mittel gegen Medikamenten-Resistenz bei Krebs, „Letrozole“ gegen Brustkrebs, „Exelon“ gegen die Alzheimer-Krankheit, „GLI 328“ gegen Gehirntumore, „Valsartan“ gegen Bluthochdruck und „TGF-beta 3“ für die Wundbehandlung. Bis 1999 rechnet Novartis mit insgesamt 17 Neueinführungen.

Daneben ist der Konzern mit Vision Care auf dem Gebiet der Kontaktlinsen, der Linsenpflegeprodukte und Augenheilmittel tätig. Auch in diesem Bereich kann mit zweistelligen Wachstumsraten gerechnet werden. Der Umsatz erreichte hier zuletzt 1,1 Milliarden Franken. Auch im Geschäft mit der Selbstmedikation, bei dem Novartis weltweit Rang sieben belegt, steigen die Profite. Und sozusagen als „Schmankerl“ gilt die Verquickung der Unternehmensbereiche Gesundheitsnahrung und klinische Ernährung – eine geradezu klassische Komponente.

Der Umsatz lag schon 1995 bei 3,7 Milliarden Franken. Insgesamt ist Novartis weltweit die Nummer eins im Agrogeschäft. Dies gilt insbesondere für den Pflanzenschutz (Umsatz fünf Milliarden Franken). Die Forschungspipeline umfaßt 15 neue Substanzen in einem fortgeschrittenen Entwicklungsstadium für die Bereiche Unkraut-, Insekten- und Krankheitskontrolle. Mit Saatgut werden 1,1 Milliarden Franken umgesetzt und in der Tiergesundheit 900 Millionen Franken.

Zum Start ihrer Nachfolgegesellschaften sorgten Ciba und Sandoz für eine eindrucksvolle Mitgift. Ausgewiesen wurden 15 Milliarden Franken an flüssigen Mitt171

eln und Wertpapieren, und aus dem Verkauf anderer Geschäftsfelder kamen nochmals mindestens zwei Milliarden hinzu. Die Ciba-Spezialchemie, also Textilfarbstoffe, Chemikalien, Additive, Pigmente und Polymere, wurde als eigenständiges Unternehmen an der Börse eingeführt.

Den eleganten Weg des „friedlichen" Zusammenschlusses gingen zuvor schon die schwedische Pharmacia und der US-Konzern Upjohn.

Sie tauschten Aktienpakete und Vorstandsposten aus, und die Post für beide Chefs wird seither am neuen Verwaltungssitz London aufgemacht. Verschulden mußten sich weder die Schweden noch die Amerikaner. Das hielt ihnen den Rücken frei, als sie bei einer neuen Berechnung der Synergien auf nur 400 statt, wie geplant, 500 Milliarden Dollar kamen.

Pharmacia verfügte zum Beispiel über genügend Arzneien-Nachschub, während die Upjohn-Pipeline nicht so gut bestückt war. Dafür sind die Amerikaner gut im Marketing, wo Pharmacia Schwächen hat.

Andere wichtige Veränderungen waren die Vereinigung von Columbia Healthcare mit der HCA-Hospital Corp. im Wege eines 10,2-Milliarden-Dollar-Aktientauschs.

Take-over-Schlachten: Mit allen Mitteln

Eine andere, hochspektakuläre Version der Vorwärtsstrategie war und ist, mittels Zukäufen anderer Firmen das eigene Wachstum anzukurbeln. Beliebtestes Manöver: Ein hochdotiertes Übernahmeangebot an die Aktionäre des „Opfers".

Beispielsweise kaufte das amerikanische Pharma-Unternehmen American Home Products Corp., New York, im August 1994 den Arzneimittelhersteller American Cyanamid Co. Dessen Aktionäre erhielten 101 Dollar je Aktie. Der „normale" Börsenkurs notierte einige Wochen zuvor 50 Prozent niedriger. Die Transaktion hatte ein Volumen von 9,7 Milliarden Dollar.

Dieser feindlichen Übernahme war ein monatelanger Preispoker vorausgegangen. Unter anderem diskutierten der Konkurrent SmithKline Beecham (SKB) und American Cyanamid einen Spartenaustausch im Wert von drei Milliarden Dollar. Binnen Stunden intervenierte American Home Products (AHP) und gab umgehend eine höhere Offerte für Cyanamid ab.

Die Erhöhung des Angebots von bisher 95 Dollar je Aktie machte die Übernahme um 600 Millionen Dollar teurer. Der neue Konzern hat nun seine Schwerpunkte neben dem Pharma- im Impfstoff-, Agrarchemikalien-, Gesundheitspflegemittel- und Nahrungsmittel-Bereich und setzt über 12 Milliarden Dollar um.

Vor der von Cyanamid zunächst heftig abgelehnten AHP-Offerte gab es Dutzende von Spekulationen um mögliche andere Kombinationen, etwa: Cyanamid wird seinen rezeptpflichtigen Medikamentenbereich an SmithKline Beecham abtreten. Im Gegenzug würde SmithKline den Bereich Impfstoffe und Tiermedikamente an Cyanamid übergeben. Ebenfalls aus den Jahren 1994 und 1995 stammen die Übernahme des Gesundheits-Pflegebereichs der McKesson's PCS für vier Milliarden Dollar durch Eli Lilly. Davor investierte die Merck & Co., Amerikas größtes Pharma-Unternehmen, 6,6 Milliarden Dollar in den Arzneien-Retailer Medco Containment Services. Roche kaufte für 5,3 Milliarden Dollar die Syntex Corp. und Sandoz für 3,7 Milliarden Dollar die Gerber Products. Danach bot Eastman Kodak die Sterling Winthrop zum Kauf an. Sterling besaß seit Ende des Ersten Weltkrieges in den USA den Markennamen Bayer und das Bayer-Kreuz.

In den letzten 20 Jahren war Glaxo eine einzigartige Erfolgsstory. Der kontinuierliche Aufstieg während der achtziger Jahre machte es zum erfolgreichsten Unternehmen Europas. Bereits 1991 steuerte das Magen-Medikament „Zantac" mit 1,6 Milliarden Pfund mehr als die Hälfte vom damaligen Umsatz in Höhe von 3,39 Milliarden Pfund bei.

Ein Medikament, so das Glaxo-System, ist nur zu einem Drittel harte

Ware, womit die in einer Tablette eingeschlossene und vom Patienten geschluckte Chemikalie gemeint ist. Der Rest ist die weiche Ware: Sie besteht aus dem Wissen über das Medikament, das die Ärzte zur Verschreibung veranlaßt, sowie der Vermarktung, die den Patienten veranlaßt, es weiter zu nehmen. „Zwei Drittel unserer Produkte sind reine Kommunikation", heißt das Motto bei Glaxo.

Glaxo sucht mittlerweile bei einem jährlichen Aufwand von rund 1,5 Milliarden Mark mit 900 Forschern und 600 weiteren Mitarbeitern in 250 modernen Labors und zwei Pilotanlagen nach medizinischen Wirkstoffen. Name: The Glaxo Wellcome Medicines Research Centre. Mit dem Erwerb der erst 1989 gegründeten, innovativen Firma Affymax aus dem kalifornischen Silicon Valley für rund 750 Millionen Mark erreichte Glaxo einen weiteren Zugang zu der vielversprechenden „kombinatorischen Chemie". Bereits Mitte 1993 kam Mario Geysen, einer der geistigen Väter der neuen Methode, als biotechnologischer Direktor zu Glaxo.

Kombinatorische Chemie erzeugt eine große Anzahl potentieller Wirkstoffe in kurzer Zeit. Bislang, so Glaxos F&E-Leiter Jim Niedel, gelte bei der Entwicklung neuer Substanzen die Faustregel „ein Chemiker, eine Woche, ein Molekül". Mit der Technik von Affymax ist es Chemikern jedoch möglich, „tausend Moleküle pro Woche" zu erzeugen und deren pharmakologisches Potential zu prüfen.

Jedenfalls zeigte sich der Chief Executive von Glaxo, Sir Richard Sykes „sehr zufrieden" mit der Entscheidung der Wellcome-Geschäftsführung, das Glaxo-Angebot den Aktionären nun zu empfehlen. Zuvor hatte Wellcome seinen Aktionären geraten, nicht auf die Offerte zu reagieren, und die Hoffnung geäußert, ein „weißer Ritter" werde das Unternehmen in der letzten Minute vor der feindlichen Übernahme durch Glaxo retten. Unter einem „White Knight" verstehen die Übernahmeexperten zum Beispiel einen dem angegriffenen Unternehmen wohlgesonnenen Großaktionär. Doch Anfang März 1995 mußte Wellcome einräumen, daß zwei potentielle Interessenten letztlich doch abgesprungen waren.

Einer von beiden hatte in der Sonntagnacht das Handtuch geworfen, der andere war nur bereit, eine Gegenofferte abzugeben, wenn die Stiftung Wellcome Trust, die mit 39,5 Prozent größter Aktionär von Wellcome Plc. ist, sich kooperationsbereit gezeigt hätte. In London wurde spekuliert, daß es sich dabei um die Schweizer Pharma-Firma Roche Holding AG oder um den britischen Pharma- und Agrochemikalienhersteller Zeneca Group Plc. gehandelt habe.

Das Take-over-Geschäft steckt voller Tricks:

Die Stiftung Wellcome Trust hatte Glaxo ihren Anteil bereits zugesagt, jedoch generell in Aussicht gestellt, diese Zusage zurückzuziehen, wenn rechtzeitig ein besseres Angebot vorgelegt werde. Wegen der komplizierten Bestimmungen, denen die Stiftung unterliegt, hätte sie sich diese Möglichkeit allerdings vom High Court in London genehmigen lassen müssen.

Damit war die größte Übernahme der Pharma-Geschichte über die Bühne. Wellcome verlor nach 115 selbständigen Jahren seine Unabhängigkeit. Ein resignierter Wellcome-Chairman John Robb erklärte geschlagen: „Es ist natürlich enttäuschend, daß keiner der beiden potentiellen Bieter sich zu einer Offerte entschließen konnte." Londoner Analysten glauben, daß 10.000 bis 15.000 Arbeitsplätze durch die Fusion der beiden Firmen, deren Belegschaft sich auf 65.000 Mitarbeiter summiert, eingespart werden. Die Fusionseffekte dürften sich vor allem in den Forschungs- und Entwicklungsabteilungen bemerkbar machen.

An der Londoner Börse legten Glaxo-Aktien um 36 Pence auf 684 Pence zu, Wellcome-Aktien gaben um acht Pence auf 10,28 Pfund nach. Das Glaxo-Angebot bewertet die Wellcome-Aktien mit 10,33 Pfund und beinhaltet damit einen 50prozentigen Aufschlag gegenüber dem Schlußkurs am Vortag der Übernahmeankündigung im Januar.

Zehn Milliarden Mark gab Hoechst in Amerika für die vertriebsstarke Marion Merrell Dow aus, ebenso nahm Rhône-Poulenc Rorer Milliarden-Schulden bei der feindlichen Übernahme der britischen Fisons auf sich. Manche Firmenzukäufe haben große Löcher in die Bilanzen der Käufer gerissen, so daß zuweilen gar die Wirtschaftlichkeit der Transaktionen in Frage steht.

Der Wert von Marion Merrell für Hoechst liegt vor allem in der anerkannt guten Verkaufsorganisation. Die hilft nun, den bisher unbefriedigenden US-Anteil am weltweiten Pharma-Umsatz des deutschen Konzern bedeutend auszuweiten.

Hoechst Marion Merrell war nicht nur die größte Akquisition eines deutschen Unternehmens im Pharma-Geschäft, sondern auch die bislang größte Auslandakquisition einer deutschen Gesellschaft überhaupt.

Entscheidend für die Hoechster Aktivitäten war aber nicht nur der Ausbau des Vertriebsnetzes im wichtigsten Arzneimittelmarkt USA. Es ging auch darum, in dem wichtigen Bereich der Gesundheitsmanagement-Organisationen möglichst effektiv präsent zu sein. Für die Health Maintenance Organizations und die Pharma Benefit Managers gilt Marion Merrell als einer der angesehensten Zulieferer. So kaufte Hoechst auch für die eigenen Produkte ein etabliertes Absatznetz. Nach Hoechst-Schätzungen werden die Gesundheitsorganisationen im Jahr 2000 rund 80 Prozent der Pharma-Nachfrage auf sich vereinen, nach etwa 60 Prozent in 1995.

BASF-Chef Jürgen Strube hat sich ebenfalls für die Vorwärtsstrategie entschieden. Der Chemieriese aus Ludwigshafen ist aber trotz Zukauf der Pharma-Abteilung des britischen Boots-Konzerns immer nur noch Mittelklasse. Immerhin rückte BASF mit seinen nun drei Milliarden Mark Pharma-Umsatz von Platz 40 auf Platz 29 nach vorn. Doch Erzkonkurrent Bayer macht weit mehr als das Doppelte mit seinen Medikamenten.

Über 120 Milliarden Dollar sind allein in den Jahren 1994 bis 1996 geflossen, um feindliche Käufe oder Zusammenschlüsse zu finanzieren. Die sechs größten waren Glaxo/Wellcome, Novartis, American Home Products, Cyanamid, Hoechst/Marion Merrell, Merck & Co/Medco, Roche/Syntex sowie Upjohn/Pharmacia.

Bereits in den achtziger Jahren kam es zu einem spektakulären Fusionsreigen. Aus ihm gingen zum Beispiel die Firmenkombinationen SmithKline Beecham, Rhône-Poulenc Rorer und Bristol-Myers Squibb hervor. Übernahmen sind indessen nicht eine Entdekkung des späten zwanzigsten Jahrhunderts. Die gesamte Geschichte der Pharma-Branche ist von Fusionen und Aufkäufen gekennzeichnet.

So dürfen Analysten, die von Berufs wegen pharmazeutische Unternehmen studieren, jedes Vierteljahr die Rangfolge der Branche neu erstellen. Mit an Sicherheit grenzender Wahrscheinlichkeit ist sie nämlich schon wieder überholt. Der internationale Pharma-Markt ist in einer Phase dynamischer Veränderungen. Der Innovationsdruck heizt das Übernahmefieber weiter an.

Größe und Bedeutung von Konzernen wie Merck & Co., Glaxo Wellcome, Hoechst oder Bayer verdecken aber häufig, daß die pharmazeutische Industrie weltweit sehr stark fragmentiert ist. Glaxo Wellcome und Novartis, seit 1997 die nach Umsätzen gleichrangigen Marktführer, haben jeweils einen Weltmarktanteil von 4,6 Prozent. Die ersten zehn kommen zusammen nur auf 33,1 Prozent, die nachfolgenden acht gerade auf 16,7 Prozent Umsatzanteil. In der Autoindustrie halten die fünf Größten den halben Weltmarkt.

Die Pharma-Industrie ist nicht deshalb so zersplittert, weil sie ein besonders junges oder unreifes Wirtschaftssegement wäre. Arzneimittel werden schon wesentlich länger hergestellt als Automobile oder Flugzeuge. Die Fragmentierung resultiert vielmehr aus Besonderheiten mit unzählig vielen und verschiedenen Einzelprodukten.

Kritische Masse: Angst vor dem Untergang

Der Ehrgeiz liegt darin, steigende Erträge und Renditen zu sichern. Die ökonomische Ratio möchte Marktanteile und Umsätze addieren, nicht aber die Kosten. Die noch immer beachtlichen Rationalisierungspotentiale in Verwaltung, Produktion und Forschung machen Fusionen zu einem verlockenden Mittel der Ergebnissteigerung.

Offenbar spielt bei den Fusionen und Übernahmen auch die Angst ums eigene Überleben eine nicht zu unterschätzende Rolle, etwa mit der „kritischen Masse“ als Leitmotiv.

Die von Novartis erteilte Antwort lautete, daß die jeweils allein aufgebrachten Größenordnungen – gemessen an Marktanteilen von 2,5 Prozent (Ciba) und 1,9 Prozent (Sandoz) – zu gering gewesen wären, um das Überleben der beiden Einzelunternehmen zu sichern. Zum Zeitpunkt des Zusammengehens brachten es die beiden auf einen vereinten Marktanteil von 4,4 Prozent, der um 0,2 Prozentpunkte unter dem vom globalen Branchenführer Glaxo Wellcome lag. Die drittplazierte Hoechst Marion Merrell Dow, ebenfalls das Resultat einer erst kürzlich vollzogenen Übernahme, kommt vorläufig auf einen Marktanteil von „nur" 3,5 Prozent.

Neben der Erzeugung innovativer Produkte gehören zu einem Global Player schlagkräftige F&E, Marketing und Verkaufstruppen. Jener dazu jährlich notwendige „Liquiditätsdurchfluß" sollte mindestens drei bis vier Milliarden Mark ausmachen.

Zunächst stehen für die Potenz eines Unternehmens dessen Marktanteile am Pharma-Kuchen. Insofern ist die „kritische Masse" auch immer die Frage nach der Größe. Das ist in der Pharma-Industrie, in der es auch sehr wesentlich auf die Erfindung innovativer Produkte ankommt, jedoch nicht unter allen Umständen der beste Maßstab.

Im Idealfall verfügt nämlich jede Gesellschaft über eine Palette von unverwechselbaren Produkten, die im jeweiligen Therapiebereich hervorragend eingeführt sind. Mit der kritischen Masse meinen die Strategen jene Finanzkraft und Fähigkeit, neue Produkte nicht nur zu finden, sondern sie auch danach schnell und geballt auf den Weltmarkt zu werfen, um die aufgelaufenen Kosten für die Forschung und Entwicklung (F&E) zu amortisieren. Dazu müssen die Unternehmen über einen ausreichend hohen Cash-flow verfügen. Die dafür relevanten Eckdaten laufen bei Novartis auf über drei Milliarden Franken hinaus.

Die Kritische Masse, die direkte Orientierung auf den Bereich Gesundheit sowie die Engagements in der Biotechnologie und im Segment Generika sind zweifellos die Eckdaten, die in die strategischen Überlegungen und Reaktionen der Branche eingingen.

Roche etwa arbeitet mit einem F&E-Budget in einer Größenordnung von 2 Milliarden Franken. Auch dieses Unternehmen erzielt einen freien Cash-flow von etwa 3 Milliarden bis 4 Milliarden, und es verfügt, ebenso wie die Novartis, über schnell mobilisierbare Mittel von 15 Milliarden Franken.

Marktmacht ist allerdings nicht nur über den Sprung des Fusionskarussells zu erreichen. So bleibt Roche bei der erklärten Strategie, den Marktanteil von 2,6 Prozent, mit dem der Konzern am Basler Rheinknie Anfang 1997 auf Platz neun der Weltrangliste stand, mittelfristig vor allem durch inneres Wachstum auf etwa drei Prozent bis fünf Prozent aufzustocken. Zwar will Roche geeignete Akquisitionen nicht ausschließen. Aber die Konzernführung traut sich zu, dieses Ziel mit bereits entwickelten Produkten zu erreichen. Übrigens kommt Roche mit nur drei Fünftel der Belegschaft von Novartis aus.

Jedenfalls stellen die Unternehmen vor dem Hintergrund zunehmenden Wettbewerbs und Sparplänen im Gesundheitswesen ihre eigene strategische Position in Frage. Sie vergleichen kritisch das durch Innovationen erzielbare innere Wachstum mit einer Transaktionsstrategie – also mit jenen Chancen, die Akquisitionen, Allianzen oder Fusionen bieten.

Generell konzentrieren sich die Multis auf ihr Kerngeschäft. Die „Randgebiete werden bereinigt". Der Hoechst-Konzern verkaufte die Kosmetiksparte. Eli Lilly trennte den Geräte- und Diagnostikabereich ab, Upjohn das Saatgutgeschäft, SmithKline Beecham verkaufte die Veterinäraktivitäten und Sandoz die Chemikaliensparte.

Auch bei den deutschen Multis Bayer und BASF, die noch bis zu zwei Drittel ihres Umsatzes im konjunkturanfälligen Chemiegeschäft machen, stelle sich längst die Frage nach einer grundsätzlichen Neustrukturierung.

Dabei geht es um mehr als um ein bloßes Abschlacken oder „Reengineering". Die Unternehmen kommen vielmehr in ihren Einzelteilen auf den Prüfstand, um dann zu neuen, schlagkräftigeren Kombinationen zusammengefügt zu werden.

Fusionen haben viele Gründe

Ein weiterer strategischer Grund für Fusionen besteht darin, Firmen hinzuzukaufen, die etwa das eigene Sortiment sinnvoll ergänzen.

Mal geht es um die Akquisition von Firmen mit Produktinnovationen, mal um die Stärkung einer regionalen Vertriebsbasis.

Hinter Übernahmen können viele Absichten stecken. Zum Beispiel auch der Ausbau spezifischer Arbeitsgebiete oder der Erwerb von Lizenzen. Auch dies ist ein Teil des Strukturwandels.

Die Konzentration auf spezifische Produktbereiche gewinnt nämlich stark an Bedeutung. So richtete sich die Begierde von Rhône-Poulenc Rorer (RPR) nicht nur auf die Vertriebsstärke der britischen Firma Fisons, sondern auch auf deren Produktprogramm mit Schwerpunkt im Bereich der Atemwegs-Erkrankungen. Denn angestrebt hatten die Franzosen eine führende Position bei Asthma-Medikamenten.

Das zeigt, wie stark die Übernahmewelle im Pharma-Sektor inzwischen von Strategien angetrieben wird, die auf den Ausbau spezifischer Arbeitsgebiete zielen. Diese Tendenz zur Spezialisierung hat sich in jüngster Zeit noch intensiviert. So haben viele Arzneimittelhersteller die Strukturbereinigung der vergangenen Jahre dazu genutzt, ihre Forschungsaktivitäten stärker auf einzelne Krankheiten zu konzentrieren, um dann dort schneller zu Erfolgen zu kommen.

Denn es geht nicht um beliebig austauschbare Stapelgüter, sondern um einen Markt für eine Vielzahl spezieller Einzelprodukte mit jeweils eng definierten Einsatzbereichen. In diesen Teilsegmenten ist die Konzentration schon heute wesentlich weiter vorangeschritten, als der Blick auf die Gesamtbranche sichtbar macht. Selbst relativ kleine Firmen können als Nischenanbieter in bestimmten Segmenten eine dominierende Stellung erringen. Auch einige größere Therapiegebiete, wie etwa der Bereich Diabetes und Blutplasma-Produkte, werden heute bereits weltweit von relativ wenigen Anbietern beherrscht. Der Trend zur Konzentration im Produktprogramm wird sich zweifellos fortsetzen. Denn letztlich entscheidet nicht ausschließlich die Größe an sich über den Erfolg im Markt, sondern die relative Stärke im jeweiligen Therapiebereich.

Eine andere Variante der Stärkung praktizierte der amerikanische Pharma-Konzern Eli Lilly. Er engagierte sich mehr in der Gesundheitsvorsorge. Der weltgrößte Insulinproduzent investierte 16 Prozent seiner Umsätze in die Forschung und erwirtschaftete schon 1995 bei einem Umsatz von 6,76 Milliarden US-Dollar einen stolzen Nettogewinn von 2,29 Milliarden. Lilly setzte nicht so sehr auf Mergers & Acquisitions, sondern auf strategische Forschungsallianzen. 1996 wurde Eli Lilly 120 Jahre alt und hatte 35 neue Präparate in der Pipeline.

Der Konzern konzentrierte sich dabei auf Krankheiten des zentralen Nervensystems, Stoffwechselerkrankungen wie Diabetes und Osteoporose, Infektionskrankheiten, Herz/Kreislauf-Erkrankungen und Krebs.

Generell folgen die Pharma-Unternehmen unterschiedlichen Rezepten. Manche suchen ihr Heil darin, durch Aufkauf von Konkurrenten mehr Marktmacht zu gewinnen. In diese Kategorie fallen die Offerte der britischen Glaxo zur Übernahme der Wellcome für umgerechnet etwa 20 Milliarden Mark, ferner der Erwerb der American Cyanamid durch American Home Products für 9,7 Milliarden Dollar sowie der Kauf der amerikanischen Syntex Corp. durch die schweizerische Roche Holding für 5,3 Milliarden Dollar. Andere Pharma-Konzerne wie Merck & Co., Eli Lilly und die britische SmithKline Beecham haben „vorwärts integriert", nämlich jeweils für Milliardenbeträge neuartige schlagkräftige Vertriebsorganisatioen übernommen. Sie setzen darauf, daß sich mit diesen Spezialunternehmen ganz neuartige, zukunftsträchtige Konzepte der Bedarfsermittlung und -befriedigung verwirklichen lassen.

Wieder eine andere Variante ist der Erwerb von kleineren Unternehmen zur Abrundung oder Spezialisierung der eigenen Produktpalette. So haben sich mehrere etablierte Pharma-Konzerne, darunter auch Hoechst und die Bayer AG, in letzter Zeit bei Unternehmen eingekauft, die preiswerte Kopien von Markenpräparaten herstellen (Generika). Damit wird nicht zuletzt bezweckt, Großabnehmern komplette Medikamentenpakete kostengünstig „aus einer Hand“ offerieren zu können. Das gilt im Wettbewerb als eine Meßlatte, die in Zukunft wichtig werden könnte. Parallel dazu arbeiten die meisten Pharma-Konzerne mit Gentechnologie-Spezialisten zusammen, um neue Medikamente zu entwickeln. So haben auch Bayer, Hoechst, BASF und Schering in Amerika – dem Mekka der Genforschung – in neue Forschungskapazitäten und die Zusammenarbeit mit Spezialisten investiert. Auch das ist ein Teil des Take-over-Monopolys.

Das Schielen auf Marktanteile macht Unternehmen aber noch nicht prinzipiell stark. Umsatz ist nicht alles, noch andere Qualitäten zählen. In vielen Fällen waren die Fusionen eine Flucht nach vorne: So brauchten Hoechst und Glaxo unbedingt einen Partner, um einige Schwächen gegenüber der Konkurrenz wettzumachen. Ein Defizit blieb bislang: Trotz respektabler Umsätze sind sie auch nach den Zukäufen nicht unter den zehn besten Konzernen der Welt zu finden, wie die Unternehmensberatung Arthur D. Little in einem qualitativen Vergleich der wichtigsten Pharma-Unternehmen herausfand. Als bestes deutsches Unternehmen rangiert übrigens Bayer auf Platz elf dieser Liste.

Es sind bezeichnenderweise vor allem wachstumsschwächere Unternehmen, ob sie nun Hoechst, Upjohn, BASF oder Ciba-Geigy heißen, die aktiv oder passiv am Übernahmewettlauf teilnehmen. Auch die britische Glaxo-Gruppe ist erst auf Akquisitionskurs eingeschwenkt, als sich der Lebenszyklus ihres Spitzenprodukts „Zantac“ dem Ende zuneigte. In den zehn Jahren davor war die Gruppe aus eigener Kraft von Rang 18 auf Rang zwei vorgerückt.

Das Dilemma der Übernahme- undFusionsstrategien besteht darin, daß sie zwar kurzfristig zusätzliche Marktanteile bescheren, aber nicht von vornherein eine neue Dynamik. Im Gegenteil: Frische Verflechtungen scheinen manche internen Kräfte eher zu lähmen. Der Boehringer-Vorstand erklärte: „Man kann nur Zeit kaufen – keinen Erfolg!“

Glaxo steigerte durch die Übernahme von Wellcome den Marktanteil zwar von dreieinhalb auf knapp fünf Prozent. Doch schon im ersten gemeinsamen Jahr ist die Gruppe wesentlich langsamer gewachsen als der Pharma-Markt gesamt.

Glaxo-Chef Richard B. Sykes erklärte: Jeder muß sich dauernd neu erfinden, und das kann ganz schön frustrierend sein.

Der Bundesverband der Pharma-Industrie (BPI) warnte die neuen Giganten sogar vor unbedachter Euphorie. „Großfusionen sind kein Patentrezept für Erfolg", meinte der Vorstand und gab zu bedenken: Manche Firma, die auf Brautschau sei, mache sich auch schon einmal für einen künftigen Bewerber „bilanztechnisch besonders hübsch".

Und die Risiken sind auch nicht zu unterschätzen. Die „kulturellen Unterschiede" zwischen den beteiligten Firmen sind oft gravierend. Große „Einheiten" sind nicht selten auch weniger flexibel. Weshalb Skepsis darüber angebracht sei, daß Größe allein „eine Garantie für Erfolg" ist. Die sozialen Auswirkungen der Mammuthochzeiten sind durchweg negativ.

Die Arbeitnehmer müssen um ihre Jobs fürchten. Glaxo streicht von insgesamt 62.000 Stellen bis 1999 rund 7500 Arbeitsplätze, um jährlich 700 Millionen Pfund Kosten einzusparen.

Hoechst schließt nach der Übernahme von Marion Merrell die Hälfte aller Labors und Fabriken: 8000 Stellen entfallen. Auch bei Novartis war jeder zehnte Arbeitsplatz in Gefahr.

Was wird durch eine Fusion besser? Die Erfahrungen vergangener Unternehmens-Zusammenschlüsse zeigen, daß das Management schneller in der Lage ist, Synergien aus der Zusammenlegung von Verkaufs- und Marketingfunktionen, Produktion, Verwaltung sowie F&E zu quantifizieren und rasch entsprechend zu handeln. Allerdings verlaufen die Erfolgskurven hierzu sehr unterschiedlich. Bei manchen geht es zügig vorwärts, bei anderen dauert die Geschichte viel zu lange – wenigstens wenn man die zuvor großmundig angekündigten Synergie-Effekte als Maßstab nimmt.

Viele Fusionen werden erst dann tatsächlich zu einem Erfolg, wenn das Unternehmen mit neuen großen Produkten herauskommt.

Jedoch gibt es bei einigen jüngeren „Mergers" auch schon Erfolge. Es dauerte zwar mehrere Jahre, aber schließlich kam aus dem Zusammenschluß von SmithKline und Beecham in 1989 eine ganze Reihe vielversprechender Arzneien. Mitte 1996 hatte der Konzern 23 Verbindungen im späten klinischen Teststadium und wartete schon auf die Zulassung durch die Arzneimittelbehörden. Das war mehr als jeder andere Pillendreher vorlegte.

Nach der Übernahme von Squibb durch Bristol-Myers für 11,5 Milliarden Dollar ging es jahrelang nur mühsam voran. Es war ein langsamer Start. Aber schließlich mündeten die gemeinsamen F&E-Aktivitäten in Verkaufserfolge bei neuen Medikamenten wie „Taxol", einem „großen" Anti-Krebsmittel.

Und ob Fusionen etwa im Hinblick auf F&E gar so nützlich sind, ist ebenfalls einer Frage wert.

In der jüngeren Vergangenheit wurden die „bahnbrechenden Erfindungen" nicht nur in großen Unternehmen erreicht, sondern in kleineren Firmen und Instituten, die dann aber wieder, weil ihnen das Geld ausging, von Konzernen übernommen wurden.

Kleinere Unternehmen arbeiten kreativer als manche Großkonzerne. Nur so ist zu erklären, daß immer wieder Anbieter aus dem Mittelfeld mit starken innovativen Produkten im Range eines Blockbusters plötzlich ganz vorne auftauchen. Einen anderen Beleg für größere Flexibilität von Newcomern lieferte die Generika-Industrie, die in den vergangenen 20 Jahren vor den Augen der etablierten Pharma-Riesen herangewachsen ist.

Alternative Strategie: Qualität vor Größe

Selbst wenn es nur einem Bruchteil der Biotechfirmen gelingen sollte, eigenständig auf dem Pharma-Markt Fuß zu fassen, würden in den kommenden Jahrzehnten vermutlich mehrere Dutzend jetzt noch relativ unbekannte Namen unter den wichtigen Arzneimittel-Herstellern auftauchen. Denn vor allem in den USA streben erfolgreiche Wissenschaftler eher in die unternehmerische Selbständigkeit als in die Großindustrie. Und die Kapitalmärkte stellen ihnen genügend Risikokapital zur Verfügung.

Die kalifornische Biotech-Company Amgen ist in weniger als zehn Jahren unter die führenden 40 Arzneimittel-Hersteller aufgestiegen und konterkarrierte die Fusionswelle an der Spitze des Marktes sozusagen von unten her.

Auch sprechen die Erfahrungen eher dafür, daß nicht allein der Umfang der „Kriegskasse“ für Übernahmen das entscheidende Erfolgskriterium im Pharma-Geschäft bildet, sondern weiterhin die Kreativität der Entwickler und das richtige Gespür in der Wahl der Kooperationspartner.

Nach wie vor bietet der Pharma-Markt exzellente Möglichkeiten für ein organisches Wachstum durch innovative Produkte und Vertriebsstrategien. Ein besonders eindrucksvolles Beispiel führt die schwedische Astra-Gruppe vor, die seit Jahren mit Raten von meist über 20 Prozent expandiert.

Astra-Chef Hakan Mogren steht den Take-over-Aktivitäten kritisch gegenüber. „Das hat für uns keinen Sinn“, meinte er. „Ich halte einige der Mergers für überflüssig.“ Sie mixen alte mit neuen Problemen. Wichtiger sei es, in einem ertragreichen Marksegment führend zu sein. Größe allein zähle nicht vorbehaltlos. Astras Rentabilität lag jahrelang dank des Umsatzrenners „Losac“ doppelt so hoch wie der durchschnittliche Ertrag der Branche. Es sei gescheiter, „organisches Wachstum mit spezifischen Ergänzungen anzureichern“. Deshalb kauften die Schweden relativ preiswert für 200 Millionen Dollar die F&E-Sparte der britischen Firma Fisons. Die Engländer setzen lieber auf den Medikamentenvertrieb, was sie jedoch in kurzer Zeit mit dem Verlust ihrer Eigenständigkeit bezahlten. Nach einem teils erbittert geführten Ringen wurden sie mittels einer feindlichen Übernahme im Oktober 1995 von der Gruppe Rhône-Poulenc Rorer (RPR) geschluckt.

Eine ähnliche Strategie wie Astra verfolgt der Schering-Konzern (Umsatz: 1996 rund 4,7 Milliarden Mark). Bei der Hormontherapie und bei Diagnosemitteln hat Schering in den Arztpraxen einen unangefochtenen Ruf. „Die haben sich in ihrer Marktnische behaglich eingerichtet“, urteilten die Forscher von Arthur D. Little.

Mit dem Multiple-Sklerose-Präparat „Betaferon“ haben die Berliner einen Pharma-Hit im Programm, der für einen Umsatz von mehr als 500 Millionen Mark gut ist und damit alle Kriterien für einen „Blockbuster" erfüllt. „Sofern die nicht plötzlich unter die ersten 15 Unternehmen der Welt vorstoßen wollen", meinten die Unternehmensberater, „stehen sie auf soliden Füßen."

Auch E. Merck (Umsatz: 5,6 Milliarden Mark) aus Darmstadt kann auf eine Fusion gut verzichten. Hohes Umsatzwachstum, viele attraktive Produkte und eine solide Finanzierung durch den Börsengang schufen eine sichere Basis. „Die brauchen keinen Partner", urteilt ein Branchenkenner, „die können es alleine schaffen."

Manche kleinere Gesellschaften wollen auch partout eigenständig bleiben, wie etwa die norwegische Firma Halfslund und Nycomed. Die dortigen Pensionsfonds, die 15 Prozent der Aktien hielten, verweigerten ihre Zustimmung mit dem Argument der „Überfremdung" und dem Ausverkauf des bedeutendsten Unternehmen des Landes. Dieser Vorfall erinnert an die Abstimmung der Norweger zum EU-Beitritt, in der sehr deutlich das Recht auf Selbständigkeit und die Besinnung auf die eigenen Werte zum Ausdruck kamen. Ähnliches spielte sich in Schweden ab, wo die öffentliche Meinung das Zusammengehen des Flaggschiffes der Industrie, des Automobilkonzerns Volvo, mit der französischen Renault verhinderte. Anders dagegen das Verhalten der Aktionäre der Pharmacia AB zur Fusion des schwedischen Pharma-Unternehmens mit der amerikanischen Upjohn: Auf Anhieb gaben 96 Prozent der Aktionäre ihr Plazet.

Hoffmann-La-Roche-Chef Fritz Gerber sieht zu den zahlreichen Pharma-Großfusionenen auch einige sinnvolle Alternativen.

Er schlägt vor, daß die Unternehmen besser daran täten, bestimmte „assets" zu wechseln oder auszutauschen. Das würde den Geldbeutel schonen, aber letzten Endes den gleichen Zweck erfüllen. Die Kosten würden reduziert und die Firma bliebe selbständig.

Solche Deals können die Position eines Unternehmens in einem bestimmten Sektor stärken.

Als „Opfer" jedenfalls käme HLR wohl keinesfalls in Betracht. An der Schweizer Macht und Eigenständigkeit würden sich alle anderen wohl verschlucken. Außerdem liegt die Aktienmehrheit in festen Händen. Und die Aussicht, sie dort wegzulotsen, ist gleich null, so hoch das Gebot auch angesetzt sein mag. Jeder Angreifer müßte fürchten, im Gegenzug von den Schweizern geschnappt zu werden.

Die Pharma-Branche umfaßt Hunderte von Teilgebieten, und jedes davon ist mehr oder weniger ein separates Feld, das es zu beackern gilt.

Dies ist für die Profitabilität oft wichtiger als der prozentuale Marktanteil vom Pharma-Kuchen. Die Alternative ist also erfolgreich in Spezialgebiete zu investieren. Das wird beim heutigen Drang nach Größe oft übersehen.

Zeneca-Chef David Barnes meint, sein Unternehmen könne leicht selbständig bleiben, weil es die Nummer zwei bei Krebs-Mitteln sei.

So genießt das Konzept des integrierten Pharma-Unternehmens mit eigener Forschung, Entwicklung, Produktion und eigenem Vertrieb noch immer höchstes Ansehen, sowohl in der Industrie selbst als auch bei deren Kapitalgebern. Roche brachte die Ciba/Sandoz-Sensation nicht aus der Ruhe. Der Gigant sieht sich in seiner jahrelang verfolgten Strategie bestätigt, den Schwerpunkt auf die weitgefächerte Sparte Gesundheit zu legen.

Fisons gehört zu den wenigen Pharma-Unternehmen, die sich bewußt von ihrer Forschung trennten, um künftig als marketingorientiertes Unternehmen zu agieren, das seine Produktpalette im wesentlichen durch Lizenzverträge und Kooperationen erneuert. Aber die Fisons-Aktionäre hatten letztlich nicht genügend Vertrauen in das vertriebsorientierte Konzept ihres Vorstandes.

Auch Lizenzvergaben wirken in der Pharma-Industrie seit langem umsatzsteigernd. Selbst große Pharma-Konzerne erzielen nicht selten erhebliche Teile ihrer Erlöse mit hereinlizenzierten Produkten. Gleichwohl haben es bisher nur wenige etablierte Hersteller gewagt, diesen Weg konsequent weiterzugehen und völlig auf eine eigene Forschung zu verzichten.

Fazit: Beim Blick auf den globalen Strukturwandel sind mehrere Reaktionsmuster zu erkennen. Einige Unternehmen suchen die Lösung in der vertikalen Integration, indem sie PMB-Unternehmen einkaufen. Ein Beispiel dafür ist die spektakulärste Akquisition der Vertriebsorganisation Medco durch Merck & Co. Ein zweiter Weg liegt in der horizontalen Diversifikation über die ganze Breite des Gesundheitsbereichs, etwa durch den Erwerb eines Herstellers von nicht mehr patentgeschützen Produkten (Generika).

Die Übernahmewelle ist dabei nur ein Mosaikstein des Strukturwandels, der den größten Wirtschaftszweig Gesundheitsversorgung der industrialisierten Welt erfaßt hat.

Auslöser für diesen Strukturwandel war neben den Plänen von Präsident Bill Clinton das Bemühen vieler amerikanischer Unternehmen, die eskalierenden Kosten für die Gesundheitsversorgung ihrer Mitarbeiter in den Griff zu bekommen.

So waren 1994 die Gesundheitsausgaben der amerikanischen Unternehmen seit zehn Jahren erstmals rückläufig.

Die Unternehmen haben sich deshalb in letzter Zeit in wachsendem Maße den Managed-Care-Organisationen zugewandt, die es in vielfältigen Varianten gibt. Allen gemeinsam ist, daß sie versuchen, wirtschaftliche Anreize zum sparsamen Umgang mit Ressourcen auch im Bereich der Gesundheitsversorgung zu setzen. So etwa sind die am straffsten organisierten MCOs eine Kombination aus Krankenversicherung, Facharztpraxen und Krankenhaus. In solch einem Arrangement haben die Ärzte Interesse daran, Ressourcen wie ihre Arbeitszeit oder Labortests möglichst schonend einzusetzen. Denn je niedriger die Ausgaben, desto höher der Gewinn der Gesamtorganisation.

Inzwischen sind annähernd zwei Drittel aller amerikanischen Arbeitnehmer Mitglieder der MCOs.

In Amerika arbeiten inzwischen mindestens drei Viertel aller unabhängigen Ärzte mit MCOs zusammen. Ein anderer Ausfluß der wachsenden Bedeutung von MCOs ist eine Konzentrationswelle unter Amerikas Krankenhäusern. Die größte Kette, die im vergangenen Jahr durch milliardenschwere Übernahmen entstanden ist, betreibt mit 170.000 Mitarbeitern mehr als 300 Krankenhäuser und setzt damit rund 15 Milliarden Dollar im Jahr um. Die Nummer zwei unter den Krankenhausketten, die ebenfalls erst unlängst entstanden ist, bringt es auf 83 Hospitäler und mehr als fünf Milliarden Dollar Umsatz. Nebenaspekt: Beide Ketten haben bereits Fühler ins Ausland ausgestreckt. Auch bei ambulanten Krankenhäusern, die durch neue, „schonende" Operationsmethoden an Bedeutung gewinnen, gibt es überregionale Zusammenschlüsse. Gleiches gilt für Laborketten.

Der Fusionstherapie unterzogen sich nicht nur Konzerne aus dem gleichen Ursprungsland, wie etwa Sandoz/Ciba in der Schweiz oder Glaxo/Wellcome in England (14 Milliarden Dollar in Bargeld) sowie American Home Products/American Cyanamid (1994, 9,6 Milliarden Dollar in Bargeld) in den USA. Häufiger gab es auch internationale Großfusionen und Großübernahmen in der Pharma-Branche unter dem Motto: „Krankheit kennt keine Grenzen".

Wer im wachstumsträchtigen Pharma-Geschäft überhaupt eine bedeutende Rolle spielen will, der muß sich in Amerika behaupten, auf dem größten, lukrativsten und härtesten Gesundheitsmarkt der Welt.

Daß ausländische Firmen kräftig mitmischen, liegt einmal daran, daß Nordamerika der größte Markt für Medikamente ist und sowohl für Generika wie für Biomedizin die besten Aussichten bietet.

Mit Blick auf die immer geringere Zahl mittelgroßer Übernahmekandidaten dürften sich die zusätzlichen Arrondierungen aus Rücksicht auf die Bargeldreserven und zur Vermeidung hoher Schuldenberge zunehmend auf den „altmodischen" Aktientausch stützen, wie das bereits die Verbindungen von Sandoz mit Ciba und von Pharmacia mit Upjohn der Fall war. Jedenfalls löste die Ankündigung des neuen Branchen-Riesen Novartis an den Börsen hektische Spekulationen über neue Fusionskandidaten aus. Als Übernahmeziele wurden dabei neben der britischen Zeneca die zum gehobenen Mittelfeld zählenden US-Konzerne Eli Lilly und Warner Lambert gehandelt. Zugleich wurde nicht zuletzt auch Roche ein ungestillter Übernahmehunger nachgesagt.

Fusionsfieber an der Börse

Die Bewertung der Pharma-Sparte an den Aktienmärkten ist in den vergangenen Jahren enorm gestiegen. 1994 betrug das Kursgewinnverhältnis nur 12,4, im Jahr 1995 stand es bei 21 und 1997 bei 24. Eigentlich war dies viel zu teuer.

Aber noch treiben die konkurrierenden Aufkäufer die Preise immer höher. Für nur mittelgroße Unternehmen müßten 1997 zwischen 7 und 25 Milliarden Mark bezahlt werden. Als heißer Asset-Börsentip gilt etwa Zenecas Asthma-Mittel „Accolate".

Zudem verteilt sich der Umsatz des Unternehmens recht ausgewogen auf Europa und Nordamerika und ist nicht nur auf den Pharma-Bereich beschränkt. 34 Prozent des Umsatzes entfallen auf Agrarchemikalien, 22 Prozent auf die Spezialchemie.

Käufer könnten zum Beispiel das profitable Pharma-Geschäft, das 17 Prozent des Handelsgewinns ausmacht, in den eigenen Konzern eingliedern, die „Randaktivitäten" abstoßen und den Erlös zur Finanzierung der Übernahme verwenden. Doch um Zeneca zu schlukken, müssen nach Meinung der Experten rund 20 Milliarden Dollar hingelegt werden – und das schaffen nur die zehn größten der Branche. Wer weniger bietet, läuft Gefahr, in eine langfristige Übernahmeschlacht hineingezogen zu werden.

Sicherlich bedeutete es für einige Giganten keine allzugroße Mühe, solche Summen aufzubringen. Aber bei solchen Beträgen stellt sich eben auch die Frage, was man für das Investment bekommt – bei aller Wertschätzung der in Betracht kommenden Übernahmekandidaten. Bis es sich auszahlt, ist nicht abzusehen. Feindliche Übernahmen werden somit wohl eher seltener, dem Austausch von Assets steht auch weiterhin nichts im Wege, sofern sich die beteiligten Gesellschaften untereinander einigen können.

Die Akteure an den Börsen jedenfalls bevorzugen die liquiditätsschonende „Verschmelzung". Sie wird positiver beurteilt als der reine Erwerb.

Bei Übernahmen müssen auch die Anleger gefragt werden. Wer große Pakete an den Aktien hält, will schließlich wissen, wie's mit seinem Investment weitergeht. Diese Praxis ist übrigens auch in anderen Industriezweigen üblich. Als es bei der ehemals florierenden Computerfirma Digital Equipment, die in den achtziger Jahren besonders wegen ihres technologischen Know-hows an der Börse gefragt war, in den Neunzigern nicht mehr vorwärtsging, erbaten sich die institutionellen Anleger bei der Bestallung des neuen DEC-Chefs für Finanzen ein Mitspracherecht.

Das Fusionsfieber in der Pharma-Branche brachte überaus stattliche Gewinne – in der Mehrzahl der 1995 und 1996 angekündigten und abgeschlossenen Fälle zwischen 30 und 100 Prozent. Wer hierbei richtig mit Kaufoptionen spekulierte, kam sogar leicht auf 500 Prozent.

So erhöhte sich der Börsenwert der Ciba- und Sandoz-Aktien nach der Fusionsankündigung binnen eines Handelstages um 17,7 Milliarden Schweizer Franken. Der kombinierte Börsenwert von Pharmacia und Upjohn stieg nach der Fusionsmeldung um acht Milliarden Dollar. Die Zunahme reflektiert nach Meinung der Aktien-Analysten den „vorweggenommenen" Wert der Synergien. Durch die Bank waren die Profite mit den Aktien der Fusionsopfer größer, als mit denen der Akquisiteure, besonders wenn es sich um feindliche Übernahmen handelte. Oder wenn gleich mehrere Interessenten mitboten und somit die Kurse in die Höhe trieben. Der gleiche Effekt stellte sich ein, wenn die Opfer mittels Käufen eigener Aktien sich zu wehren versuchten, was aber in den allermeisten Fällen nicht gelang. Sie wurden trotzdem geschluckt, so etwa American Cyanamid durch American Home Products.

Im grafischen Kursverlauf kündigt sich eine Fusion oder Übernahme fast immer durch sprunghafte Tagesgewinne einer Aktie und signifikant höhere Börsenumsätze an. Bei den Investmentbanken und den privaten Vermögensverwaltungen halten ganze Analystenscharen Ausschau nach derlei „Auffälligkeiten", indem sie Hunderte von Aktiencharts danach durchforsten. Die Mühe lohnt sich.

Das Übernahme-Monopoly hat inzwischen fast alle wichtigen Branchen erfaßt: Telekommunikation, Computer und Software, Multimedia, Fluglinien, Banken und Versicherungen, Rüstung und

Raumfahrt, Konsumgüter/Kosmetik, Hotels und Spielcasinobetreiber, Rohstoff- und Goldproduzenten, Papierhersteller, die Elektroindustrie, Eisenbahnen, die Branchen Öl, Versorgung sowie die Medien- und Unterhaltungsindustrie.

Viele international tätige Gesellschaften sind dazu übergegangen, extern mittels Akquisition zu wachsen, um im weltweiten Wettbewerb die „Kritische Masse" zu haben.

Zur Zeit gilt die Vorliebe der Investmentprofis eindeutig den Aktien von Unternehmen mit einer klaren Zuordnung zu bestimmten Produktsegmenten – am besten mit einer übersichtlichen und untereinander gut vergleichbaren Struktur, die zuverlässige Gewinnschätzungen ermöglicht. Heute seien die strategischen Unternehmensziele „besser erkennbar, und das wird honoriert".

Dazu sind die meisten der jüngeren Übernahmen trotz einiger massiver Übertreibung solider finanziert als in den achtziger Jahren.

Welche Unternehmensstruktur in Zukunft aber am besten ankommt, erscheint dennoch nicht gewiß. Gegenwärtig haben jene Gesellschaften, die im Rahmen einer Konsolidierung unrentable Bereiche veräußern und passende Zukäufe vornehmen, bei den Börsianern Hochkonjunktur.

Die deutlich höhere Bewertung der neuen, „reinen" Pharma-Werte stellt die „gemischten" Chemie- und Pharma-Unternehmen, wie zum Beispiel Hoechst und Bayer, vor die Herausforderung, die Restrukturierung im eigenen Hause schnell voranzutreiben.

Die Merger- und Akquisitions-Spezialisten hatten in den vergangenen Jahren alle Hände voll zu tun und verdienten dabei prächtig. In der Bundesrepublik wurden 1994 rund 1830 einschlägige Großgeschäfte zum Abschluß gebracht – die meisten davon bei nicht börsennotierten Gesellschaften. 1995 waren es 2080, und 1996 waren es nochmal um 30 Prozent mehr. Die Londoner City entlohnte Banker, Broker und Übernahmespezialisten für einschlägige Tätigkeiten am britischen Take-over-Markt 1996 angeblich mit zwei Milliarden Mark Bonus.

Im Vergleich dazu sind die amerikanischen Dimensionen noch um einiges gigantischer. Die Marktforschungsgruppe Securities Data

Company errechnete für 1996 immerhin 76 Mega-Deals mit einem Volumen von über einer Milliarde Dollar. Der Gegenwert der insgesamt über 10.000 Fusionen betrug über 600 Milliarden Dollar – nach 355,7 Milliarden für die 3521 Transaktionen in 1995. Damit wurde das bisherige Rekordjahr 1988 mit 246,9 Milliarden Dollar aus den spekulationsträchtigen Aktien-Achtzigern erstmals eindeutig übertroffen.

Derzeit sind nahezu alle Pharma-Konzerne Gegenstand von Übernahmespekulationen. Mal ranken sich die Gerüchte um die deutsche Schering als „Opfer", mal um den schweizerischen Roche-Konzern als Aufkäufer. Die großen Gewinner des Konzentrationsfiebers sind die Investmentbanken: Die US-Gesellschaften J. P. Morgan und Morgan Stanley, die Ciba-Geigy und Sandoz bei den Fusionsverhandlungen berieten, kassierten dafür 110 Millionen Mark Honorar.

Die Wall-Street-Firmen haben praktisch ein Monopol auf Pharma-Fusionen: J. P. Morgan stand Hoechst beim Kauf von Marion Merrell zur Seite und leitete vier weitere Akquisitionen ein. Morgan Stanley hatte bei neun der elf größten Pharma-Aufkäufe seit 1993 die Hand im Spiel. Wer immer mit wem bei der nächsten Superfusion zusammengeht: Die zwei amerikanischen Investmentbanken sind ganz sicher mit von der Partie.

Das Übernahme-Karussell wird sich weiter drehen. Auch die Japaner werden sich irgendwann durch Zukäufe einen höheren Marktanteil am Pharma-Kuchen sichern wollen.

Aber das von Branchenkennern prognostizierte „Mega-Unternehmen" mit einem Anteil von 10 Prozent würde die Fusion von zwei Marktführern erfordern, die eben erst aus einstweilen noch unverdauten Zusammenschlüssen entstanden sind, etwa von Glaxo Wellcome und Novartis. Derlei Überraschungen werden vermutlich noch einige Zeit auf sich warten lassen: Die Pharma-Konzerne haben Milliarden für Übernahmen ausgegeben. Und nun, in der zweiten Hälfte der Neunziger, werden sie Milliarden dafür aufwenden müssen, um sicherzustellen, daß die zusammengekauften Geschäfte auch weiter florieren.

Die letzte Runde der Neuordnung in der weltweiten Gesundheitsindustrie wird radikaler als jede zuvor.

6 Forschung und Entwicklung: Das Milliarden-Roulette

Forschung: Der kurze Weg

Die Position eines Unternehmens auf dem internationalen Pharma-Weltmarkt wird wesentlich durch Forschung und Entwicklung bestimmt.

Generell zielt die Suche darauf ab, langwierige Entwicklungsprozesse für neue Wirksubstanzen abzukürzen und effektiver zu arbeiten. Eine vielversprechende Möglichkeit ist das Molekül-Design oder Molecular Modelling, für das der Arzneimittel-Hersteller Boehringer in Mannheim das griffige Kürzel Momo wählte.

Während man bisher im althergebrachten Verfahren des Molekül-Roulettes auf das Prinzip Zufall setzte, wenn es um das Auffinden neuer Wirksubstanzen ging, fahndet jetzt die „rationale" Methode des Momo gezielt nach chemischen und pharmakologischen Verbindungen.

Das Prinzip, auf dem Momo aufbaut, ist eingängig: Moleküle haben eine dreidimensionale Gestalt, egal ob es sich dabei um potentielle Wirksubstanzen, wie Medikamente und Pflanzenschutzmittel, oder um körpereigene Strukturen des Menschen handelt. Die Wirksubstanzen lagern sich an Zielstrukturen an, wie ein Schlüssel, der zu einem bestimmten Schloß paßt. Durch diese Bindung entfalten die meisten Medikamente – und Gifte – erst ihre Wirkung. Wenn der räumliche Aufbau des „Schlosses" bekannt ist, dann kann der Chemiker mit Hilfe von Computerprogrammen versuchen, einen möglichst optimalen „Schlüssel" zu konstruieren. Zunächst muß er die Struktur des körpereigenen Moleküls, also das „Schloß", genau kennen.

„Ludi" ist ein Computerprogramm, das bei der BASF in Ludwigshafen entwickelt wurde. Mit ihm suchen die Forscher in Datenbanken nach passenden Molekülen, die möglichst genau in das bekannte „Schloß" des Zielmoleküls passen. Dabei werden alle Bindungsmöglichkeiten zwischen dem potentiellen Wirkstoff und dem Zielmolekül bestimmt und bewertet, wie etwa die genaue Position von Wasserstoffbrücken oder die Stärke von sogenannten hydrophoben Wechselwirkungen.

„Ludi" sucht die geeignet erscheinenden Kandidaten, aus denen der Synthese-Chemiker eine komplette Verbindung herstellt.

Nun ist es seine Aufgabe, ein solches Molekül chemisch zu konstruieren. Das virtuelle Molekül am Computerbildschirm dient ihm hierbei als Vorlage. Aber auch solche vollsynthetischen Substanzen müssen den Nachweis erbringen, daß sie tatsächlich im lebenden Organismus wirksam sind. Momo ersetzt demnach keine Tierversuche. Die vermutete Wirksamkeit eines solchen Stoffes aus der Retorte muß im lebenden Organismus getestet werden, auch hinsichtlich seiner Verträglichkeit und möglichen Nebenwirkungen.

Momo wird bei Boehringer/Mannheim in der Erforschung von Wirkstoffen eingesetzt, die bei der Blutgerinnung, bei Entzündungsprozessen, bei Störungen des Knochenstoffwechsels und bei Krebs von Interesse sind.

Das ursprüngliche Gebiet der Forschung und Entwicklung werden zukünftig mehr denn je Unternehmen mit mindestens drei bis vier Milliarden Mark Jahresumsatz beackern. Die Verfahren und Methoden sind heute nicht mehr ganz speziell produkt-, sondern eher technologieorientiert.

Insofern gewinnt die Zusammenarbeit der Pharma-Riesen zum Beispiel mit jungen Biotech-Companies an Bedeutung. Viele Krankheiten wird man künftig auf molekularer Ebene verstehen.

Durch die Genomforschung werden neue biologische Ansatzpunkte für herkömmliche – niedermolekulare – Pharma-Wirkstoffe gefunden. In Verbindung mit den neuartigen Synthesemethoden der „kombinatorischen Chemie" und automatisierten Testverfahren wurde die Wirkstoff-Forschung in den vergangenen Jahren geradezu revolutioniert. Die Experten schließen nicht aus, daß die klassische chemische Synthese künftig eine noch wichtigere Rolle spielt als in der Vergangenheit. Durch die Gentechnik wird die Chemie neu herausgefordert.

Das Verständnis der genetischen Grundlagen einer Krankheit ermöglicht es, die während eines Krankheitprozesses stattfindenden molekularen Vorgänge zu analysieren und neue Ziele für die Entwicklung innovativer Therapien zu definieren.

Die mikrobiologische Forschung isoliert Gene und genetische Mutationen und erlaubt die Identifizierung einer Prädisposition für bestimmte Störungen. Am Ende dieser Entwicklung stünde eine gesündere Gesellschaft und somit mehr Lebensqualität.

Entwicklung: Das Marketing spricht mit

Das Marketing setzt schon im Forschungsstadium ein. Manchmal umreißt es sogar wünschenswerte Produktgebiete, in die man vorstoßen sollte. Spätestens wenn ein Produkt von der Forschung in die Entwicklungsphase tritt, werden Marketingvertreter mit hinzugezogen. Das ist insofern wichtig, weil das Verkaufsmanagement somit schon früh über den Stand der Produktentwicklung gründlich Bescheid weiß.

Die Verkaufspolitik eines neuen Produktes läuft in zwei Phasen ab. Zum einen gilt es herauszufinden, ob ein Wirkstoff die Entwicklungskosten von 100 oder 200 Millionen Dollar überhaupt wert ist. Dazu prüft man, welche Medikamente am Markt bereits existieren, wie häufig eine Krankheit vorkommt und wie hoch der Preis für das Medikament sein kann. Andererseits ist auszuloten, inwiefern eine Marktnische für den neuen Stoff vorhanden ist. Das Marketingziel: Man zeigt Wirkungen auf, die andere Produkte nicht haben, und verschafft sich so einen Wettbewerbshintergrund. Dann folgt die Einführung in den Markt. Die Werbekampagne startet drei Jahre vor Erscheinen des Produkts. Symposien und Anzeigen in medizinischen Fachblättern weisen Ärzte auf die Einsatzmöglichkeiten hin.

Aber die Trauben hängen höher. Nicht mehr die Länge des Lebenszyklus einer Arznei, sondern ein möglichst früher Zeitpunkt für ihre Vermarktung entscheidet über die Erträge. Deshalb werden auch die Entwicklungszeiten dafür um ein Drittel sinken. In dieser Phase gibt es noch zu viel Leerlauf.

Fast alle großen Firmen arbeiten mit sogenannten „Faster-time-to-market"-Projekten, um nicht nur die Entwicklungszeit drastisch zu reduzieren sondern auch die Patentlaufzeit besser nutzen zu können.

Alle stehen vor derselben Frage: Kommt der Aufwand für F&E durch die zu erwartenden Einkünfte später wieder herein? Ist es besser, möglichst vielgleisig zu fahren, Synergien aus anderen Geschäftsfeldern zu suchen oder auf forschungsintensive Präparate mit hohem Innovationsrisiko zu setzen und daneben noch ein Zusatzbein im Bereich Selbstmedikation oder Generika aufzubauen? Hoffmann-La Roche geht etwa diesen Weg. Oder soll man sich „rückwärts" orientieren und einen besseren Zugang in die Verteilerstufen suchen, wie Eli Lilly als führender Insulin-Fabrikant dies tut, oder in die Veterinärmedizin oder Diagnostik diversifizieren wie SmithKline Beecham?

Selbst nach Festlegung der Hauptstoßrichtung gilt es sodann, den richtigen Mix zwischen zielgerichtetem Forschen und den nötigen Freiräumen für Kreativität zu finden und gegebenenfalls Allianzen und Kooperationen mit Spezialisten auf zukunftsträchtigen Gebieten zu schließen und neue Entwicklungen auch bei den Kleinen der Branche zu erkennen. Schließlich ist die Improvisationslust und Dynamik jener Companies mit den strategischen Fähigkeiten in den Konzernen zu koordinieren. All dies geschieht mit dem Ziel, ständig neue, innovative Präparate in der Pipeline zu haben, um jährlich davon ein bis zwei mit einem möglichst hohen Verkaufsvolumen auf den Markt bringen zu können. „Eine Milliarde Dollar pro Firma sind pro Jahr nötig, um einen grundlegenden Fluß an Substanzen zu haben", weiß Paul Herrling, der Leiter der weltweiten Pharmaforschung bei Novartis.

Damit eine Substanz, die einmal entdeckt worden ist, auch entwickelt wird, muß sie eine echte Marktchance haben. Die Meßlatte zur Rentabilität bei Ciba Geigy lag bei einem zusätzlichen Umsatz von 300 bis 500 Millionen Franken innerhalb von fünf Jahren nach Markteinführung. Die Sandoz-Pharmalenker sprachen von einem „Minimum von sicher über 300 Millionen Franken, vielleicht von 500, aber am liebsten von einer Milliarde Franken“, und bei Hoffmann-La Roche liegt die Meßlatte bei „400 bis 500 Millionen Franken, weltweit drei Jahre nach der Einführung“. Sonst wird nicht entwickelt. Am Schluß zählt einzig der wirtschaftliche Erfolg.

Gearbeitet wird in Projektteams, damit der gesamte Innovationsprozeß – also die Übertragung von Wissen oder einer Erfindung in etwas wirtschaftlich Verwertbares – effizient gemanagt werden kann. Dieses Hand-in-Hand-Arbeiten von F & E, Marketing, Verkauf und Produktion ist nötig, fällt doch der Aufwand für die Entstehung eines neuen Produkts nur zu 25 Prozent in der eigentlichen Forschung an, zu 75 Prozent aber in der Entwicklungsphase. Diese Erkenntnis wird künftig zu einem der wichtigsten Überlebenskriterien der Pharma-Branche.

Forschungsetats: Weniger Geld – mehr Leistung

Projekte, die in einer Sackgasse landen oder sonst irgendwie als untauglich erkannt werden, fallen unweigerlich dem Rotstift zum Opfer. Das kann Milliarden Dollar sparen. Es wird konsequenter geforscht. Diese Zwänge haben das Leben der Forscher grundlegend verändert. Der eifersüchtige Elfenbeinturm-Tüftler hat kaum noch Chancen.

Der Ton und die Ansprüche sind überall härter geworden. Der Kampf um Marktanteile hinterläßt auch in den ehemals ruhigen Forscherlabors Spuren. Bei Glaxo, meint Vorstand Sykes ungeniert, „arbeitet nun jeder unter Kriegsbedingungen in einer stark aufgeheizten Athmosphäre“. Das Ziel ist, bis zum Jahr 2000 pro Geschäftsjahr mindestens drei neue Medikamente auf den Markt zu bringen, dreimal so viel wie der Insdustriedurchschnitt. Sykes hat die Research-Mannschaft reduziert, und der Etat ist nicht mehr so üppig dotiert wie früher. Es müssen schneller Neuerungen her, die sich hervorragend verkaufen. Glaxo ist indessen nicht der einzige Konzern, der seinen F&E-Aufwand herunterfuhr. Auch bei anderen liegt die ehemals deutlich über 10 oder gar 20 Prozent angesiedelte Quote jetzt nur mehr bei 7 Prozent vom Umsatz. Das Ziel geht vor allem dahin, kostspielige doppelte Entwicklungen auszuschließen.

Hierbei existieren aber beträchtliche Unterschiede. Und Kennzahlen, die nur einen Branchen-Durchschnitt wiedergeben, bezeichnen das einschlägige Engagement der Unternehmen nur recht unvollständig.

Zur Wahrung ihrer Wettbewerbsfähigkeit steckten die beiden Schweizer Konzerne Hoffmann-La Roche und Novartis jährlich ein Fünftel ihrer Umsätze in die Forschung und Entwicklung. Ihre F&E-Ausgaben waren konzernweit mit 5,8 Milliarden Franken fast ebenso hoch, wie der mit 6,4 Milliarden Franken veranschlagte Forschungsaufwand der sonstigen inländischen schweizerischen Wirtschaft gesamt.

Die Allgemeintendenz zeigt jedoch eindeutig abwärts. Zwischen 1970 und 1993 waren es im Mittel 14 Prozent, 1993 wurden für F&E-Ausgaben nur mehr 10,2 Prozent aufgewandt. 1995 und 1996 sank sie auf 9,2 Prozent ab und fiel damit zum ersten Mal seit 1977 einstellig aus.

Einer Übersicht der Pharmaceutical Manufacturers Association (PMA) zufolge, wiesen 29 der größten Mitgliedsfirmen für 1995 weniger F&E-Mittel aus als für 1994.

Pro Mitarbeiter investiert die Pharma Health Care Industrie für F&E aber vergleichsweise doch mit Abstand am meisten, gefolgt von der Computerindustrie, dem Chemiegeschäft und der Elektrobranche.

Der F&E-Aufwand anderer Wachstumsbranchen wie etwa der Telekommunikation liegt bei nur acht Prozent, in der KFZ-Industrie bei fünf Prozent.

In Deutschland haben die F&E-Investitionen seit 1980 mit durchschnittlich neun Prozent im Jahr deutlich weniger zugenommen als in den USA mit 15 oder in Japan mit 12 Prozent.

Nun behaupten die Kritiker, die Qualität der deutschen Pharma-Forschung sei auf ein Mittelmaß gesunken. Möglicherweise hätten sich die Gesellschaften eine Zeitlang zu sehr auf den Erfolgen der Vergangenheit ausgeruht.

Die Zahl der neu entwickelten Wirkstoffe von weltweit 328 seit Mitte der sechziger Jahre ist bis in die Neunziger fast kontinuierlich auf 172 gefallen. Der Anteil Deutschlands schrumpfte dabei um mehr als die Hälfte zusammen.

Dennoch zählt als Schlüssel zum Erfolg die Bereitschaft zu Innovationen mehr denn je. Zur Zeit scheinen die Pipelines der Unternehmen ganz gut gefüllt. Nach eigenen Angaben rechneten die forschenden Pharma-Gesellschaften für 1997 mit mehr als 90 frischen Arzneimitteln, darunter rund 50 auf Basis neu entwickelter Wirkstoffe. Die Schwerpunkte der Pharmazeutika liegen bei Herz/Kreislauferkrankungen, Infektionen, Erkrankungen des zentralen Nervensystems, Krebs, Multiple Sklerose, Diabetes, Atemwegserkrankungen, Aids, Rheuma, Magen-Darm-Krankheiten und Allergien.

Heute müssen sich die Forscher eng mit Produktions- und Marketingmanagern abstimmen und jede Geldausgabe möglichst durch Markterfoge rechtfertigen.

Im Boom der achtziger Jahre galten Forschung und Entwicklung (F&E) in den Konzernen als heilige Kühe, die gemästet, aber nie geschlachtet wurden. Jetzt haben sich die Abteilungen an schmalere Etats und strenge Zielvorgaben zu gewöhnen.

Indessen wirken die neuen Vorgaben auf viele demotivierend. Hinter manch einer tollen Pharma-Erfolgsstory stecken viel Ärger und Enttäuschungen.

In anderen Industriezweigen, wie in der Computerbranche, ist der Erfolgsdruck jedoch noch viel größer. Und im Maschinenbau, im Stahlgeschäft und bei den Automobilzulieferern ist die Situation schon seit Jahren fast brutal. Insofern haben viele Pharma-Beschäftigte immer noch eine privilegierte Stellung.

Innovationen: Echte Neuheiten und Me-too-Produkte

Der Wandel ist radikal. Noch 1991 war Pharma-Gigant Eli Lilly zufrieden, wenn ein Chemiker jährlich 90 neuartige chemische Verbindungen herstellte, die dann auf ihre Tauglichkeit für Medikamente getestet wurden. Heute muß er alle paar Tage mehr als 100 neue Verbindungen zusammenmischen.

Mit der Verbesserung bestehender Produkte lassen sich schneller höhere Gewinne erzielen als mit ganz neuen Entwicklungen. Von den 196 seit 1986 erfolgreich in den deutschen Markt eingeführten patentgeschützten Substanzen gehört gerade ein Sechstel in die Kategorie A der Arzneimittel mit „neuartigem Wirkprinzip". Bei einem weiteren Achtel reicht es immerhin noch für die Kategorie B – „Verbesserung bekannter Wirkprinzipien". Beim Rest, 70 Prozent aller Neuheiten, handelt es sich um „bestenfalls geringfügige Molekülvariationen", sie haben daher keine zusätzliche „therapeutische Bedeutung" und rangieren unter den Kategorien C und D.

Der Forschungsaufwand für diese Präparate ist nicht groß – schon eine kleine Molekülveränderung reicht aus, um einen bekannten Stoff mit neuem Namen unter Patentschutz zu stellen. Im Fachjargon heißen diese Nachahmungs- oder Analog-Arzneien „Me-too"-(Ich-auch-)Präparate. Wegen des Molekül-Anhängsels bei solchen Variationen spricht man auch von der „Schweinsöhrchen"-Methode.

Der Mangel an echten Pharma-Neuheiten leuchtet nicht unbedingt ein. Denn gerade in den achtziger Jahre ging es der Pharma-Industrie glänzend. Fast alle Produkte erzielten komfortable Preise. Die Branche litt weder unter Finanznot noch unter Dirigismus. Die goldene Vergangenheit hat aber keine goldenen Forschungsergebnisse erzeugt.

Bisher tat die Innovationsträgheit den Markterfolgen allerdings keinen Abbruch. Im Gegenteil, viele Pseudoneuheiten wurden zum Marktrenner.

Das Marketing zielte nicht auf einen echten Preiswettbewerb. Vielmehr hofften die Anbieter der patentgeschützten Nachahmungen oft auf wohlfeilen Profit im Windschatten der echten Fortschritte. Die Autoren des Arzneiverordnungsreports (AVR), den das Pharmakologische Institut der Universität Heidelberg zusammen mit dem Wissenschaftlichen Institut der AOK (WidO) alljährlich veröffentlicht: „Nur bei drei der genannten Neueinführungen aus der Kategorie C ist der Nachzügler preisgünstiger erhältlich als der eigentlich innovative Wirkstoff." In allen anderen Fällen waren die Analogmittel bis zu 80 Prozent teurer als die früher eingeführten Stoffe oder die mittlerweile als „Zweitanmelder" (Generika) bekannten Präparate.

Solange die Nachahmungspräparate hohe Gewinne versprechen, ist der Innovationsanreiz gering. Möglicherweise waren die Aussichten hier so, daß der Anreiz für effektive Forschung teilweise verlorenging. Welche wirtschaftliche Bedeutung die Patentstoffe haben, zeigt die Statistik. Obwohl die patentierten Arzneien nur knapp sechs Prozent aller Verschreibungen ausmachen, werden damit fast 18 Prozent des Gesamtumsatzes erzielt. Die patentierten Mittel waren durchschnittlich 240 Prozent teurer als die patentfreien.

Der Umsatz mit patentgeschützten Mitteln im ersten Jahr der Arzneimittel-Budgetierung sank um vier Prozent. Doch wurde dieser Einbruch mittlerweile wieder aufgeholt. Die jüngste Entwicklung bei der Arzneimittelverschreibung belegt einen erneuten Trend zur Hochpreistherapie mit patentgeschützten Medizinen, auch solcher der entbehrlichen Kategorien C und D. Und die Werbeaufwendungen für preisgünstigere, durch Festbeträge regulierte Präparate wurden nahezu eingestellt.

High-Tech-Projekte: Harter Wettkampf

Obwohl F&E eine bedeutende Rolle für die Zukunft eines Unternehmens spielt, besteht die Tendenz, gerade auch in diesem Sektor Einsparungen vorzunehmen. Oder zumindest sich auf erfolgversprechende Kernbereiche zu konzentrieren. Die breite Grundlagenforschung wird bei weitem nicht mehr so stark gefördert wie früher.

In Deutschland geht jede dritte Forschungsmark für Doppelentwicklungen drauf, für Produkte also, die ein anderer längst geschaffen hat. „Bei uns wird das Rad immer wieder neu erfunden“, klagen deutsche und europäische Patentamtspräsidenten seit Jahren. Dadurch werden jährlich rund 30 Milliarden Mark quasi aus dem Fenster geworfen. Dieser Schlendrian hat Folgen. Während die USA die Zahl ihrer Schutzrechte in den vergangenen zehn Jahren nahezu verdoppelt hat und die ohnehin schon emsigen Japaner trotz aller Rekorde nochmals ein Drittel mehr Innovationen zustande brachten, legten die Deutschen gerade mal ein Fünftel zu.

Grundlagenforschung zahlt sich auch deshalb nicht mehr ganz groß aus, weil die Ergebnisse oft schnell kopiert werden. Als IBM-Forscher 1987 nach jahrelanger Arbeit neuartige supraleitfähige Werkstoffe entdeckten, wurde die Errungenschaft binnen Wochen von vielen Forscherteams wiederholt und oft sogar übertroffen. Wenn die Konkurrenz praktisch gleich schnell am Markt ist, können die enormen Investitionen oft nicht mehr hereingeholt werden.

Es siegt aber auch nicht immer das bessere „System“. Als Beispiel aus der Computer-Technologie gilt das Macintosh-Betriebssystem von Apple. Obgleich die meisten Experten es für besser halten als Windows vom Konkurrenten Microsoft, hat der Markt klar gegen Apple entschieden. Offenbar sind viele Unternehmen mit der Vermarktung von Erfindungen außerhalb ihres Kerngeschäfts überfordert. So hat das Palo Alto Research Center des Elektronikkonzerns Xerox schon in den siebziger Jahren wichtige Bestandteile des Personalcomputers entwickelt. Doch das Topmanagement hat mit den Ideen wenig anfangen können, weil sie nicht zur damaligen Produktpalette paßte.

Viele bahnbrechende Errungenschaften der Industriegesellschaften wurden zum Beispiel in den 1925 gegründeten Bell-Laboratorien des Telekommunikationskonzerns AT+T erfunden oder mitentwickelt – etwa Transistor, Laser und Zellularfunk. Bis heute meldeten die Ingenieure mehr als 25.000 Patente an (im Durchschnitt täglich eins); sieben Nobelpreise gingen an Wissenschaftler der Bell-Labs (Jahresetat: 3,5 Milliarden Dollar). Doch aller Ruhm schützte die Forscher nicht davor, daß ihre Ergebnisse neuerdings strikt am wirtschaftlichen Erfolg gemessen werden. Das vorgegebene Motto lautet: Wir müssen vor allem unsere Aktionäre und Kunden zufriedenstellen. So sehen auch die Pharma-Chefs die Lage.

Viele Unternehmen ziehen sich deshalb fast ganz aus der Forschung zurück und holen sich das Fachwissen von außen. Der französische Kosmetikhersteller L'Oréal läßt zum Beispiel unter anderem mit Datenbankrecherchen systematisch nach verwertbaren Entwicklungen suchen und schaut sich in den Forschungslabors der Universitäten um. Stößt er auf kommerziell Interessantes, kauft er die Erfindung auf oder bindet den Erfinder vertraglich ans Unternehmen.

Aber trotz einiger finanzieller Einschränkungen haben die Zukunftstechnologien überall Priorität: Datenautobahn, Medizin und Biotechnologie, daneben die Robotertechnik, Computerentwicklung, Verkehrstechnik, Glasfaserkommunikation, Sensortechnik und Künstliche Intelligenz werden in den USA etwa auch aus den Mitteln des milliardenschweren Verteidigungs-Etats unterstützt.

Unter den acht Mega-Projekten der neunziger Jahre befindet sich auch das mit 4,5 Milliarden Dollar dotierte Human Genom Project. Die Entschlüsselung des Gencodes zählt zu den wichtigsten Anliegen der Pharma-Forschung.

Standorte: USA voraus

Der vielleicht wichtigste Grund für den Erfolg der Biotechnologie in den Vereinigten Staaten ist die Begeisterung der Amerikaner für Neues. Hierbei scheint es sich um ein kulturell bedingtes Phänomen zu handeln. Die Amerikaner begrüßen Neuigkeiten eher mit Optimismus – die Errungenschaften der Arzneimittelforschung bilden da keine Ausnahme. In der Wissenschaft führt dies zu leistungsstarker Teamarbeit und zu interdisziplinärer Kooperation – eine der Grundvoraussetzungen für eine erfolgreiche Pharma-Forschung.

Darüber hinaus ist das rechtliche Umfeld in den USA adäquater gestaltet – ohne bürokratische Gängelei. Die Entscheidung darüber, welches Experiment in Angriff zu nehmen oder welches Protokoll zu befolgen ist, liegt in den Händen von Ethik-Kommissionen, die von den Wissenschaftlern und Managern an der Universität oder im Unternehmen selbst gebildet werden. Das Vertrauen bedeutet, daß die Forschung nicht warten muß, bis die Behörden über die Notwendigkeit eines Tests oder Experiments befunden haben.

Schließlich verfügen die USA über ein flexibles und bewährtes Finanzierungssystem, gestützt und genährt von technisch versierten Unternehmern, die mit viel Erfahrung neue Geschäftsideen umsetzen, Kapital beschaffen, Geschäfte abwickeln und neue Märkte erschließen.

In den USA sind die Grenzen zwischen Industrie, Universitäten und Regierungsstellen fließend. Die Industrie geniert sich nicht, direkten Zugang zu öffentlichen Forschungsstätten zu erkaufen. Neben den US-Konzernen selber machen auch ausländische Unternehmen von den lockeren Möglichkeiten Gebrauch.

Mit hundert Millionen Dollar beteiligten sich etwa die Schweizer an der Krebsforschung des Bostoner Dana-Farber Cancer Institute, das der medizinischen Fakultät der Harvard-Universität angeschlossen ist. An der Universität Ohio finanzierte Novartis die Forschung im Bereich der Transplantationsmedizin, und das kalifornische Neurosciences Institute entwickelte mit Geld aus Basel Medikamente für Nervenleiden. Novartis hat sich damit das Recht gesichert, die im Rahmen der Vertragsprojekte gemachten Funde zu patentieren und zu vermarkten. Das diesbezügliche Gesamtengagement beläuft sich auf über eine Milliarde Dollar.

Die Pharma-Forschungsaktivitäten der Bayer AG in Höhe von 1,5 Milliarden Mark konzentrieren sich bisher auf Wuppertal im Bundesland Nordrhein-Westfalen, West Heaven/USA und Kyoto/ Japan.

In den USA und Japan werden die Kapazitäten ausgebaut.

Das Kostenargument spricht für die USA. Zwar stehen die Gehälter für Pharma-Forscher diesseits und jenseits des Atlantiks auf gleichem Niveau, aber in Amerika arbeiten die Bayer-Beschäftigten im Jahr etwa 300 Stunden länger als ihre Kollegen in Deutschland.

An Bayer läßt sich auch die Globalisierung deutlich ablesen. 1970 forschten die Leverkusener noch zu 84 Prozent am Standort Deutschland; der Anteil ist auf 62 Prozent zurückgegangen. Immer öfter holt sich die zentrale Forschungsabteilung benötigtes Wissen aus mittlerweile rund 100 Kooperationen mit Instituten und Hochschulen weltweit. Das ist häufig billiger und geht schneller als im eigenen Haus.

Auch Hoechst geht mit der Forschung mehr ins Ausland. Bereits 1995 lag der entsprechende Anteil deutlich über 50 Prozent. Insgesamt erreichte der Aufwand dafür im Konzern 3,5 Milliarden Mark. Beschäftigt werden 15.600 Menschen, das sind ungefähr zehn Prozent der gesamten Belegschaft. 8500 davon arbeiten in Deutschland.

Hoechst besitzt 90 Forschungszentren rund um den Erdball. Das Unternehmen hat sich das Ziel gesetzt, jährlich zwei neue Wirkstoffe auf den Markt zu bringen. Besondere Aufmerksamkeit gilt den „Top Priority Projects“ mit einem internationalen Marktpotential von mindestens 500 Millionen Dollar im Jahr. Auf diese Projekte werden denn auch 70 Prozent der Forschungsmittel konzentriert. Bei den völlig neuen Produkten hebt man „Allegra“ hervor, ein Mittel gegen Allergien, unter denen 140 Millionen Menschen in der westlichen Welt leiden. Neu ist auch ein Wirkstoff (HOE 642) gegen Angina Pectoris und andere Herzleiden.

In Europa ist Großbritannien als F&E-Standort die Nummer eins. Das bestätigt auch der Trend von Neuansiedlungen amerikanischer oder japanischer Firmen.

Neben der verwandten Sprache und allerlei finanziellen Verlokkungen, die das Land für US-Investoren interessant machen, besitzt Großbritannien aus der Sicht der Kostenkiller den Reiz niedriger Gehälter. Ein Forscher auf der Insel verdient lediglich zwei Drittel der Summe, die sein Kollege in Deutschland allmonatlich überwiesen bekommt. Das macht sich in der Rechnung einer Forschungsabteilung deutlich bemerkbar, die 60 Prozent ihres gesamten Aufwands als Personalkosten verbucht.

Gleichwohl ist die Frage nach einem geeigneten europäischen Standort aus der Sicht eines amerikanischen Pharma-Konzerns mehr theoretischer Natur, denn US-Gesellschaften konzentrieren ihre Aktivitäten auf den Heimatmarkt. Nur ein Fünftel des Forschungsetats investieren amerikanische Pharma-Konzerne außerhalb ihrer Landesgrenzen. Es grenzt nahezu an ein Wunder, wenn ein Dollar aus dem Forschungsetat einer US-Gesellschaft den Weg nach Deutschland findet, meinen die Experten.

Ausländische Pharma-Investitionen in Deutschland bleiben also weitgehend aus. Das hat Gründe: Zehn Jahre lang versuchte Hoechst, in Frankfurt eine Produktionsanlage für rekombinantes Insulin zu errichten, scheiterte jedoch am Widerstand der Behörden. Zu jener Zeit wurde in Deutschland jedes fünfte aller Biotechnologie-Patente angemeldet – heute ist es nur noch jedes achte. Das hartnäckige Nein der Grünen und anderer gesellschaftlicher Gruppen zur Gentechnologie führte dazu, daß dieser Forschungsbereich hierzulande vergleichsweise langsam vorankam.

Das ist aber keineswegs nur eine deutsche Spezialität. Die Schweizer Pharma-Riesen beklagen eine latente Fortschrittsfeindlichkeit der Eidgenossen und eine enorme Regulierungsdichte, die die Attraktivität des Produktions- und Forschungsstandorts Basel „trüben".

Der ehemalige Ciba-Geigy-Chef monierte, daß die Bürger zwar ein neues Medikament gegen die Multiple Sklerose wollten, dessen Herstellung mittels Gentechnologie jedoch ablehnten. Der Wettbewerb läßt sich weder bremsen noch kanalisieren; er schafft sich seine eigene Bahn. „Wer meint, auf die Schweiz warte ein Sonderzüglein, verpaßt den Anschluß", so der Ciba-Vorstand.

Das technologiefeindliche Klima, das die Pharma-Forscher in den achtziger Jahren scharenweise ins Ausland getrieben hat, verliert nach neuerer Einschätzung aber an Bedeutung. Seit einigen Jahren ist das Bekenntnis zu Schlüsselindustrien und Zukunftstechnologien hierzulande deutlich stärker vernehmbar. Selbst die Gentechnik wird von breiten Kreisen der Bevölkerung inzwischen mehr akzeptiert. Aber auch die Mitbewerber holen auf. Indien, China oder Taiwan, wo der Bayer-Konzern bereits zahlreiche Beteiligungen eingegangen ist, machen als leistungsstarke und äußerst preiswerte Forschungsstandorte von sich reden. Auch die dort lange Zeit ungeregelte Patentgesetzgebung gewinnt Konturen.

Trotz der Kostenvorteile ist aber kaum vorstellbar, daß in den Schwellenländern so schnell eine umfangreiche Pharma-Forschung entsteht. Denn in einem so langfristig ausgerichteten Geschäft wie der Entwicklung neuer Arzneimittel ist zum Beispiel auch politische Stabilität ein wichtiges Entscheidungskriterium. Deshalb werden auch die Forschungsaktivitäten der Konzerne in Osteuropa eher eine Randerscheinung bleiben – immerhin betrieb Bayer mit sechs russischen Universitäten ein Pilotprojekt.

7 Bio- und Gentechnologie: Zauberland mit Macken

Visionen vom großen Geld

Sehr schnell sahen Forscher und Industrie, daß die neuen Erkenntnisse und Techniken vielfache Anwendungsmöglichkeiten eröffnen. Heute ist der Einsatz von Mikroorganismen nicht nur in der Nahrungs- und Genußmittelindustrie, sondern auch in der Gold- und Kupferproduktion ebenso selbstverständlich wie in der Umwelttechnik oder der Herstellung von Industriechemikalien oder Duftstoffen, beispielsweise für Kosmetik.

Die mit Abstand wirtschaftlich ertragreichste und aussichtsreichste Anwendung der Biotechnologie liegt jedoch in ihrem Einsatz für Produkte und Verfahren im Gesundheitsbereich.

Mit Hilfe von Gen- und Biotechnologie werden laut EU-Kommission mittlerweile schon zwischen 10 und 15 von 50 neuen Arzneimitteln hergestellt. Gentechnische Pharmaka werden nach Ansicht von Boehringer/Mannheim bis zum Jahr 2000 etwa 55 (derzeit 18) Milliarden Dollar oder 17 Prozent zum Medikamenten-Markt beisteuern.

Seit 1990 haben viele internationale Pharma-Unternehmen und andere Firmen in zahlreiche Biotechnologie-Unternehmen über 40 Milliarden Dollar investiert.

Zu den bekanntesten Biotechnologie-Produkten gehört das Insulin, das zur Behandlung der Zuckerkrankheit seit 1982 in den USA und seit 1987 in Dänemark durch gentechnisch veränderte Bakterien und Hefen hergestelllt wird. Auch der Plasminogenaktivator 'tPA gelangte zu einiger Berühmtheit – durch seinen Einsatz bei der Herstellung von Medikamenten gegen Herzinfarkt und dem Krebsmittel Interferon. Die Gentechnik sei diejenige Methode, die die Medizin in den nächsten Jahren am stärksten verändern werde, prognostizierten deutsche Chefärzte unisono in einer Umfrage des ZDF jüngeren Datums.

Die Liste der Krankheiten, an denen gegenwärtig mit gentechnischen Verfahren im Labor experimentiert wird, liest sich in der Tat wie der Stichwörterkatalog eines klinischen Lexikons: Bluthochdruck, verschiedene Formen der Immunschwäche, die Bluterkrankheit, Aids, Diabetes, die Parkinsonsche Schüttellähmung, Rheuma und so ziemlich alle Arten von Krebs. Rund 4000 Krankheiten sind auf den ererbten Defekt eines einzelnen Gens zurückzuführen. Gelänge es, das jeweilige Gen zu reparieren, wären diese Krankheiten möglicherweise heilbar. Die Gentherapie steht weltweit gerade erst am Anfang ihrer Anwendungen.

Auf dem Gebiet der Humangenetik präsentierte die US-Biotechnologie-Szene eine Reihe zunächst aufsehenerregender Therapie-Erfolge. So berichtete die Zeitschrift „Business Week" von dem 72jährigen Robert Bensing, der sich jahrelang nur mühsam schlurfend fortbewegen konnte. Nach einer sechsmonatigen Spritzkur wanderte der Patient unbeschwert drauflos, wie im „New England Journal of Medicine" zu lesen stand. Seine Muskeln waren gestärkt, und er wirkte „frischer und fitter", schilderte Versuchsleiter Professor Daniel Rudman vom Medical College of Wisconsin in Milwaukee. Die wundersame Heilung verdankte Bensing einer dreimal wöchentlich verabreichten Spritzkur mit dem künstlich hergestellten menschlichen Wachstumshormon Human Growth Hormone (HGH). Bereits 1985 hatte das führende US-Biotechnologie-Unternehmen Genentech das Mittel auf den Markt gebracht, zur Behandlung von Zwergwuchs bei Kindern.

Der Medienrummel um den Behandlungserfolg bei Robert Bensing führte dazu, daß HGH als eine Art „Jungbrunnen" betrachtet wurde. Für die begehrte Substanz zahlten Leistungssportler hohe Preise auf dem Schwarzmarkt. Denn das Mittel stand in dem Ruf, ein „magerer" und schwer nachweisbarer Muskelbildner zu sein. Gentechniker testeten HGH auf seine Tauglichkeit zur Bekämpfung von schweren Brandverletzungen. Darüber hinaus sollte HGH, sorgfältig dosiert, von krankhafter Fettleibigkeit befreien.

Schönheitsfarmen bieten Kuren mit den begehrten Hormonen an: für straffe Muskeln und als Zaubermittel gegen Falten und welkes Aussehen. Mediziner bezweifeln allerdings, daß die Wachstumshormone einen auf Dauer verjüngenden Effekt zeitigen, und warnen vor möglichen Nebenwirkungen wie erhöhtem Risiko von Hirntumoren und krankhaftem Knochenwachstum. Aber dennoch werden neben dem schon relativ alten Testosteron und Wachstumshormonen neuerdings noch verschiedene andere Cocktails als Jungbrunnen angeboten.

Die überraschenden Entdeckungen, die die Forscher bei der Anwendung von HGH machten, gelten in der Biotechnologie-Branche indessen erst als Spitze eines Eisberges.

Wunder dauern etwas länger

Bei dem Wettlauf um die Pillen für die ewige Jugend hat auch kein geringerer als der reichste Mann der USA seine Finger im Spiel: Computer-Milliardär Bill Gates investierte im Mai 1994 fünf Millionen Dollar seines Privatvermögens in die vielversprechende Gentechnik-Firma Darwin Molecular und ergatterte sich so einen Sitz im Vorstand. „Biotechnologie ist mein Hobby“, meinte der Microsoft-Gründer und Vorstandschef. „Neben Computern wird die Biotechnologie unsere Welt am meisten verändern“, prophezeit Gates. Auch er ist von der Idee fasziniert, den Code des Lebens zu knacken. Gates: „Ein Gen ist das raffinierteste Programm, das es gibt.“

Neben Bill Gates gehören steinreiche greise Öl-Millionäre zu den großen Sponsoren der Biotechnologie.

Ewige Jugend ist ein alter Menschheitstraum: Chinesische Alchemisten experimentierten vor 1500 Jahren mit „Unsterblichkeitsdrogen“ aus Zinnober und Honig. Den Einblick in das Netzwerk des Alterns haben amerikanische Genforscher durch das Erbgut von Menschen gewonnen, die an der Progeria adultorum leiden. Diese seltene Erbkrankheit beginnt mit etwa zwanzig Jahren und läßt die Betroffenen im Zeitraffer vergreisen.

Ein einziger Gendefekt ist für das Syndrom verantwortlich und setzt die fatale Kaskade des Alterns in Gang: ergraute Haare, Linsentrübung, Alterung der Haut, alterstypische Leiden wie Osteoporose, Arteriosklerose und Krebs.

Wissenschaftler der Rockefeller University in New York haben unlängst das „Langlebigkeitsgen" Apo E2 entdeckt, das vor der Alzheimer-Demenz und Herzerkrankungen schützen soll. Es handelt sich um eine von drei Varianten einer Erbanlage, die den Cholesterinstoffwechsel und die Erneuerung von Zellen steuert.

Die Visionen der Altersforscher richten sich indessen weniger auf das „ewige Leben" als vielmehr auf eine möglichst lange „Gesundheitsspanne".

In der Landwirtschaft spielt die Biotechnologie inzwischen ebenfalls eine große Rolle. Das US-Unternehmen Calgene entwickelte zusammen mit Campbell Soup, einem der größten weltweit tätigen US-Nahrungsmittelkonzerne, einen Weg, ein Enzym in Tomaten auszuschalten und dadurch die Früchte haltbarer und saftiger zu machen. Im Mai 1994 präsentierten die USA gentechnisch veränderte Tomaten, die besonders lange frisch und knackig bleiben und in den USA zum Handel und Verkauf zugelassen sind. Die Einfuhr nach Europa ist umstritten: Wenn schon, dann sollten solche Früchte ordentlich gekennzeichnet sein, fordern Verbraucherschützer.

Die pflanzliche Gentechnik zeigte schon einige Erfolge und wird zunehmend an Bedeutung gewinnen. Ein besonderes Augenmerk richten die Industrie-Forscher dabei auf wirtschaftlich lukrative Projekte wie die Konstruktion von Pflanzen, denen Viren, Schadinsekten oder aggressive Unkrautvernichtungsmittel nichts mehr anhaben können. Die hohe Anfälligkeit für Schädlinge, unter denen die maschinengerechten Monokulturen leiden, bietet ein breites Betätigungsfeld.

Mit der Kommerzialisierung solcher „transgenen Pflanzen" im großen Maßstab wurde 1995/96 begonnen. Mit von der Partie sind renommierte Firmen wie Novartis, Schering und Monsanto. Vermutlich gibt's die Gentechnik bald auch aus Babykostgläsern. Aber in weiten Teilen der Bevölkerung ist – was solche Verköstigung angeht – ein Sturm der Entrüstung ausgebrochen. Viele lehnen das „Nahrungsmittel-Design" ab.

Kritiker warnen im besonderen vor unbekannten giftigen Substanzen, die durch die Genmanipulation entstehen könnten. Deshalb sträuben sie sich, das „Novel-Food" vom Fließband zu konsumieren.

Die Pharma- und Nahrungsmittel-Industrie, seit ihren Ursprüngen eng verwandt und verzahnt, hat hier noch erhebliche Aufklärungsarbeit vor sich. Wer mag schon so ohne weiteres ohne Schale gezüchtete Orangen oder genmanipulierte Lachskolosse verspeisen.

Ferner werden Warnungen vor Stoffwechselveränderungen oder vermehrter Antibiotika-Resistenz laut. Neue Erbsubstanzen, so wird befürchtet, könnten in jene Bakterien eindringen, die der menschliche Organismus für seine Gesundheit braucht; Eiweißverbindungen, die durch Genmanipulationen entstehen, könnten Allergien auslösen, Fischeiweiß in Erdbeeren könnte zum Beispiel bei ahnungslosen Allergikern zum lebensgefährlichen Schock führen.

Solange man noch immer herzlich wenig vom Körper und seinen Genen weiß, wird leicht vergessen, daß der Mensch ein fein abgestimmtes Regelsystem ist. Jedes Individuum ist in Abhängigkeit von Genen und Umwelt unterschiedlich gestimmt. Deshalb ist jede Krankheit zutiefst in der individuellen Biographie verwurzelt. Ein und dasselbe Medikament wirkt bei verschiedenen Menschen oft unterschiedlich stark. Während manche Patienten überdurchschnittlich hohe Dosen eines Mittels benötigen, kann für andere bereits die normale Menge zuviel sein. Die Forscher müssen vorläufig schon froh sein, wenn sie auch nur die Erbsubstanz der Gattung Homo sapiens entschlüsseln können, ohne das jeweils einmalige Muster einer Person zu kennen. Auf genetische Appetitzügler müssen Dicke noch lange warten – wenigstens jene, die ein Fettpolster als Erbstück herumtragen. Auch zum Angsthasen oder Helden ist der Mensch, was seine genetische Ausstattung betrifft, offenbar schon geboren.

Die Gefahr, neben dem faszinierend Neuen das gute Alte zu vergessen, besteht anscheinend überall, wo der Mensch mit der Natur zu tun hat.

Die Gentechnik läßt ein neues Bild vom Menschen entstehen. Sie ist jedoch keine Heilslehre, und sie kann die Natur auch nicht auf ewiges Leben umprogrammieren. Doch sie wird wie keine andere Wissenschaft den Pharmamarkt verändern.

Schon Anfang der neunziger Jahre arbeiteten 76 Prozent aller im pharmazeutischen Bereich aktiven US-Unternehmen mit gentechnischen Produktionsanlagen. Auf dem Gebiet der Diagnostika, der Hilfsmittel zur Erkennung von Krankheiten, waren es sogar 96 Prozent.

Die Innovationsimpulse kamen und kommen weitgehend aus den USA, obwohl der Bereich Biotechnologie in der Alten Welt bei einigen Firmen, wie etwa bei der dänischen Novo Nordisk, schon ein Drittel und bei anderen, wie bei der französischen Elf-Aquitaine-Tochter Sanofi, gar 40 Prozent des Umsatzes ausmachen.

Der schweizerische Pharma-Gigant Hoffmann-La Roche sicherte sich schon 1990 für 2,1 Milliarden Dollar die Mehrheit an dem US-Branchenführer Genentech. Der Pharma-Multi avancierte damit zum größten Anbieter von gentechnisch bearbeiteten Produkten.

Die Schweizer Multis haben die Bedeutung der Bio- und Gentechnologie schon frühzeitig begriffen. Die Investitionen in dem Bereich betragen sieben Milliarden Dollar. Hoffmann-La Roche erwarb neben Gentech auch die einschlägig tätigen Firmen Protein, Gene Medicine, Hybridon. Die zu Novartis vereinten Ciba Geigy und Sandoz haben ihre Fühler auch überall: Zu dem Konzern gehören unter anderem die US-Gesellschaften Chiron, Isis Pharmaceuticals, Myriad Genetics, Cephaion, Genetic Therapie, Systemix und Pharmacopela.

Die Pharma-Riesen haben den Bereich Gentechnologie zwar durch eigene Entwicklungen gefördert, ihr eigentliches Standbein in diesem Zukunftsmarkt stammt jedoch von Akquisitionen, Kooperationen und Joint-ventures aus dem schier unerschöpflichen Pool der jungen amerikanischen High-Tech-Companies. Allein fürs jährliche „Überleben“ benötigen die rund 1500 Bio- und Gentechnologie-Unternehmen fünf Milliarden Dollar. Die Kleinen besitzen Ideen und den Ehrgeiz, aber kaum eigene Finanzmittel oder Marketing-Power. Das haben dafür die Pharma-Multis. Nur der Erfolg muß sich eines Tages einstellen. Der hängt allerdings oft über Jahre hohen materiellen und immateriellen Einsatzes hinweg buchstäblich am seidenen Faden. Manche Versuchsreihen bleiben jahrelang ohne Ergebnis in den Labors, und Hunderte von Millionen werden verpulvert. Bislang konnten von den einschlägigen US-Unternehmen nur vier nachhaltig in die Gewinnzone vorstoßen: Genentech, Amgen, Biogen und Chiron.

In die Biotechnologie fließen in den USA etwa 22 Prozent des Venture Capitals – mehr als in jede andere Branche. Hierzulande sind es nur 2,3 Prozent, was an der mangelnden Risikobereitschaft deutscher Investoren und Banken liegt.

Die Amgen Corporation, 1980 gegründet, wurde von Johnson & Johnson sowie Hoffmann-La Roche gesponsert. Die Bio-Tech-Schmiede landete mit den Medikamenten „Epogen“ für Nierenerkrankungen und „Neupogen“ für das Immunsystem (Krebsbekämpfung) zwei Volltreffer mit Märkten in der Größenordnung von jeweils über 500 Millionen Dollar jährlich. Binnen drei Jahren stieg der Amgen-Börsenkurs von 2 auf 80 Dollar.

Während der oft schwierigen und nervenaufreibenden Phase der Entwicklung, Tests und Zulassung einer neuen Arznei, muß die Gesellschaft genügend Kapital haben, um die Versuchsreihen, Gehälter und Gebühren für die technische Ausrüstung und das Marketing zu bezahlen.

Mit den herkömmlichen Bewertungsmaßstäben für Unternehmen sind die entwicklungsstarken Biotechnologie-Gesellschaften nicht zu klassifizieren. Die meisten von ihnen arbeiten über Jahre hinweg als pure Zuschußbetriebe. Wenn der Cash-Nachschub versiegt, dann droht die Pleite, und die Gesellschaft ist aus dem Rennen. Gängige Kennzahlen wie das Kurs-Gewinn-Verhältnis und die Dividendenrendite fallen bei Biotechfirmen flach. Dividendenzahlungen sind die Ausnahme, wie bei allen forschungsintensiven Firmen. Als wesentliche Daten dienen vielmehr Bezugsgrößen wie „years of cash left“, also der Vorrat an Liquidität, und die sogenannte „cashburn rate". Je länger der Cash-Vorrat für die Gehälter, die Forschung und die Bezahlung der meist geleasten Apparaturen reicht, desto günstiger die Überlebenschancen. Kommt sodann einmal ein großer jährlicher Cashburn, also eine Phase großen Geldverbrauchs, deutet dies auf eine hochtourige Entwicklung hin: laut den gängigen Analysten-Parametern ein positives Indiz für die baldige Fertigstellung möglicher Profit-Produkte. Die Cash-Verbraucher können so im Erfolgsfalle zu rasanten Profitbringern mutieren.

Einnahmen fallen erst dann an, wenn die Forschungsobjekte verkauft werden können, etwa an die kapitalkräftigen Pharma-Konzerne, die sogenannten „Corporate partners". Bereits zwischen 1987 und 1989 nahmen die Erträge aus Produktverkäufen von 220 auf 660 Millionen Dollar zu. 1996 betrugen sie über 12 Milliarden Dollar.

Die kleinen Biotechnologie-Unternehmen sind nicht immer glücklich über die Abhängigkeit von den Großen. Eigene Vertriebsapparate aufzustellen wäre aber zu kostspielig, so kassieren sie eben lieber Royalties und Lizenzgebühren.

In dem Wettrennen um Marktanteile haben die USA und Japan mit 41 und 36 Prozent eindeutig die Nase vorn. Für die Europäer hingegen bleibt derzeit nur ein magerer Anteil von unter 20 Prozent. Das hängt vor allem mit den gesetzlichen Rahmenbedingungen zusammen: Im Vergleich zu den USA und Japan hat das europäische Gentechnikrecht zu einem erheblichen Verwaltungsaufwand und enormen Verzögerungen geführt.

Das Förderungsprogramm „Biotechnologie 2000" des Bundesforschungsministeriums sieht jetzt ein milliardenschweres Hilfsprogramm vor: Mit Plakaten, Anzeigen und Podiumsdiskussionen („Gentechnik schafft Arbeitsplätze", „Gentechnik ist sicher") versucht die hiesige Gentech-Industrie, ihr Frankenstein-Image aufzuhellen.

Bayer, Schering und Hoechst zählen dennoch zu den internationalen Größen der Branche. Bayer beschäftigt beispielsweise rund 1000 Mitarbeiter in der Forschung, kooperiert mit mehr als zwei Dutzend Biotech-Labors und gehört weltweit zu den Top ten der Biotechnologie.

„Es gibt in Deutschland eine Wende in der Biotechnologie", erklärte das Max-Planck-Institut für Züchtungsforschung in Köln im August 1996.

Eines der jungen Unternehmen ist die 1994 entstandene Medigene GmbH in Martinsried/München. 24 Mitarbeiter, davon zehn promovierte Wissenschaftler, haben sich der Entwicklung einer neuen Generation therapeutischer Produkte zur Behandlung schwerer Herz- und Tumorerkrankungen verschrieben. Zwei gentechnisch hergestellte Tumorimpfstoffe wurden 1996 vorklinisch erprobt. Für später ist geplant, eine Partnerschaft mit einem Pharma-Unternehmen einzugehen.

Medigene, das 1,2 Millionen Mark jährlich umsetzte, ist in der Analytik der Erbsubstanz DNA weltweit führend. Den Start des Unternehmens ermöglichten zwei Millionen Mark von einer Risikokapitalgesellschaft und eine stille Beteiligung in Höhe von einer Million Mark von einer Tochter der bundeseigenen Deutschen Ausgleichsbank. An dem Unternehmen Plant Tec, das Substanzen zur Schädlingsbekämpfung in der Landwirtschaft herstellt und das mit 16 Mitarbeitern in Potsdam startete, beteiligte sich die Hoechst Schering Agrevo GmbH mit 20 Prozent.

Die Finanzierung solcher Gesellschaften ist in Deutschland das größte Problem. Die Banken erklären, sie wüßten nicht einmal, wie man die Namen der Geräte schreibt. Schon für ein kleines biotechnisches Labor sind Investitionen von 500.000 Mark notwendig.

Nach einer Studie des Hoffmann-La Roche-Konzerns befindet sich die Biotechnologie derzeit erst am Anfang eines phänomenalen Aufschwungs. Als Pilotphase des Biozeitalters werden die Jahre 1980 und 1985 angesehen, mit der Erfindung von künstlichem Humaninsulin und den monoklonalen Antikörpern. Erst ab dem Jahr 2015 wird die neue High-Tech-Ära in der „gentherapeutischen Phase" einen Höhepunkt erreichen. Dann soll mittels Gendiagnose und Beeinflussung der Genaktivität die Heilung von Krebsleiden, Aids, Multipler Sklerose, Alzheimerscher Krankheit, Parkinson, Erkrankungen des Nervensystems und weiterer heute als unheilbar geltender Krankheiten möglich werden.

Wie bei vielen Zukunftstechnologien ist jedoch auch hier nicht alles Gold, was glänzt. Für Fehlschläge gab es eine Vielzahl von Gründen: Unterschätzung der Entwicklungszeiten und Kosten, Überschätzung des Marktvolumens und falsche Beurteilung der Marktdynamik.

Faszinierende technologische Prozesse blenden häufig. Die Forscher begeisterten sich an ihren wissenschaftlichen Erfolgen und verkannten dabei, daß nicht allein faszinierende Technologie, sondern ihre Umsetzung in verwertbare Produkte den Erfolg ausmacht. Dies führte zum „Over-Engineering" und zum Tritt in die sogenannte „Innovationsfalle".

Euphorie und Ernüchterung wechseln in der Branche einander des öfteren ab. Bei Treffern gibt es riesige Gewinne, andernfalls herbe Enttäuschungen.

Freund Klon klopft an

Ausgerechnet im Mutterland von BSE feierten Wissenschaftler „einen Durchbruch" in der Tierzucht und der biologischen Forschung. Für Biologen gilt das geklonte Schaf Dolly als sensationeller Beweis dafür, daß die Erbinformation eines Säugetieres auch in einfachen Körperzellen – von der Haut bis zum Herzmuskel – noch geeignet sein kann, um Nachkommen zu erzeugen. Bislang waren ähnliche Versuche nur erfolgreich, wenn die Biologen das Erbgut aus Zellverbänden in einem frühen Embryonalstadium – also vergleichsweise kurz nach der Befruchtung einer einzelnen Eizelle – verwendet hatten. Nur rund 20 bis 40 „embryonale Stammzellen" (ES-Zellen) sollten nach bisherigen Erkenntnissen die Fähigkeit haben, ein komplettes Individuum heranwachsen zu lassen.

Nur zwei Tage nach der Vorstellung des Klon-Schafs „Dolly" in Schottland präsentierte ein Institut in Neuseeland drei weitere geklonte Lämmer. Dabei wurden Zellen ein- und desselben Embryos in Eizellen eingesetzt, denen zuvor die DNS als Träger des Erbguts entfernt worden war. Die genetisch identischen Lämmer hatten sich seit der Geburt zwölf Wochen zuvor normal entwickelt, sagte der Sprecher des Instituts AgResearch. Ziel des Forschungsprogramms sei die schnelle Vervielfachung von Nutztieren mit erwünschten Fleisch- oder Wolleigenschaften.

Dolly spiegle den Aufschwung der britischen Biotechnologie wider, verkündete die Presse und sah einen Zusammenhang zwischen Wissenschaft und der Dynamik der Börsenkurse. Danach ist es kein Zufall, daß Dolly in Schottland zur Welt gekommen ist. Das Schaf sei in einem Umfeld geklont worden, das typisch sei für Großbritannien als wichtigsten Standort der Gen- und Biotechnologie in Europa. Die Kombination von wissenschaftlicher Forschung und kleinen, dynamischen börsennotierten Gesellschaften führe zu immer mehr Neuentwicklungen. Ein Drittel aller europäischen Unternehmen der Biotechnologie ist in Großbritannien angesiedelt.

Angesichts eines neuen gentechnischen Experiments von Wissenschaftlern des Roslin-Institutes in Edinburgh, bei dem Ende Februar 1997 erstmals ein identischer Doppelgänger in Form eines ausgewachsenen Schafes geschaffen wurde, hat sich der Sturm der Entrüstung und Ablehnung verstärkt. Anfang März 1997 kam dann auch noch ein gedoppelter Affe hinzu. Aber „den geklonten Menschen darf und wird es nicht geben", beteuern die Politiker. Die Vertreter der Ärztekammer sahen darin einen „Frevel wider die Natur", und die Kirchen monierten einen „Verstoß gegen die Schöpfung".

Es gebe keinen besseren Maßstab für die Grenzen der Forschung als die Grundgesetz-Forderung nach der Wahrung der Würde des Menschen. Jeder Mensch sei eine einmalige Schöpfung, an der nicht herummanipuliert werden dürfe.

Jedenfalls erhoffte sich die Wirtschaft von der Methode langfristig neue Möglichkeiten in der Tierzucht: Besonders produktive Tiere könnten beispielsweise ausgewählt und mehrfach kopiert werden. Daß solche „Monokulturen im Stall" anfälliger für die Verbreitung von Seuchen – von BSE bis zur Schweinepest – sind, glauben manche Tierzüchter durch genetische Manipulation und Auswahl ausgleichen zu können. Auch könnte es die neue Methode vereinfachen, Tiere auf gewünschte Eigenschaften zu programmieren.

Aber die Natur macht nicht immer mit – wenigstens im Film. Lange bevor mit dem Schaf Dolly das erste erwachsene Säugetier geklont worden ist, haben sich Hollywoods Filmemacher schon mit dem Thema beschäftigt. Stephen Spielberg ließ in „Jurassic Park" Dinosaurier neu entstehen, Gregory Peck versuchte in „The Boys from Brazil" kleine Hitlers zu klonen. In den meisten Filmen rächt sich die Natur am Ende fürchterlich.

8 Krankheiten: Die Seuchen kommen wieder

Die Pharma-Industrie braucht bestimmt keine Existenzsorgen zu haben. Denn die Menschheit ist keinesweg so gesund, wie sie eigentlich sein müßte. Im Jahr 1996 starben 55 Millionen durch Infektionskrankheiten – weit über ein Drittel aller Todesfälle.

Auf den Philippinen etwa erliegt alle sechs Minuten ein Kind den Masern. Ursachen sind mangelhafte Ernährung, unzureichende hygienische Verhältnisse und fehlende Mittel, um alle Kinder zu impfen. Berichten der Weltgesundheitsorganisation (WHO) zufolge sind Infektionskrankheiten auf der Erde immer noch Ursache Nummer eins eines vorzeitigen Todes. An infektionsbedingten Erkrankungen der Atemwege starben 4,4 Millionen, an Durchfallerkrankungen und Tuberkulose jeweils 3,1 Millionen, an Malaria 2,1 Millionen und an Hepatitis B 1,1 Millionen sowie zusammen 1,1 Millionen Menschen an Tetanus, Keuchhusten und Wurmerkrankungen.

Die WHO meint: „Wir stehen bei den Infektionskrankheiten vor einer globalen Krise." Infektionskrankheiten und deren Gefährlichkeit nehmen eher zu als ab.

Ein Vergleich mit dem Jahr 1976 zeigt, daß außer den sogenannten klassischen Seuchen auch zahlreiche andere, oft tödliche Erreger nun die Menschen bedrohen. Allein in den vergangenen zwei Jahrzehnten wurden 14 bislang dahin unbekannte Bakterien und Viren identifiziert. Hinzu kommt noch der bisher unbekannte Erreger der Rinderseuche BSE, der im Verdacht steht, nicht nur die tödliche Creutzfeldt-Jakob-Krankheit hervorzurufen.

Der Optimismus, der den Menschen mit wirksamen Antibiotika als strahlenden Sieger über die bakteriellen Geißeln sah, ist verflogen. Die ersten Erfolge der Medizin gegen „alte" Infektionskrankheiten – wie etwa die Pocken – hätten, so die WHO, zu einer „fatalen Selbstgefälligkeit“ und einem Nachlassen der Anstrengungen geführt.

Heute sind selbst längst besiegt geglaubte Krankheiten wieder im Vormarsch: Tuberkulose- und Malaria-Erreger suchen die Menschheit mit nie gekannter Aggressivität heim, und Seuchen wie Cholera oder Gelbfieber treten in Regionen auf, die man bislang für sicher gehalten hatte.

Zu den alten Seuchen kommen neue, gefährliche Krankheiten, wie Aids und die sogenannten hämorraghischen Fiebererkrankungen, von denen die durch den Ebola-Virus verursachte die bekannteste ist. Insgesamt wurden in den letzten beiden Jahrzehnten 30 neue Infektionskrankheiten zum ersten Mal registriert.

Die Ursachen für die Zuspitzung der Lage sind vielfältig. Zum einem gibt es soziale und finanzielle Gründe. Bereits mit einer nur einen Dollar teuren Impfung ließen sich viele Todesfälle vermeiden, aber in den Ländern der dritten Welt fehlt das Geld, und die Organisation des Gesundheitswesens ist mitunter katastrophal. Andererseits macht eine wachsende Resistenz von Erregern gegenüber den verfügbaren Antibiotika zu schaffen. Es gibt inzwischen diverse Malaria- und Tuberkulose-Erreger, die nicht bekämpft werden können. 500 Millionen Menschen leiden an Malaria. Der Tourismus verbreitet innerhalb von Stunden Krankheitserreger von Kontinent zu Kontinent, und Klimaveränderungen schaffen bestimmten Krankheitsüberträgern neue Lebensräume. Die Pharma-Industrie hat hier wiederum ein ergiebiges Betätigungsfeld.

Die unkontrolliert wachsenden Städte mit ihren sanitären Problemen, die Flüchtlings- und Immigrantenströme fördern die Ausbreitung von Epidemien. Auch der erdumspannende Handel mit Nahrungsmitteln vergrößert wie die Flugreisen von einem Kontinent zum anderen das Ansteckungsrisiko.

Mit dem HIV-Virus sind bereits 30 Millionen Erwachsene infiziert. Mit Geschlechtskrankheiten steckten sich 1996 über 330 Millionen Menschen an. Ein weltweites Gesundheitsproblem wird die Hepatitis. Mindestens 350 Millionen Menschen sind chronische Träger des Hepatitis-B-Virus, weitere 100 Millionen tragen die Variante C in sich. Ein Viertel von ihnen wird an einem Leberleiden sterben, zu dem Viren beigetragen haben.

Doch ein erfolgversprechendes Konzept, wie man der vorhandenen globalen Bedrohung begegnen könnte, hat die Weltgesundheitsorganisation bislang nicht vorgelegt. Nachdem sie bei der Erkennung und Eindämmung der Ebola-Epidemie im Jahr 1995 in Afrika kläglich versagte, wurde immerhin damit begonnen, ein Informations- und Alarmsystem aufzubauen sowie eine mobile Eingreiftruppe zu schaffen, die bei Bedarf innerhalb von 24 Stunden an jedem Ort der Welt präsent sein kann. Allerdings wird selbst eine schlagkräftigere Weltgesundheitsorganisation den Kampf gegen die Mikroben nicht gewinnen können. So wichtig Impfstoffe und Antibiotika auch sein mögen, Bakterien, Viren und Parasiten sind mit medizinischen Mitteln allein nicht zu besiegen. Ein anderer Aspekt läuft auf die These hinaus: Die Mikrobe ist nichts, das Terrain ist alles – diesen Zusammenhang erkannte schon Louis Pasteur. Es handelt sich bei den Infektionen letztlich um ökologische Krankheiten. Die Eingriffe in die Natur sind es, die die menschliche Existenz zunehmend gefährden. Das Vordringen in die letzten, unberührten Winkel der Erde bringt uns mit unbekannten Erregern in Kontakt. Der Wandel in der Landwirtschaft führt zur Veränderung von Flora und Fauna, die die Ausbreitung neuer und alter Krankheitserreger begünstigt. Die Tierhaltung und der Tierhandel sind weitere Gefahrenherde. Und bei den Schutzimpfungen bestehen große Lücken.

Wenn von einem „Comeback der Seuchen“ die Rede ist, lehnen wir Europäer uns meist bequem zurück. Exotische Krankheiten wie das Lassa-Fieber, Rift-Valley oder Krim-Kongo verursachen hierzulande kaum mehr als schaurigen Nervenkitzel.

In den USA analysiert seit eineinhalb Jahren eine spezielle Arbeitsgruppe unter Leitung des Center for Disease Control and Prevention (CDC) solche Krankheiten und ihre Ursachen. Die Euphorie im Kampf gegen die globalen Infektionskrankheiten, so heißt es im Abschlußbericht, sei verfrüht gewesen. Abgesehen von der bedrohlichen Zunahme der Aids-Infektionen und damit einhergehender Tuberkulose in den USA nennen die Autoren weltweit „signifikante Ausbrüche“ von Cholera, Malaria, Gelbfieber und Diphterie. Die Gründe für den scharfen Anstieg vieler Infektionskrankheiten seien „komplex und noch nicht völlig verstanden“.

Die neuen Krankmacher

Fast 100 Millionen US-Bürger leiden unter chronischen Krankheiten – 20 Millionen mehr als Mitte der achtziger Jahre. Häufigste Leiden: Diabetes, Herzbeschwerden und Arthritis. Die Behandlungskosten belaufen sich auf astronomische 995 Milliarden Dollar pro Jahr.

Etwa 1,5 Milliarden Menschen leiden an psychischen Störungen. Weniger als 50 Prozent der Betroffenen nehmen ihre Krankheit überhaupt zur Kenntnis, und lediglich ein Prozent begibt sich in psychiatrische Behandlung.

Die Ursache dafür sehen Ärzte in gewissen gesellschaftlichen Fehlentwicklungen: Kinder werden zunehmend von der Situation in Schule, Ausbildung und in der Familie überfordert. Generell sind Patienten, die an Psychosen oder Angstsymptomen leiden, immer jünger. Schon Kinder im Alter von zehn und elf Jahren flüchten in Scheinwelten, greifen zu Drogen oder leiden immer häufiger an Eßstörungen.

Unter den Suchtgefahren gilt das Rauchen als Einstiegsdroge Nummer eins. Die Hemmschwelle von Erwachsenen, die vor ihren Kindern zur Zigarette greifen, ist stark gesunken.

Das Schulalter ist kaum noch als gesündester Lebensabschnitt anzusehen. Rund 25 Prozent der Mädchen und 31 Prozent der Jungen leiden unter Allergien, Phobien oder Asthma. Die Sehfähigkeit war bei 18 Prozent der Mädchen und 16 Prozent der Jungen beeinträchtigt. Etwa drei Prozent der Mädchen und sechs Prozent der Jungen zeigten Auffälligkeiten in ihrer seelischen und schulischen Entwicklung. Auch schlechte Ernährung, Bewegungsmangel und fehlende sportliche Betätigung wurden relativ häufig registriert.

Signifikante Befunde bei den Jugendlichen betrafen Zähne, Haut, Skelett und Übergewicht.

Insgesamt zeichnet sich der Trend ab, daß Bindungen und Normen, Familien- und Gesellschaftsstrukturen immer mehr an Bedeutung verlieren. Der Jugendliche ist zunehmend auf sich allein gestellt. Die Folgen: soziale und kulturelle Ungewißheit, moralische und wertemäßige Widersprüchlichkeit und eine erhebliche Zukunftsunsicherheit. Heranwachsende können sich bei der Organisation ihres Lebens immer weniger auf soziale Traditionen, Vorgaben und Regeln stützen.

Immer mehr junge Menschen versuchen, ihr Gehör mittels martialischer Musik zu ruinieren. Die einen greifen bevorzugt zum Walkman, die anderen lassen ihre Ohren lieber in der Disko traktieren. Der Trend hat fatale Folgen: Wissenschaftler vom Institut für Arbeitsmedizin der Universität Düsseldorf checkten das Hörvermögen von fast 2000 Wehrpflichtigen und stellten fest, daß bereits rund ein Viertel der jungen Männer zwischen 16 und 24 Jahren akustisch nicht mehr alles mitkriegt. Jugendliche, die mehr als 500 Stunden lang lauter Musik aus ihrem Walkman gelauscht hatten, litten doppelt so oft unter Gehörschäden wie Altersgenossen, die nur selten den Kopfhörer aufsetzten. Jeder zehnte junge Mensch nutzt seine Ohren heute binnen kurzer Zeit ab, schätzen die Experten. Fünf Jahre Dröhnen schafft, was sonst ein ganzes Leben dauert: 25jährige hören so schlecht wie 75jährige. Jede Schallwelle, die unsere Ohrmuschel einfängt, durchwandert zuerst den Gehörgang des Außenohrs. Hohe Töne zwischen 2000 und 6000 Hertz, für das Verständnis von Sprache besonders wichtig, werden hier bereits um das Doppelte verstärkt und versetzen das Trommelfell in Schwingung. Hammer, Amboß und Steigbügel, die drei Miniknochen im Mittelohr, nehmen diese Vibrationen auf, verstärken den Schall 180mal und leiten ihn ins Innenohr – eine phantastische Einrichtung. Hier arbeiten, von Lymphflüssigkeit umhüllt, rund um die Uhr 30.000 Haarzellen, sortieren die Geräusche nach Tonhöhe und senden die phonetische Botschaft ins Hirn.

Unsere Hörzellen sind heranstürmendem Lärm so hilflos ausgesetzt wie die Küste der Brandung; anhaltende Wellen aufklatschender Schallbrecher zumürben sie. Zwar können sich Hörzellen in gewissem Umfang erholen; starke Überlastung aber reibt sie unwiederbringlich auf. In der Natur kommen Geräusche über 85 Dezibel (dB) Lautstärke selten vor – das entspricht etwa dem Lärm einer vorbeidonnernden U-Bahn.

Aus der Schwerhörigkeit erwachsen möglicherweise schwere soziale Probleme, denn noch immer ist das uralte Vorurteil „taub gleich dumm" weit verbreitet – und wer immer öfter Wichtiges nicht mitbekommt, wird im Laufe der Zeit geschnitten und einsam.

Der Walkman fungiert als technischer Tröster und sorgt dafür, daß sich kein störender Gedanke breitmacht – man dröhnt sich akustisch zu.

Der Weltmarkt für Hörgeräte wird sich bis zum Jahr 2000 verdoppeln. Aber der Anteil der Schwerhörigen steigt nicht nur altersbedingt. Die lärmgeschädigten Jugendlichen der Disko- und Technogeneration bildet ein riesiges Reservoir an zukünftigen Benutzern von Hörgeräten. Bereits heutzutage hätte jeder zehnte der Bevölkerung einen entsprechenden Kleincomputer zur besseren Verständigung im Ohr nötig. Aber erst zwei Prozent in den Industrieländern verbessern ihr Gehör mit technischen Hilfsmittel. Von dieser Entwicklung profitieren unter anderen die Firmen Siemens, Philips, Octicon (Dänemark), Phonak (CH) und Resound (USA).

Gesellschaft: Die Angst läuft mit

Der kürzlich verstorbene US-Gesellschaftskritiker Vance Packard wies mit präzisen Zahlen nach, daß die zunehmende Anonymität in immer größeren Städten mit einer steigenden Verbrechensrate einhergeht. Beziehungslosigkeit, Kälte, Einsamkeit, Alkoholismus, Drogensucht, all dies sind Folgen einer Entwicklung, die eine „Nation von Fremden" entstehen ließ.

„Das Angstniveau war in Deutschland noch nie so hoch wie in 1996", sagten Versicherungssprecher. Dazu kommt die fortschreitende Hysterisierung der Gesellschaft.

In den Medien gerinnen jede Menge Verdachtshinweise vorschnell zu Tatsachen, etwa „BHs machen Brustkrebs“ oder „Enge Unterhosen beeinflussen die Spermienqualität“ oder „Kaffee erhöht Infarkt-Häufigkeit“.

Gebratene Eier mit Speck? Verboten. Finger weg von goldgelber Butter, von fetter Wurst, Krabben und sonstigem Schalengetier – alles Cholesterinbomben und damit Gift fürs Herz. Seit über 30 Jahren warnen Ernährungsexperten – mit Blick auf die infarktfördernde Erhöhung der Blutfette – vor allen cholesterinhaltigen Leckereien.

Neuere Forschungen bringen womöglich Entspannung an den Eßtisch: Sie zeigen nun, daß diese Empfehlung offenbar nur für Menschen gelten muß, bei denen eine familiär bedingte Veranlagung zu hohen Blutfettwerten und frühzeitigem Auftreten von Herz-Kreislauf-Erkrankungen vorliegen. Bei genetisch unbelasteten Essern erhöht zwar der reichliche Genuß von Fetten den Cholesterinspiegel. Aber sogar ein Tageskonsum von vier Eiern zeigte bei diesen Menschen keine Auswirkungen auf den Cholesterinwert des Organismus.

Die Medien verbraten täglich Tausende solcher Meldungen. Sie führen in der Öffentlichkeit zu einer „Epidemie der Ängste“, wie der amerikanische Mediziner und Essay ist Lewis Thomas formuliert.

„Was soll die Öffentlichkeit glauben?“ hieß es in einem Leitartikel des „New England Journal of Medicine“, des angesehensten Fachblatts der weißen Zunft, zu der angstmachenden Spurensuche nach Krankheitsursachen: Gesundheitsbewußte Bürger sähen sich immer häufiger „widersprüchlichem Rat ausgesetzt“. Kaum hätten sie die Ergebnisse einer wissenschaftlichen Studie zur Kenntnis genommen, „erfahren sie von einer anderen, mit genau entgegengesetztem Resultat“.

Rosige Pharma-Zukunft

Im übrigen steigt nach Meinung des Schering-Chefs Giuseppe Vita das Gesundheitsbewußtsein der Bevölkerung ohnehin. Das läßt sich auch an der sich entwickelnden gesellschaftlichen Mittelklasse in den wirtschaftlich aufstrebenden Ländern Südostasiens beobachten, wo sich derzeit Krankenversicherungssysteme für diese Schichten bilden. Vita: „Gesundheit ist einer unserer Hauptwerte. Ich mache mir nicht viel Sorgen um ihre Bezahlung, solange die Deutschen fast 70 Milliarden Mark jedes Jahr für Auslandsreisen ausgeben."

Manche ursächlichen Gründe für das Wohlergehen der Wachstums-Branche Pharma liegen auch anderswo. Chronische Langeweile oder Unterforderung führt dem Arzt und der Pharma-Industrie wertvolles „Patientengut" zu. Nach dem Urteil schlauer Zeitgenossen ist der Hypochonder ein Produkt davon. Er sorgt für Auslastung der Geräte und probiert alles aus. Nach Durchgang sämtlicher medizinischer Disziplinen im Laufe seiner Patienten-Karriere kommt er leicht auf 150 verschiedene Medikamente, sei's gegen Blähungen, Durchblutungsstörungen, Herzinsuffizienz oder die berüchtigte vegetative Dystonie. Er ist einer der besten Kunden des Medizinbetriebes. Andererseits loben Kenner die kreative Langeweile als Ursprung der Kultur. Als dem Urmenschen, so eine „alternative" Theorie, das Herumhängen in den Ästen zu öde wurde, stieg er von den Bäumen, machte aus ihnen Papier und fing an zu schreiben.

Für eine breite „Streuung" von Medikamenten sorgen offenbar noch mehrere andere Eigenarten der menschlichen Natur. Die Medizinbetriebe in den USA, England, Frankreich und der Bundesrepublik fördern verblüffende Unterschiede im diagnostischen und therapeutischen Repertoire zutage. Und manche diagnostizierten Krankheiten treten je nach Nationalität in sehr unterschiedlicher Bedeutung auf. Ebenso pflegen die Ärzte typische Krankheiten mit großer Sorgfalt. So ist die intensive Befassung mit Herz und Kreislauf eine typische Eigenart der deutschen Mediziner. Sie verordnen sechs- bis siebenmal so viele Digitalispräparate wie ihre Kollegen in England oder Frankreich. In Deutschland gilt der niedrige Blutdruck (Hypotonie) ab einer bestimmten Ausprägung als Krankheit, während er bei amerikanischen Lebensversicherungen zu einer Prämienermäßigung führen kann, meint der Arzt Dr. Hans Biermann. Die medikamentöse Behandlung der Hypotonie gehört in Deutschland zu den häufigsten Verrichtungen der allgemeinärztlichen Praxis. Daß die Deutschen unablässig mit ihrem Herzen befaßt sind, erklärt die

US-Biochemikerin Lynn Payer in ihrer Studie „Medicine and Culture“ mit der deutschen Romantik. Schon in den Werken Goethes und Schillers spiele das Herz eine Sonderrolle als wichtiger Bedeutungsträger, um schließlich in der romantischen Literatur zum fast metaphysisch verklärten Zentralort der Gefühle, der musikalischen Empfindung, ja sogar der nationalen Empfindung stilisiert zu werden.

Während die Deutschen ständig auf ihr Herz lauschen, sind die Franzosen offenbar vornehmlich mit ihrer Leber befaßt. Viele Störungen der Befindlichkeit führen sie auf das mächtige Bauchorgan zurück – Kopfschmerzen und Migräne, Menstruationsbeschwerden und Hautausschläge, Herpes oder Akne, Heuschnupfen, niedrigen Blutdruck ebenso wie hohen. Nicht von ungefähr sind die Franzosen die Weltmeister im Schlucken von Leberpräparaten: Ihr jährlicher Konsum liegt dreimal höher als derjenige der Amerikaner. Die „crise de foie“, die Leberkrise, gehört anscheinend zum festen Bestandteil einer französischen Lebensgeschichte.

Amerikanische und englische Ärzte verordnen schnell und ausgiebig Antibiotika, die im Supermarkt und Drugstore frei erhältlich sind. Andererseits können englische Ärzte die deutsche Vorliebe für Kombinationspräparate, die bis zu einem Dutzend verschiedener Substanzen enthalten, nicht nachvollziehen. Dem Verständnis, daß jede Substanz einzeln begründet eingesetzt werden müsse, entspricht auch die englische Praxis der Medikamentenzulassung.

Der Themenkomplex Medizin und Medikamente ist im Fernsehen mit allerlei Sendungen stets präsent und bei Zuschauern ausgesprochen populär. Gesundheitsmagazine und Ratgebersendungen gewähren reichlich Möglichkeiten für offenes oder verdecktes Sponsoring bzw. für Produktwerbung. Die Nachrichtensendungen ergehen sich teils in Horrormeldungen über Fehler der Behandler, Pfleger, Krankenhäuser etc., teils in optimistischen Berichten über neue Entdeckungen, Heilmethoden, diagnostische Hilfen und Verbesserungen, die dann sofort die Begierde der Patienten wecken und deren Wunsch, selbst auch in den Genuß dieser Neuerungen zu kommen.

Schon seit Jahren plagt die Bürger die Sorge um ihre Gesundheit am meisten. So wird ihnen vielfach durch Werbung suggeriert, „daß jedes Problem, ob seelisch oder körperlich, mit einem Arzneimittel gelöst werden kann". Dies beeinflußt die Erwartungshaltung der Patienten auch beim Arzt, so daß sie ohne Verordnung eines Medikaments meinen, falsch behandelt zu sein.

Hinzu kommt die Umwelt als mögliche Ursache von Krankheiten mit inzwischen mindestens fünf Dutzend Symptomen: Angst, negative Erwartungen und Vorstellungen sind Risikofaktoren. In Australien und Neuseeland wagen sich viele Menschen im Sommer nur noch lichtdicht vermummt und mit Sunblocker-Creme ins Freie. Das ständig wachsende Ozonloch macht die Sonnenstrahlen zu einem Hautkrebsrisiko. In deutschen Großstädten warnen die Wetterdienste an besonders heißen Tagen Sportler und Kinder davor, allzu heftig an der frischen Luft herumzuspringen, wenn zuviel Ozon am Boden die Lungen und Schleimhäute reizt. Und in ihren eigenen vier Wänden fühlen sich Menschen zunehmend von einer unüberschaubaren Zahl von Chemikalien bedroht, die aus Wand, Decke, Schrank oder Tapete dringen. 130.000 unterschiedliche Substanzen soll es im Handel geben. Empfindliche Zeitgenossen fürchten sich vor Gesundheitsschäden durch Pyrethroide, Pentachlorphenol oder Formaldehyd.

Während die Patientenzahlen in der klassischen Arbeitsmedizin seit Jahren gleichbleiben, steigen sie in der Tochterwissenschaft Umweltmedizin ständig an, befindet Thomas Kraus von der umweltmedizinischen Beratungsstelle der Universität Erlangen-Nürnberg. Nur etwa ein Drittel seiner Patienten erlitt Schäden bei der Arbeit. Ärzte, Ingenieure und Chemiker haben sich darauf bereits eingestellt: Umweltlabors schießen wie Pilze aus dem Boden; das Analyse-, Diagnose- und Therapieangebot wächst schnell.

Die Pharma-Industrie trifft daran keine Schuld. Dennoch: Auch diese Entwicklung dürfte in den kommenden Jahren einen hervorragenden Nährboden für den Medikamentenverkauf abgeben.

Steht die Pharma- und Gesundheits-Industrie womöglich erst am Anfang eines neuen goldenen Zeitalters? Der Wissenschaftler Leo

A. Nefiodow erklärt Boom und Krise von ganzen Wirtschaftszweigen und Epochen anhand der sogenannten Kondratieff-Zyklen. Sie verdeutlichen die langen Wellen der Konjunktur und ihre Basisinnovationen. Der „erste" Kondratieff fiel demnach in die Jahre 1800 bis 1850 mit der Erfindung der Dampfmaschine. Die zweite Phase bis 1900 gehörte Eisen und Stahl, die dritte bis 1950 der Elektrotechnik und Chemie, die vierte bis 1990 der Petrochemie mit dem Automobil. Zur Zeit leben wir nach den Kondratieff-Zyklen am Beginn des Zeitalters der Informationstechnik. Doch welches Gebiet füllt den nächsten Kondratieff aus. Viele meinen, im Laufe des nächsten Jahrhunderts beinhalte der sechste Wellen-Abschnitt das riesige Gebiet „Ganzheitliche Gesundheit" als großen „industriellen Trend". Demnach also ebenfalls rosige Aussichten für die Pharma-Industrie.

Kommen auch Männer in die Wechseljahre? Eine Hormonkur soll müde gewordene Herren wieder potent und munter machen. Das menschliche Hirn steht vor der Bewußtseinskrise. Gibt's bald die Pille gegen Suchtkrankheiten? Hirnforscher jedenfalls ergründen die Wirkung von Drogen und suchen nach neuen Wegen aus der Abhängigkeit. Die zunehmende Reizüberflutung verändert die Aufnahme, Verarbeitung und Speicherung von Informationen im Gehirn. Die Folge: Wir brauchen immer stärkere Reize, um aktiv zu werden. Welche Pille oder welcher Arzneimix hilft einem auf die Sprünge? Gerade im Bereich der neuen Zivilisationskrankheiten dürfte die Pharma-Industrie ein reichhaltiges Betätigungsfeld vorfinden.

Schließlich besonders wichtig: In den Industriestaaten nimmt das Durchschnittsalter der Bevölkerung deutlich zu. Diese Entwicklung wird sich in den kommenden Jahren sogar noch beschleunigen, am stärksten in Japan, wo bis zum Jahr 2020 circa 25 Prozent der Bevölkerung 65 Jahre oder älter sein werden. Für die Pharma-Industrie und deren Gewinne ist dies von besonderer Bedeutung, weil mit zunehmendem Alter ein größerer Medikamentenbedarf einhergeht. Bei vielen dieser Patienten findet eine Dauermedikamentation statt. Demzufolge gilt dieser Patientengruppe die besondere Aufmerksamkeit der Branche.

In Deutschland nehmen zum Beispiel nur 20 Prozent der unter

45jährigen und nur 10 Prozent der Jüngeren täglich ein Medikament – in der Hauptsache gegen Schmerzen und Erkältungen, die Älteren dagegen Mittel gegen Herz-Kreislauf- oder Stoffwechselerkrankungen.

Der jährliche Pro-Kopf-Verbrauch an Medikamenten belief sich Mitte der neunziger Jahre in Japan auf 477 Dollar, in Frankreich auf 322 Dollar, in USA auf 303 Dollar, in Deutschland auf 256 Dollar, in Italien auf 210 Dollar, in Kanada auf 205 Dollar und in Großbritannien auf 138 Dollar.

9 Arzneienhandel: Die Marge stimmt

So können auch die Pharma-Händler mit einem außergewöhnlichen Wachstum aufwarten.

Die Sanacorp AG, seit Oktober 1996 börsennotiert, brachte es in den zweieinhalb Jahrzehnten bis Mitte der neunziger Jahre von einer 40-Millionen-Handelsgenossenschaft bis zu einer Milliardenumsatz-Aktiengesellschaft. Der Börsengang war den Banken eine 50 Seiten starke Analyse wert. Der Aufwand lohnte sich. Die Aktien wurden 37mal überzeichnet. Auf der Rangliste der besten deutschen Neuemissionen des Jahres 1996 kamen die Sanacorp-Aktien mit 36 Prozent Kurssteigerung auf Platz zwei.

Nur fünf große Anbieter teilen sich den deutschen Markt mit einem Gesamtvolumen von über 30 Milliarden Mark. Sanacorp hält 15 Prozent davon, Gehe 19 Prozent, Phoenix 29 Prozent, Anzag 16 Prozent, Novea 6 Prozent und die restlichen kleineren Firmen 17 Prozent.

Auch der Stuttgarter Pharma-Großhändler Gehe AG verdiente prächtig. Der Vorsteuergewinn kletterte 1996 auf über 400 Millionen Mark, nach gut 350 Millionen Mark im Vorjahr. Das Unternehmen nennt sich selbst europäischer Marktführer.

Die börsennotierte Gesellschaft gehört zu 50,1 Prozent dem Duisburger Handels- und Dienstleistungskonzern Franz Haniel & Cie.

Sie besitzt auch die 1995 zugekaufte britische Pharma-Großhandelsgruppe AAH, Lincoln, und den französischen Marktführer OCP, Paris. Mit dem Erwerb des Pharma-Großhändlers Lloyds Chemists stiegen die Stuttgarter mit einem Anteil von 40 Prozent auch in Großbritannien zum Marktführer auf. Mit rund 1280 Apotheken ist Gehe neben der Firma Boots, die zur deutschen BASF-Gruppe gehört, der führende Arzneihändler auf der Insel.

Gehe rechnet mit 20prozentigen jährlichen Umsatzzunahmen. Zu Gunsten des Handels wurden sogar große Teile der eigenen Pharma-Produktion verkauft, was 1,2 Milliarden extra in den Kassen brachte. Der Aktienkurs gehörte mit über 2000 Prozent plus zu den Börsenraketen der neunziger Jahre.

Gerade im Bereich Distribution vermögen die Pharma-Händler einiges zu leisten. Bei der Sanacorp umfaßt das Sortiment zwischen 65.000 und 95.000 verschiedene Produkte, die auf Wunsch dreimal täglich an jeden der über 8000 Apotheken-Kunden in der ganzen BRD ausgeliefert werden können. Pausenlos sind die kleinen blauen Kästen im Einsatz, die per Computer über ein 2,5 km langes Schienennetz gesteuert werden. Sie machen halt vor Automaten, die Medikamente ausspucken, fahren weiter auf computererrechneten Wegen, werden gewogen, um die Vollständigkeit der Herstellung zu prüfen. Die Apotheken hängen an den Pharma-Händlern wie an einer Nabelschnur. An der Gesundheit, so lautet auch hier das Branchen-Credo, werde niemand sparen.

Auf den Pillen-Zwischenhandel haben sich weder die Gesundheitsreform noch eine schwächere Konsumneigung groß gewinnmindernd ausgewirkt.

Die Profiteure bekommen auf ihren Konten beachtliche Summen gutgeschrieben. Bei dem Medikament „Epoetin", das Dialysepatienten verschrieben wird und von dem jede Packung 2000 Mark kostete, blieben Arzneihändlern beispielsweise jedesmal 700 Mark in der Kasse.

Die Pharma-Industrie hilft hierbei diskret nach: Von vielen Medikamenten, so beklagte der Sachverständigenrat in seinem Gutachten schon 1991, sind die „therapiegerechten Packungsgrößen" vom Markt verschwunden. Und nur 47 Prozent des Medikamentenpreises in der Apotheke entfallen auf den Hersteller-Abgabepreis. Den Rest teile sich der Zwischenhandel. Und von 1000 Mark, die per Reformen aus dem Arzneimittel-Ausgabekuchen herausgeschnitten wurden, landeten nur weniger als 500 Mark als Umsatzeinbuße bei der Industrie.

Indessen ärgern 16 Firmen seit 20 Jahren Apothekerverbände, Arzneimittel-Großhändler und Pharma-Manager, indem sie mit Re-Importen die Handelsspannen drücken und selber Profite erzielen.

Das Erfolgsrezept ist einfach: Sie kaufen im Ausland Sortimente auf, die sie in der BRD sodann billiger anbieten.

Dafür gibt der Auslandsmarkt einiges her: Bei Antibabypillen, Herzmedikamenten und Zellgiften für die Krebstherapie (Zytostatika) können Verbraucher und Krankenkassen bis zu 30 Prozent billiger einkaufen Ein ähnliches Einsparvolumen orteten Fachleute auch bei Asthma-Mitteln und teuren Medikamenten wie „Cyclosporin", das nach Organtransplantationen verabreicht wird.

Bis zu 560 Millionen Mark im Jahr, so errechneten Experten, könnten die Kassen bei konsequenter Ausnutzung der Importvorteile jährlich einsparen, aber in der Praxis ist das leider nicht umzusetzen.

Der größte Teil der reimportierten Präparate sind Markenartikel. Sie kommen oft aus ein- und demselben „Drageekessel". Gleichwohl sind nicht alle Importmedikamente mit den hierzulande angebotenen Produkten identisch.

Aber inzwischen haben Pharmalobby und Apothekerverbände ihre früheren Attacken gegen die Importarzneien eingestellt. Die neue Sprachregelung lautet nun, es handle sich hier nur um eine „Nische" mit jährlich 500 Millionen Mark Umsatz.

Die Folgen des Gesundheitsstrukturgesetzes haben die Pharmahändler jedenfalls überzeugend gemeistert.

Die Analysten der DG Bank in Frankfurt meinten: „Wir gehen davon aus, daß der Markt für pharmazeutische Erzeugnisse, und somit auch der Pharmagroßhandel, in Zukunft weiter wachsen wird. Für Deutschland erwarten wir weiterhin jährliche Zunahmen von durchschnittlich über vier Prozent. Bei der 1997 aktuellen Rechtslage erscheinen sogar sechs bis acht Prozent möglich. Die Nachfrage für qualitativ hochwertige medizinische Versorgung wird Preise und Absatzmengen auf dem Arzneimittelmarkt auch zukünftig in die Höhe klettern lassen. Reformen werden den Pharma-Markt nicht entscheidend treffen. Bisherige Erfahrungen zeigen, daß die Verlagerung der Finanzierung der Arzneien von den Krankenversicherern auf den Selbstzahler den Verkauf von Medikamenten sogar steigert.

Ebenso wie im Verhältnis zu den Ärzten hat die Pharma-Industrie auch in Beziehung zu den Apotheken ein nahezu vollständig gleichgerichtetes Interesse an steigenden Umsätzen.

Aber diese Arznei-Relaisstationen fürchten mehr um ihre Pfründe.

10 Apotheker: Die armen Reichen

Den Apotheken erwächst von mehreren Seiten Konkurrenz. Die Post plante einen Versandhandel für Arzneimittel und sorgte damit für erhebliche Irritationen bei den akademischen Präparateverkäufern.

Auch von Seiten der Krankenkassen wächst der Druck. Sie fordern aus Kostengründen, Versandapotheken zuzulassen, die zum Beispiel chronisch Kranke direkt mit Medikamenten beliefern. Sie monieren, daß Pillen und Tinkturen auf dem Weg vom Hersteller zum Verbraucher um durchschnittlich 45 Prozent teurer werden. Diese Differenz „muß deutlich reduziert werden", so die Geschäftsführer des Verbandes der Angestellten-Krankenkasse (VdAK). Auch bisher gewährte Rabatte stehen zur Disposition.

Gut zwei Drittel des Umsatzes wickeln die Apotheken mit den Krankenkassen ab. Zum Ärger der Heilberufler schielen auch die Drogerieketten auf das Medikamenten-Geschäft. Die Drogerien wehren sich wiederum gegen die „Wilderei" der Apotheken mit ihrem Ausflug ins Parfümerie-Segment.

Die Apotheker verteidigen ihre Spannen. Versandhandel wäre „Rosinenpickerei". Apotheken-Ketten nach Aldi-Vorbild mit billigen Medikamenten werden vehement abgelehnt.

Die Pharma-Hersteller eilten zu Hilfe und erkärten, man baue auf die bewährte Versorgungsstruktur. Während in Großbritannien, Irland und Belgien Apotheken-Ketten erlaubt sind, gilt in Deutschland noch das Prinzip „ein Apotheker – eine Apotheke". Ein Trend zur „Filialisierung" ist jedoch unverkennbar.

Schließlich haben die Apotheker auch noch die Segnungen des beginnenden Informationszeitalters zu fürchten. Der Präparate-Versand per Internet hat schon längst begonnen. Von London aus beliefert zum Beispiel die „Express Medical Services" deutsche Endverbraucher gegen Einsendung des Rezepts mit Hormonpräparaten oder auch Antibabypillen – zu weitaus günstigeren Preisen, als sie hierzulande üblich sind. Das ist zwar nach deutscher Auffassung rechtswidrig, doch das Handwerk konnte man den Briten bisher nicht legen, weil die vorhandenen deutschen Urteile durch die britische Justiz zugestellt und vollstreckt werden müßten. Die dortigen Richter sehen allerdings keinen Handlungsbedarf.

Die traditionellen Absatzkanäle erhalten somit zunehmend Konkurrenz. Via Teleshopping, wie es bereits von britischen Herstellern praktiziert wird, können per TV nichtapothekenpflichtige Medikamente aus ganz Europa geordert werden. Nur bei apothekenpflichten Medikamenten besteht Einigkeit hinsichtlich eines Teleshopping-Verbots. Aber wie lange noch, scheint fraglich. Im Internet tummeln sich schon die ersten Anbieter, die auch verschreibungspflichtige Packungen im Sortiment führen. Der Bezug der heißen Ware ist hierzulande auch möglich. Bestellte Testkäufe kamen jedenfalls an.

Die Apotheker wehren sich, schließlich seien sie in Fragen der Selbstmedikamentation der „wichtigste Ansprechpartner" – etwa dergestalt: Mit Medikamenten ist es wie mit der Liebe: Man weiß nie, was passiert, wenn zwei zusammenkommen. Fragen Sie Ihren Apotheker!

Die Bundesvereinigung Deutscher Apothekerverbände fürchtet indessen die wirtschaftliche „Verlumpung" ihrer Mitglieder. Sie trete nur deswegen nicht deutlich ans Tageslicht, weil Selbstausbeutung mit Monatseinkommen zwischen 2000 und 3000 Mark den Ruin verhinderten.

In der Tat sind die Geschäfts-Ergebnisse manchmal düster. Rund 40 Prozent der Apotheken könnten eigentlich nicht mehr am Markt bestehen – zumindest, wenn man die betriebswirtschaftlichen Maßstäbe wie die Verzinsung des eingesetzten Kapitals oder einen realistischen Unternehmerlohn mit einbezieht.

Während ihre Umsätze seit 1979 zwischen 5 und 9,6 Prozent jährlich wuchsen, erfolgte 1993 nach 23 Jahren erstmals ein Absturz um 10 Prozent. Die harten Schnitte der Gesundheitsreform von 1992 verursachten dem wichtigsten Pharma-Verkaufskanal ein Viertel weniger Gewinne, weil die Ärzte infolge der Budgetierung weniger Rezepte verschrieben. Aber selbst die gewiß nicht unternehmerfeindliche Zeitschrift „Wirtschaftswoche" meinte, „eine Bereinigung wäre an sich längst überfällig gewesen".

Jedenfalls waren die üppigen Zeiten, in denen man sich als Heilberufler fühlen und wie ein Unternehmer verdienen konnte, vorerst einmal vorbei. Eine Apothekenlizenz war lange sozusagen „der Erlaubnis zum Gelddrucken" gleichgekommen. Die Neuerungen waren für viele Apothker eine bittere Medizin.

Trotzdem gibt es auch heute noch eine ganze Menge von Apotheken-Goldgruben. Und die „Wachstumsduelle" waren eigentlich schon 1996 überwunden. Diese Entwicklung ist in erster Linie das Ergebnis einer Änderung vieler Therapieformen, so etwa medikamentöse Behandlungsmethoden, anstatt chirurgischer Eingriffe – ein Verdienst der F&E-Abteilungen der Pharma-Industrie. Beispielsweise stieg der Umsatz mit Mitteln zur Krebsbekämpfung und Diabetes-Präparaten mit zweistelligen Prozentraten.

Auch wenn es von ihren Funktionären nie so offen gesagt wird, zeigen die letzten Jahre auch, daß Apotheker ganz gute Kaufleute sein können. Vielen gelang es nämlich, Umsatzverluste bei den verschreibungspflichtigen Medikamenten durch Mehrverkäufe von Vitamin-Tabletten, Pflegecremes oder Mückenschutz weitgehend auszugleichen.

Rund 85 Prozent aller Pillen, Säfte und Salben gingen über ihre Ladentische. Den Rest teilen sich große und kleine Drogerien, SB-Warenhäuser und der Lebensmitteleinzelhandel sowie Reformhäuser.

Von der beachtlichen Zunahme der Selbstmedikamentation leben die Apotheken auch nicht schlecht. Gegenwärtig wird jede dritte Medikamentenpackung, wertmäßig jedes fünfte Medikament, ohne vorausgegangene ärztliche Beratung dort verkauft. Der „fremdbestimmte" Apothekerumsatz verringert sich demnach zusehends.

Neuerdings dürfen die Apotheker auch für das Nebensortiment von Hygieneartikeln bis zur Kosmetik werben. Für rezeptfreie Arzneien mit über einem Drittel des Verkaufsumsatz entfiel das Werbeverbot. So setzten die Apotheken auf mehr Reklame, etwa dargestalt:

„Wo bitte geht's zur Gesundheit?“ Antwort: „Ihr Apotheker kennt den Weg.“

Das Ansehen des Apothekers in der Öffentlichkeit ist nach wie vor groß. 84 Prozent sind der Meinung, daß er sich nicht mit dem Verkauf oder der Abgabe von Medikamenten begnügen, sondern auch Zeit für Beratungsgespräche haben sollte. Seine ursprüngliche Funktion, die Herstellung von Arzneimitteln, ist weithin überflüssig geworden. Die Fähigkeit zu rezeptieren wird zwar noch benötigt, doch Arzneimittel rührt er nur mehr gelegentlich selbst an. Die Entwicklung des heutigen Arzneimittelmarktes bedarf eher einiger zusätzlicher Fertigkeiten.

Der Apotheker sollte die Eigendiagnosen des Patienten – im Rahmen der zunehmenden Selbstmedikamentation – auf Plausibilität überprüfen und muß erkennen, wann ärztliche Behandlung erforderlich ist. Auch im Bereich der Gesundheitsförderung, der alternativen Heilkunde, bei Suchtproblemen und Arzneimittelmißbrauch ist der Apotheker gefordert. Mit Blick auf die oft als Vorbild hingestellten Verhältnisse in den Vereinigten Staaten geht es auch in Europa um mehr „pharmaceutical benefit“ oder besseres „Krankheitsmanagement“.

Nimmt der Apotheker aber seine Aufgabe als Gesundheitsberater ernst, kommt es mitunter zu Konflikten mit der Ärzteschaft.

Wenn zum Beispiel der Arzt nur noch die Wirkstoffgruppe und die Dosierung einer Arznei angibt, der Apotheker sodann sachkundig und unter Berücksichtigung der Kosten das Präparat auswählt, käme dies jedoch möglicherweise einer Verlagerung der Entscheidungsgewalt gleich. In der Kassenärztlichen Bundesvereinigung wurde ein Mehrheitsbeschluß gefaßt, daß auch Ärzte in Zukunft in begrenztem Rahmen ihre Patienten mit Medikamenten versorgen dürfen. Auch die Pharma-Industrie wünschte sich, daß die Ärzte „Herr der Therapie“ blieben.

11 Pharma, Pillen und Profite

Wundermittel für alle

Die Regenbogen-Presse füllt ihre Seiten neben Klatsch am liebsten mit Themen aus den Bereichen Gesundheit und dem Import-Begriff Wellness. Immer wieder kommt eine neue Wunderpille aufs Tablett. Im Herbst 1996 experimentierten, so konnten die Leser erfahren, die Forscher mit einem Wirkstoff namens Ampakin CX-516, welcher die degenerierten Leitungsbahnen des Erinnerungsvermögens angeblich aktiviert. Siebzigjährige sollten derart medikamentös aufgefrischt in den Zustand eines 30jährigen Menschen „zurückversetzt" werden.

Mit der Wunderpille namens DHEA wurde „die ewige Jugend versprochen". DHEA ist die Abkürzung für Dehydroepiandosteron. Ein Hormon, das die Nebenrinden produzieren und das der Körper in Testosteron und Östrogen umwandelt. Der Stoff steuert den Alterungsprozeß: Mit 25 Jahren produziert der Mensch am meisten DHEA, dann sinkt der Pegel konstant, und im Alter von über 85 Jahren ist er praktisch am Nullpunkt.

Der Biochemiker Stephen Cherniske, der das Phänomen auch an Ratten bewies, schrieb ein Buch über die Wunderdroge („Der DHEA-Durchbruch") und sagt: „Ich mache wieder Triathlon-Training, habe mehr Muskeln bekommen und wieder viel mehr Lust auf Sex."

Schädlich, so Experten, sei DHEA nicht. Wer zuviel davon schlukke, müsse kurzfristig „nur" mit Aggressivität, Pickeln und fettiger Haut rechnen, Frauen außerdem mit leichtem Bartwuchs. Diese Symptome verschwänden aber, sobald das Mittel abgesetzt werde.

In den letzten Jahren jagte eine sensationelle Pharma-Entdeckung und Pillen-Revolution die andere: Aus den Labors werden in immer kürzeren Abständen endgültige Durchbrüche gemeldet – Antioxydantien, Melatonin, Prozac, DHEA oder als neuester Schrei Redux als ultimative Schlankheitspille. Der nächste Heilbringer wird vielleicht ein „Super-Aspirin“ sein. Haben wir es tatsächlich mit „Pillenwundern“ zu tun? fragte die Zeitschrift „Psychologie Heute“. Zu befürchten ist, daß es sich weniger um Wunder als um den Wunsch danach handelt.

Das amerikanische Magazin „Newsweek“ feierte den Botenstoff „Melatonin“, der die innere Uhr steuern soll, als „eine der heißesten Pillen des Jahrzehnts“. Manche Immunologen schwören: „Melatonin kann die Altersspirale aufhalten.“ Denn Mäuse, denen man das Hormon unter die Nahrung mischte, lebten um fast ein Drittel länger als ihre Artgenossen. Daß Melatonin beim Menschen als einziger Zeiger der biologischen Uhr fungiert, ist aber sehr unwahrscheinlich; zahllose Gene sind am Altern beteiligt.

Vorläufig können die Mediziner nur auf die Berichte von Selbsterfahrungsgruppen oder die Daten kleinerer Versuchsreihen zurückgreifen. Immerhin scheint der Wirkmechanismus verstanden worden zu sein: „Melatonin“ beeinflußt die innere Uhr des Menschen. Es verhilft zum schnelleren und tieferen Schlaf, auch die Auswirkungen von Interkontinentalflügen, der Jetlags – das zeigt eine Studie der Lufthansa –, lassen sich mit Hilfe des Hormons leichter ertragen.

Viele Pharma-Firmen bedienen den Traum der Menschen nach schluckbarem Glück und machbarer Gesundheit. Deswegen werden immer wieder neue „Wunder-Pillen“ angeboten. Im wesentlichen entsteht dieser Markt der vermeintlichen Wundermittel jedoch mittels der sogenannten angebotsinduzierten Nachfrage. Vance Packard beschrieb schon 1957 in seinem Werk „Die geheimen Verführer“, mit dem er weltweites Aufsehen erregte, wie Werbestrategen nicht nur Produkte verkaufen, sondern sich den idealen Konsumenten heranziehen, indem sie sein Unterbewußtsein manipulieren und Wunschwelten beeinflussen.

Die Pillen-Industrie kennt die Geschichte. Sie schuf sich ihre eigene Klientel. Dem Käufer werden etwa über die Apotheken bestimmte Arzneimittel offeriert, die einschlägige Bedürfnisse ansprechen – bevorzugt nach Schönheit, Jugendlichkeit oder „mentaler Power". Dabei sind diese Produkte in aller Regel kurzfristige Modeerscheinungen, die rasch wieder verschwinden: Der anfänglichen Euphorie nach dem Motto „Schluck und du bist gesund und glücklich!" folgte bisher noch stets die Ernüchterung. Alle sogenannten Wundermittel wurden über kurz oder lang als Manie oder geschickt plazierter Mythos entlarvt.

Natürlich gibt es zahlreiche Erfindungen zur besseren Behandlung von Erkrankungen. Solche Durchbrüche in der Therapie haben den Medienrummel jedoch gar nicht nötig. Sie setzen sich im therapeutischen Alltag dank ihrer Wirksamkeit ohnehin durch.

Zauberpillen: Vitamin E, Placebo & Co.

Medien und Arzneien-Hersteller werden sicherlich auch weiterhin neben tatsächlichen Innovationen vermeintlich revolutionäre Durchbrüche an „Wunderpillen" präsentieren. Den absoluten pharmakologischen Stein der Weisen werden die Pillendreher jedoch wohl auch in Zukunft nicht finden.

Erinnert sei an die Geschichte vom Vitamin E. Wie andere Mittel versprach es zunächst dank neuester wissenschaftlicher Erkenntnisse verheißungsvolle Wirkungen. Sie wurden entsprechend vermarktet: gesteigerte Potenz, Vorbeugung gegen Alterserscheinungen und Herzerkrankungen, geistige Fitneß und so weiter. Danach folgten weitere Studien mit anderen, eher gegensätzlichen klinischen Befunden: Potenzsteigerung schien demnach schon eher zweifelhaft. Und die vermeintliche Wunderwirkung bei Herzerkrankungen ließ sich auch nicht hundertprozentig aufrechterhalten. Der Apotheker und Arzneimittel-Forscher Dr. Jürgen Reimann aus München, spezialisiert auf die Wirkung von Vitaminen und Mineralien, ist jedoch sicher, daß mit der Einnahme von Vitamin E die Lebenserwartung um 10 bis 20 Jahre gesteigert werden kann. Zwar lägen noch keine Langzeitstudien vor, dennoch wisse man bereits heute, belegt durch einen 36monatigen Versuch an Menschenaffen, daß „Vitamin E durch die Verbesserung der Fließeigenschaften des Blutes die Arteriosklerose bekämpfen kann". Interessant war vor allem, daß sich bei Affen, bei denen – bedingt durch einen hohen Cholesterinspiegel – eine Halsschlagaderverengung diagnostiziert wurde, die Arteriosklerose zurückbildete. „Vitamin E verhindert diese Erkrankung also nicht nur, sondern kann sie auch abbauen." Das Vitamin führe außerdem zu einer direkten Lebenssteigerung; in gewissen Dosen konnten sogar rheumatische Gebrechen positiv beeinflußt werden. Jedenfalls schien es manchmal zu positiven Effekten zu kommen, manchmal zu gar keinen. Mitunter wirkte es sogar schädlich und so weiter. Vom geradezu rauschhaften Aufstieg des Vitamin E zum gesundheitlichen Wunderstoff blieb nicht gar so viel übrig. Der Konsum hat inzwischen deutlich nachgelassen.

Wunderpillen werden in ständig neuen Variationen angeboten. 1995 wurden 1,7 Milliarden Packungen Arzneimittel verkauft, das sind etwa 1100 Pillen jährlich pro Mensch. Viele dieser medienwirksamen Wunderpräparate werden bewußt für den Bereich Selbstmedikamentation entwickelt und produziert.

Gegenwärtig sind 20 bis 30 Prozent des Pillenkonsums einfach überflüssig. Bei diesen Pillen könnte man fragen, ob andere Therapien nicht sinnvoller wären. Es handelt sich in aller Regel um solche Pillen, die weniger zu einer vernünftigen Behandlung beitragen, sondern vielmehr als Instrumente der ärztlichen Praxisbindung oder des pharma-industriellen Gesundheitsmarketings genutzt werden.

Aber alle Einsichten und Warnungen helfen wenig. Viele Umfragen signalisieren, daß sich in den letzten Jahren ein umfassendes Gesundheitsbewußtsein entwickelt hat. Gesundheit bedeutet den Menschen demnach mehr als alles andere. Über 90 Prozent aller erwachsenen Bundesbürger bekennen, daß Gesundheitsvorsorge und Gesundsein das Wichtigste in ihrem Leben ist. Doch der schöne Schein trügt. Der vielbeschworene mündige Patient scheint noch eine relativ seltene Spezies zu sein.

Auf der einen Seite steigt zwar die Zahl der gesundheitsbewußten Bürger, dennoch ist offenbar nur eine Minderheit bereit, nach den neuen Prinzipien auch zu leben. Allzu viele ernähren sich nach wie vor falsch, bewegen sich zu wenig, arbeiten und leben im Dauerstreß, haben mehr Angst vor Krankheit als Freude am Gesundsein. So hält sich nur jeder zweite für gesund – trotz aller „Gesundheitskampagnen" der Krankenkassen, Ministerien und Medien. Besonders der Mitteleuropäer fühlt sich öfter „krank", müde, gestreßt und unwohl.

Viele bewußt gesundheitskonform lebende Menschen sind in der täglichen Realität mit problematischen Bedingungen konfroniert, die ein gesundes Leben zumindest in Frage stellen. Ihre Sorgenpalette reicht beispielsweise von der Angst vor Arbeitslosigkeit, zunehmendem beruflichen Leistungsstreß und Konkurrenzdruck bis zu krisenhaften ökonomischen und gesellschaftlichen Entwicklungen, dem Werteverfall und zunehmender Vereinsamung.

Häufig sieht sich das Individuum dabei mit Problemen und Herausforderungen konfrontiert, die es aus sich selbst heraus nicht oder nur teilweise bewältigen kann. Die wie selbstverständlich geforderte Dauerleistungsfähigkeit am Arbeitsplatz etwa – und dies auch noch mit einer fröhlichen Miene – ist für viele eine Überforderung, der sie täglich ausgesetzt sind. Der Griff zu „Hilfsmitteln" – ob Alkohol, Tabletten oder sonstige Drogen – liegt dabei recht nahe.

So versuchen zunehmend mehr Menschen Entlastung, Kraft, Lebensglück oder Gesundheit in Pillenform zu konsumieren. Dies war vor vielen Jahren schon so – etwa als vor drei Jahrzehnten das vermeintlich paradiesische Valium-Zeitalter anbrach. Und auch heute werden Psychopharmaka oder Antidepressiva in steigendem Maße dazu benutzt, um im Arbeitsleben eine gute Rolle zu spielen. Man kommt offenbar nur mit solch fragwürdigen „Stabilisatoren" über die Runden – sozusagen eine Unterwerfung unter die Verhältnisse und insofern eben auch ein strategisch besonders wichtiger Pharma-Sektor.

Gut 30 Prozent der Wirkung medizinischer Arzneimittel wird auf Einbildung zurückgeführt, zum Beispiel bei Schmerzmitteln, von denen man in der Regel weiß, daß sie wirken, nicht aber, wie sie wirken. Vielleicht geben manche Pillen-Hersteller deshalb ein Viertel ihrer Entwicklungskosten für derlei Zauberei aus – und den Hokuspokus der Werbung dazu. „Mythos und Magie waren immer Grundlage jeder Medizin", meint Edzard Ernst, Professor für Komplementäre Medizin im englischen Exeter. „Die Schulmedizin kann viel von den Alternativen lernen, wenn sie ihren eigenen Placebo-Effekt stärken will."

Die Anhänger der rund 200 gebräuchlichen Alternativen Therapien behaupten, mit ihren Methoden könne man Milliarden an Medikamenten und sonstigen Kosten einsparen. Wer recht hat, sei dahingestellt. Die Analyse von Krankheiten nach alternativen Methoden ist wenig zuverlässig, weil mitunter jeder Heiler ein anderes Leiden erkennt.

Die Homöopathie praktiziert seit Jahrzehnten im Licht zwiespältiger Erfolge.

Die Stiftung Warentest warnt etwa vor der Bachblüten-Therapie. Ob die anthroposophische Misteltherapie wissenschaftliche Anerkennung durch die Schulmedizin findet und warum, vermag der Laie kaum zu beurteilen. Immerhin heißt es: „Die Misteltherapie ist eines der erfolgversprechendsten Verfahren gegen Krebs."

Viele Menschen sind von der Wirksamkeit solcher Methoden überzeugt.

Unter den Praktizierenden gibt es aber etliche schwarze Schafe.

Mancher eitle Heilpraktiker gefällt sich als Geschäftemacher, indem er den naturheilkundlichen Trend nutzt. Die Zahl der Heilpraktiker hat sich seit 1980 auf über 12.000 verdoppelt.

Esoterische Kreise schätzen die Heilkunst des Fernen Ostens. Sie gilt als unblutig, risikoarm und preiswert. Immer häufiger übernehmen auch westliche Krankenkassen die Kosten. Die fernöstliche Medizin mauserte sich längst zu einem wichtigen Exportprodukt Asiens. Freilich tritt sie nicht nur ökonomisch, sondern auch ethisch in Konkurrenz zur westlichen Medizin, was sich 1000 einschlägige Ratgeber zum Thema machen.

Immerhin werden für die alternativen Heilmethoden jährlich 12 Milliarden Mark ausgegeben.

Die früher in gehobenen Kreisen beliebte Frischzellenkur wurde wegen „gesundheitlicher Risiken" von den Behörden inzwischen verboten, sodann aber wieder zugelassen. Von der Sauerstoff-Mehrschritt-Therapie und den begleitenden Präparaten hört man mittlerweile auch nicht mehr viel.

„Wunderwurzel“ Ginseng

Die nächste neue Zaubermixtur kommt bestimmt. Zeitschriften und Seminarveranstalter preisen beispielsweise die „Wundercreme X8 – nach Minuten schmerzfrei“ oder „Fitneßkuren für graue Zellen“ an. Etwa in Form von den „20 erfolgreichsten Tricks, mit denen Sie Ihr Gehirn auf Trab bringen“.

Atemberaubende Leistungen des Gedächtnisses sind aber auch ohne Tabletten möglich. Dies bewies der Brite Dominic O'Brien, Titelverteidiger bei der Gedächtnisweltmeisterschaft im altehrwürdigen Londoner Hotel „Simpson's-in-the-Strand“.

Durch ein gezieltes Trainingsprogramm für die grauen Zellen gelang es dem Superhirn beim Wettkampf, innerhalb einer Stunde 1140 Ziffern einer 2000stelligen Zahl auswendig zu lernen. Außerdem gab er die Reihenfolge eines Stapels von 624 Spielkarten richtig wieder.

Der Japaner Hideaki Tomoyori darf sich Meister im freien Rezitieren der unendlichen Zahl Pi nennen: Die ersten 40.000 Ziffern hat der Japaner im Kopf. Bei seinem Rekordversuch benötigte er allein 17 Stunden und 21 Minuten, um die Zahlenkolonne aufzusagen, wie das Magazin „Focus“ 1996 berichtete.

Der greise Albert Einstein, bedrängt von Menschen, welche frische Geistesblitze von ihm erwarteten, antwortete indessen: „Kinder, laßt mich mal in Ruhe vertrotteln!“

Das Futter für die grauen Zellen in Form von Kräutern, Vitaminen, Pillen und auch Schokoriegeln ist weltweit ein gigantischer Markt. Für die allermeisten Produkte gibt es aber keinen Wirkungsnachweis. Jedenfalls finden jene Unternehmen, die Präparate zur Steigerung der Gedächtnisleistung anbieten, ein enormes Absatzgebiet vor. Allein 45 Prozent der Deutschen glauben, daß ihr Gedächtnis immer schlechter wird, davon 27 Prozent der unter 34jährigen. 32 Prozent der Bundesbürger trainieren ganz bewußt ihr Gedächtnis, und sieben Prozent nehmen „Hilfsmittel" in Form von Stärkungspräparaten oder Tropfen.

60 Millionen Tagesdosen sogenannter meist verschreibungspflichtiger Nootropika werden jährlich in Deutschland verordnet. Diese Gruppe von Arzneimitteln wird besonders älteren Menschen zur Verbesserung der Hirnfunktion gereicht.

Eine Studie der Universität Göttingen ergab jedoch, daß vier von zehn Ärzten, die ihren Patienten Nootropika verordnen, deren Wirksamkeit bezweifeln.

Eine belebende Wirkung wird koffeinhaltigen Getränken zugeschrieben. Dazu gehören neben Kaffee, Tee und Cola auch einige sogenannte Energiedrinks, zum Beispiel „Flying Horse". Ein erhöhter Pulsschlag bedeutet aber kein besseres Gedächtnis. Auch beim letzten Schrei, dem „interaktiven Energie-Riegel", fehlt der wissenschaftliche Beweis einer fördernden Wirkung. Auf Geistesblitze und ein fotografisches Gedächtnis warten die Verbraucher meist vergeblich.

Wieviel an Vitaminen und Mineralstoffen der Mensch wirklich braucht, ist schwer zu bestimmen. Bislang gaben Organisationen wie die DGE (Deutsche Gesellschaft für Ernährung) Empfehlungen für die Nährstoffzufuhr vor. Mittlerweile jedoch sind selbst diese Werte in die Diskussion geraten. Zumindest bei den sogenannten Antioxydanzien Betacarotin, Vitamin C und E. Denn diese Zellschutzstoffe spielen bei der Vorbeugung einer Reihe von Zivilisationskrankheiten eine gewisse Rolle.

Sollen wir also ohne Vitaminpillen auskommen? In den Vereinigten Staaten gehört die Vitamin-E-Kapsel, die Selen- oder Zinktablette längst zum selbstverständlichen Tagesritual. Health-food-Stores sind verbreitet wie bei uns Apotheken. In den Regalen der amerikanischen Pillenshops finden sich Hunderte von Nahrungsergänzungsmitteln in jeder denkbaren Dosierung und Kombination. Die Europäer sind noch etwas zurückhaltend. Doch auch bei uns ist damit Geld zu verdienen Auf rund zwei Milliarden Mark schätzen Insider den Markt der Vitamin- und Mineralstoffpräparate – Tendenz: eindeutig steigend.

In regelmäßigen Abständen geistern auch Ginseng & Co durch den Pillen-Zirkus. Die Abbildungen schmücken in Schrifttafelgröße die Schaufenster der Apotheken und Drogerien. Die Mittelchen sollen fit machen, Streß abbauen, das Altern aufheben. Es gibt Hunderte von einschlägigen Präparaten, die aus Wurzeln, Knollen oder Zehen wie der Knoblauch stammen. Jedoch ist die Wirkung von solchen „Nahrungsmittelergänzungen" mit Q10-Enzymen, Aminosäuren (Carmithin), Ballaststoffen und Vitaminen meist wesentlich geringer, als die Werbung verspricht.

Die Nahrungsergänzungsmittel fallen in eine „Grauzone". Besonders raffiniert: Sie kommen häufig in Gestalt von Arzneimitteln auf den Markt und täuschen Heilaussagen vor. Mit der Wahl der Apotheken als Vertriebsweg wird Seriosität suggeriert.

Um die stimulierende Wirkung von Ginseng auf Geist und Körper ranken sich die wundersamsten Geschichten. Kaiser, Päpste und Scheichs haben das Allheilmittel zu sich genommen. In seiner chinesischen Urheimat wog man es sogar in Gold auf. Seit 1995 gedeihen die Wurzeln auch in der Lüneburger Heide bei Hannover.

Geschäftstüchtige Landwirte haben die angebliche Wunderpflanze als zusätzliche Einnahmequelle entdeckt. Das Saatgut dafür kann man zum Beispiel in den Vereinigten Staaten kaufen, wo der Ginseng in großen Mengen leicht zu haben ist – illegal aus Korea und China importiert.

In Niedersachsen übernimmt ein pharmazeutisches Extraktionswerk die Weiterverarbeitung der Trockensubstanz (1 Tonne Wurzeln geben 150 kg Extrakt). Ein weiteres Pharma-Unternehmen überzieht das kostbare Pülverchen schließlich mit einer schützenden Kapsel. Um das Marketing kümmert sich ein einschlägiger ehemaliger Spezialist aus der Arzneimittel-Industrie. Unter anderem gehören Kaffeefahrten zu den Ginsengfeldern zum Marketingkonzept.

Viele Mediziner bezeichnen Darstellungen über die Wirkung des Ginsengs als „Humbug". Die Verbraucherzentralen erklären, eine ausgewogene Ernährung mache Vitaminpillen und Ginseng-Tinkturen völlig überflüssig.

Der Verband Deutscher Heilpraktiker schwört jedoch auf die

Wurzel: In der richtigen Dosierung sei Ginseng ein hervorragendes Mittel gegen Migräne, steigere die Potenz und trage zu einer allgemein besseren Reaktionsfähigkeit und -bereitschaft bei.

In den Vereinigten Staaten werden jährlich mehr als 250 Millionen Ginsengprodukte verbraucht. Einer der eifrigsten Konsumenten soll Ex-Außenminister Henry Kissinger gewesen sein, dem nachgesagt wird, daß er die enormen Reisestrapazen während seiner Amtszeit nur deshalb so gut überstanden habe, weil er regelmäßig Ginseng-Kapseln schluckte.

Solche Mittelchen und Präparate wie Adenosin, L-Carnitin oder „Fettblocker zum Abnehmen“ brachten einen Apotheker im hessischen Universitätsstädtchen Marburg auf die Palme. „Alles Mist, Nepp, Käse und oftmals überteuert. Dieser Pharma-Schrott muß endgültig und bundesweit raus aus den Apotheker-Regalen“, teilte er in Interviews mit („Öffentlichkeitsarbeit ist mein Hobby“). In seinem Schaufenster kürte er per Plakat „Scheiß des Monats: Präparate, die wir Ihnen nicht empfehlen können“.

Er ärgerte sich über die 5. Novelle zum Arzneimittelgesetz von 1994, die die anstehende Marktbereinigung auf 2004 verschob. Erst dann muß für alle Arzneimittel die Wirksamkeit nachgewiesen sein. „Wir verlieren unsere Glaubwürdigkeit als Apotheker, wenn wir solchen Quatsch verkaufen“, erzählte er dem „Spiegel“ Zum Beispiel Haifit, den „Scheiß des Monats“ vom Juli 1995, ein Hai-Knorpelpulver der Firma Medisana, zu 122 Mark die Packung, mit dem die stählerne Konstitution des Raubfisches erlangt werden soll. Leseprobe aus dem Beipackzettel: „Einen kranken Hai hat man so gut wie nie beobachtet.“

Womöglich kannte der „Rebell“ aus Marburg seine Kundschaft aber besonders gut: Mit derlei Aktionen umging er das damalige Werbeverbot und erzielte große Resonanz.

Allerdings: Viele Apotheker sind auf Umsätze mit solchen Mitteln dringend angewiesen. Der Markt für die sogenannten „Nahrungsergänzungsmittel“ beträgt in Deutschland drei Prozent des Pharma-Gesamtumsatzes von für 1997 geschätzten 44 Milliarden Mark.

Das Geschäft mit der Gesundheit hat viele Facetten. Welches Produkt seriös ist oder lediglich dem Abkochen einer nur zu gerne „gläubigen“ Klientel dient, ist kaum mehr zu unterscheiden. Ob ein neues „Suchtpflaster“ für den Nikotin- und/oder Alkoholentzug einer „Innovation“ gleichkommt und tatsächlich etwas nützt, bleibt häufig im dunkeln oder zumindest so gut wie ungeklärt.

Das von der LTS Lohmann Therapie Systeme GmbH & Co. KG in Andernach am Rhein vor einigen Jahren zur Nikotinentwöhnung entwickelte Pflaster war jedenfalls ein voller Erfolg.

Es wurde vom schweizerischen Ciba-Geigy-Konzern in Lizenz unter dem Markennamen „Nicotinell“ und in Amerika unter „Habitrol“ vertrieben und brachte Erlöse von jährlich bis zu 500 Millionen Dollar.

Für das neue Produkt wurden immerhin fünf Millionen Mark an Aufwendungen für Forschung und Entwicklung ausgegeben. Und ein Viertel der 450 LTS-Mitarbeiter ist im Bereich F & E tätig.

Hunderte von Herstellern und Vertriebsfirmen versuchen, sich mit zweifelhaften Diätprodukten oder Muskelmaschinen zu sanieren. Hierbei hilft das Teleshopping. In einer billigen Kommerzshow, vorwiegend über die Sender NBC-Channel, Deutsches Sportfernsehen (DSF), Eurosport oder Vox ausgestrahlt, wurde monatelang für ein Trimmgerät namens „Abflex“ getrommelt. Anleitung: Täglich drei Minuten in den Bauch drücken, indem man mit beiden Armen und aller Kraft an der dreieckigen Platik-Vorrichtung zieht. Laut Hersteller verliert man pro Monat bis zu 14 Zentimeter Hüfte und 10 Pfund – ohne weniger essen zu müssen! Das Abflex-Gerät kostete inklusive Versand immerhin über 200 Mark. Professionelle Fitneß-Experten halten es für „nutzlos und reine Geschäftemacherei“.

Über die sogenannten „MedX“-Maschinen, die ursprünglich unter dem Namen „Nautilus“ vom Amerikaner Arthur Jones entwikkelt wurden, holen sich Tausende Fitneß-Besessene „die Kraft, die durch den Widerstand zunimmt“. Eine Studie der Universität Florida wies vor Jahren sogar die Wirksamkeit der Maschinen nach. Der Schweizer Unternehmer Werner Kieser plante 1996 rund 100 Betriebe in größeren Städten und suchte dazu Orthopäden als Lizenznehmer. Diese müßten bereit sein, die „MedX"-Maschinen zu kaufen und knapp eine Million DM zu investieren. Dazu benötigen sie als Franchise-Nehmer ein Eigenkapital von rund 300.000 DM. Eine Einstiegsgebühr von 50.000 DM und fünf Prozent des jährlichen Umsatzes gehen an die Schweizer AG, an der Werner Kieser die Aktienmehrheit hält. „Nach drei Jahren kann der Arzt eine Kapitalrente von über 15 Prozent erwarten", sagte der Selfmademan. Und das ganz nach dem Motto: Kapitalgewinn dank Kraftgewinn.

Für feste Oberschenkel gibt's den „Stepper" zu 200 Mark, den Bauch-, Arm- und Beintrainer, für schlanke Beine das Slideboard, zu 150 Mark und das Ergometer als supermodernes Trimmfahrrad – Kosten: mindestens 1000 Mark.

In die Kategorie „Abzocken" gehören wohl auch die speziell zum Rheumadecken-Verkauf organisierten Veranstaltungen. Stückpreis der Decken 300 Mark.

Am Geschäft mit der Gesundheit partipizieren viele. Ganze Hundertschaften von Zeitschriften mit möglichst „griffigen" Titel-Namen kümmern sich um das Wohl von Körper, Geist und Seele und um Lebensqualität. Etwa unter dem Motto „fit, aktiv, gesünder, vital, entspannter, schlanker, schöner, sportlich und braungebrannt". Die Macher bei Verlagen und Redaktionen wissen, warum sie Leseprodukte, die solche Attribute transportieren, besonders fördern.

Die Zeitschrift „fit for fun", das Zentralorgan des neuen Körperkults, ist eine der erfolgreichsten Neuheiten auf dem Printmarkt der letzten Jahre: Chefredakteur und Herausgeber joggen angeblich jeden Morgen, Gesundheits- und Fitneß-Tips testen die Redakteure am eigenen Leib.

Die beliebtesten Disziplinen in Frauenzeitschriften in diesem Rahmen heißen: „Wie ernähre ich mich richtig", „Speck weg in fünf Tagen" oder „Falten weg".

Ungefähr 50 Frauenzeitschriften gibt es in Deutschland. Allein seit 1994 gab es neun Neugründungen, darunter Laura, Lisa, Allegra und Amica. So unterschiedlich sie alle im einzelnen auch auftreten, ihnen gemeinsam sind die großen K-Themen: Kochen, Kleidung, Kosmetik. Und die Kosmetik ist neben den Medikamenten der zweite tragende Pfeiler des Pharma-, Nahrungsmittel- und Chemie-Geschäftes.

Wie sehe ich aus? Was ziehe ich an? Was soll ich kochen? „Um diese drei Fragen", erkärten die Blattmacher, „kommt kein überlebensfähiges Frauenmagazin herum." Deshalb auch alle Jahre wieder die Abspecktips. Das sei geradezu ein Muß. „Die Hefte gehen sehr gut. Nach diesem Grundsatz macht man eine Zeitschrift."

„Hollywood-Diät: 5 Pfund weg in 5 Tagen" (Echo der Frau); „Neue Quick-Diät! Schnell 5 Pfund minus, und der Bikini paßt" (Prima-Carina); „Nudel-Diät – Jeden Tag 1 Pfund weg" (Bild der Frau). Saft- und Fitneßkuren, Ananas-, Vollwert- und Enzym-Diäten – alles vielfach zu jeder Jahreszeit im Angebot.

Zwar erklärt das Institut für Lebensmittel- und Ernährungswissenschaften: „Wer eine Diät macht, läuft Gefahr, dicker zu werden und zweitens Eßstörungen zu bekommen." Von Crash-Kuren halten die Wissenschaftler überhaupt nichts. „Die bringen nur kurzfristig Scheinerfolge und Wasserverlust. Die Erfahrung zeigt, daß 90 Prozent der Leute danach wieder zunehmen."

Niederschmetternd ist auch das, was die Experten über den „Set-Point" erzählen: „Das ist ein bestimmter Gewichtsbereich, den der Körper von selber anstrebt, um sich wohlzufühlen." Es sei deshalb nahezu unmöglich, sein Gewicht nach Belieben zu verändern. Anhaltende Abspeckerfolge könne man allenfalls durch eine langsame Umstellung der gesamten Ernährungs- und Lebensweise erreichen. Vor allem aber gelte: „Frauen sollten sich nicht soviel verbieten! Verbote steigern die Lust auf das Verbotene und rauben eine Menge Lebensfreude."

„Viele glauben offenbar, nur glücklich zu werden, wenn sie aussehen wie Cindy Crawford", beschrieb Radu, einer der bekannten Fitneßtrainer in New York, die Ursachen. Radu aus Rumänien trainiert nicht nur Cindy Crawford, sondern auch John F. Kennedy jr.

und Tipper Gore, die joggende Gemahlin des Vizepräsidenten der USA.

Kosmetik, Fitneß und Ernährung, das sind die Themen, auf die die Leserinnen brennen, erklärte die Süddeutsche Zeitung. „Gegen den Zeitgeist und das Schönheitsideal von der ranken, schlanken Frau kann man in diesem Job nicht anstinken." Nicht nur die Damenwelt hilft den Unternehmen, gut zu verdienen.

Mein betagter Schwiegervater wirft pro Tag ein rundes Dutzend Pillen ein. Keine davon ist rezeptpflichtig. Zwar witzelt er, das helfe vor allem seinem Apotheker. Dennoch schwört er auf die selbstverordnete Medikamentation, vorwiegend bestehend aus Knoblauch-, Magnesium-, Weißdorn- und anderen pflanzlichen Präparaten. Pro Monat gibt er dafür rund 120 Mark aus. Ob's seinem typischen Altersleiden hilft, sei dahingestellt. Jedenfalls fühlt er sich wohler.

In einem „Schlankmacher-Prozeß" in Stuttgart sprach das Landesgericht einen 47jährigen angeklagten Speditionskaufmann vom Vorwurf des Betrugs frei. Es konnte ihm nicht nachgewiesen werden, daß er bewußt getäuscht hatte. Über 343.000 Kunden hatten in Deutschland sogenannte Bioschlankpillen aus Zitronen- und Orangenschalen gekauft. Der Schaden soll insgesamt 22,4 Millionen Mark betragen haben.

Das Geschäft mit den Schlankheitspillen war 1986 von unbekannten Hintermännern aus Costa Rica in die Wege geleitet worden. Diese hatten seit 1986 die Pillen in ganz Europa vertrieben. In einem Werbeprospekt wurde garantiert, man könne mit den Tabletten ohne zusätzliche Turnübungen und Diäten in wenigen Wochen bis zu 30 Pfund abnehmen.

Dem Betrachter präsentieren sich große Teile des Gesundheitsbetriebes mehr und mehr als kunterbunte Mischung aus wohlmeinenden Ratschlägen, überflüssigen Tips, dubiosen Informationen und purer Geschäftemacherei. In der Yellow Press wimmelt es nur so von Reklame für rezeptfreie Medikamente, die eigentlich kaum diesen Namen verdienen, sich aber rühmen, „schnell, zuverlässig und zeitgemäß" zu sein. Die Absahner verpflichten als vorbildhafte Konsumenten von allerlei Diäten, Kuren, Wässerchen, Salben, Vitaminen und Tinkturen häufig prominente Fernsehstars, die sich mit solcherart Reklame ein nettes Zubrot verdienen.

Der dargebotene Themenkatalog ist von reicher Vielfalt. Selbst ständige Wiederholungen vermögen die Konsumenten offenbar nicht abzuschrecken, auch wenn vieles davon wie purer Nonsens anmutet. Zumindest in den Wohlstandsgesellschaften ist es offenbar ein Bestandteil des privaten Wohlergehens geworden, auf allerlei Mittelchen zurückzugreifen, selbst wenn man weiß, daß ihr Effekt gleich Null ist.

Wichtig in der heutigen Freizeitgesellschaft ist: „Mehr vom Leben haben“, so wird suggeriert. Dafür gibt's dutzendfach das rezeptfreie Kombinationspräparat, das durch die Herbstdepression führt, das Denkvitamin und den Migräne-Stopp, damit „Sie Ihre Beziehung drastisch verbessern“. Allein der Gedanke, für die eigene Gesundheit etwas zu tun, vermittelt vielen Menschen ein Wohlgefühl.

Weißkohl-Drops zum Abnehmen, Chrom und Tyrosin machen schlank und glücklich. Akupressur, Relaxing-Tricks, Kreisatmen als ein Präzisionswerkzeug für unsere Gesundheit, schlauer mit Kräutern, die Formel gegen Hautalterung, Zentramin fürs Gleichgewicht, Harntee für die Blase und natürlich Hunderte von Mitteln gegen den Schnupfen, wobei doch schon unsere Großmutter wußte: Mit „Behandlung“ dauert er acht Tage, und ohne eine Woche. Rezeptfreie Hustenlöser sind seit jeher ein Absatzrenner der Pharma-Industrie.

Malvenblüten gegen Altersflecken. Schöllkraut tut der Leber gut. Früchtewürfel für die Verdauung, gegen Schwindel und Ohrensausen, „Kavakava“ gegen Streß, Sellerie gegen Multiple Sklerose und Allergien. Die Wirkung von Schwarzkümmelöl, die Kilo-Revolution, Eigenhaar statt Glatze, alles für das vegetative Nervensystem und gegen Niedergedrücktsein, innere Unruhe, mangelndes Selbstwertgefühl, abgeschlagene Stimmung, Leere, Reizbarkeit, Antriebsarmut und dergleichen. Und nicht zu vergessen: Alles, was der Lauf der Gestirne dazu beisteuert. Fest steht: Daran verdienen Bioläden, Apotheken, Medien, Drogerien und die Pharma- und Nahrungsmittel-

Industrien als Lieferanten der Rohstoffe prächtig – alle im Dienste des Wohlbefindens.

Heute gibt es Dutzende von Allergien, die vor 20 Jahren eigentlich noch kein Thema waren. Sie seien die „Geißeln unserer Zeit". Umweltgifte, Quecksilber in der Nahrung, Haarausfall, Pilzinfektionen usw. – Ärzte warnen indessen vor einer „Allergie-Karriere", indem Patienten alles mögliche allzu sensibel empfinden. Der „normale" Laie staunt: Über weite Strecken wurden viele Bereiche der Gesundheit längst zu einer Art Beschäftigungstherapie Millionen männlicher und weiblicher Zeitgenossen, nicht nur der älteren Generationen.

Für Hypochonder bietet die Pillen-Wirtschaft ein Betätigungsfeld par excellence. Anhand der ausführlichen Packungs-Prospekte läßt sich leicht genau checken und abgleichen, welche Beschwerden in der eigenen Befindlichkeit man noch nicht gebührend berücksichtigt hat.

Wer ist schuld am Boom der Quacksalber? Ohne „Bild" und Regenbogenpresse könnte das Zeug nicht abgesetzt werden. Und die neue Masche sind Fernsehmagazine und Talkshows. Eine Viertelstunde bei „Schreinemakers live" zu sitzen, ist für die Wundermittel-Anbieter wie ein Sechser im Lotto.

Kaum ein Präparat bleibt länger als ein Jahr am Markt. Dann hat sich seine Wirkungslosigkeit herumgesprochen, worauf die Hersteller das nächste aus dem Hut ziehen. Ist es nicht letztlich der unbedarfte Verbraucher, der den Placebo-Markt blühen läßt? Bei diesem Thema werden die Pharmazeuten richtig philosophisch: Der Urgrund des Übels liege in unserem Gesundheitssystem. Das habe unser Anspruchsdenken perfektioniert. Der fortschrittsgläubige Mensch erwarte, daß es für alles und gegen alles ein Mittel gebe. Deshalb falle er auf alles und jedes rein.

„Melatonin" zum Beispiel, so das Fachblatt „Der Arzneimittelbrief" in einer aktuellen wissenschaftlichen Analyse, sei eine „Modedroge", die ihre Popularität und Aktualität durch „geschicktes Marketing und unkritische Berichte in den Massenmedien" erlangt habe.

Fitneß-Seminare und Diätkuren mit einer gelungenen Mischung aus wohlmeinendem Zuspruch, Entspannung, richtiger Ernährung und Lauftraining können durchaus aufbauen. Der ehemalige Rennfahrer Niki Lauda erholte sich nach seinem schweren Unfall am alten Nürburgring beim österreichischen Fitneß-Papst Willy Dungl, ebenso wie Formel-1-Pilot Gerhard Berger und andere Sportgrößen. Der Riege ehemaliger Skigrößen entstammt eine stattliche Zahl erfolgreicher Körper- und Seele-Therapeuten ohne dezidierte medizinische Ausbildung. Die zahlungskräftige Kundschaft rekrutiert sich unter anderem auch aus Fernseh-Größen wie Frank Elstner und Thomas Gottschalk.

Für den Gesundheitsurlaub, der Spaß macht und das gestreßte, geplagte Ich wieder auf Vordermann bringt, werben zum Beispiel auch zwölf Vorarlberger Kur- und Fitneß-Hotels. In der Broschüre „Feel Well" stellen sie ihre Angebote vor: von medizinischen Behandlungen über Ernährungskuren bis zu mentalem Training mit Yoga, Wanderungen und Sportprogrammen. Immer mit dabei: die Päckchen von der Pharma-Industrie.

In einer Gesellschaft, die wie keine andere Jugend, Schönheit und körperliche Perfektion anpreist, gilt der Gang ins Fitneß-Studio vielfach als ein Muß. Die neunziger Jahre gelten offenbar als „goldenes Zeitalter" für den eigenen Körper. Beach-Volley-Ball, der Körperkult am Netz, wurde 1996 zum ersten Mal olympische Disziplin.

In bunten Klamotten, mit Musik auf den Ohren und frohgelaunt, führen uns die Fitneßberater als Nachfolger der veralteten Gesundheitsapostel auf die Schliche sinnlich-heiteren Körperkults. Joggen, radeln, walken, tanzen, tauchen, steppen, spielen: Swinging Sport bringt Physis und Psyche auf Trab, macht munter statt miesgelaunt. Gesund ist, was sich bewegt und beweglich macht. Tests beweisen eine gewisse Erfolgsquote: Treib Sport, und du fühlst dich wohler!

Für 55 Millionen Dollar entstand in New York 1995 das weltgrößte Trainingszentrum. Die Kathedrale der Fitneß-Jünger bietet auf 13.000 Quadratmetern auf sechs Stockwerken die größte Einrichtung ihrer Art und hält auch alle Errungenschaften der Geräte-Industrie parat: Laufbänder, Kraftmaschinen, Ski- und Surf-Simulatoren, Tartanbahn, Kletterwand und Swimmingpool, flankiert von Beauty-Center, Bar und Restaurant. Entwickelt und gestaltet wurde das Lifestyle-Konzept von dem Sportartikel-Hersteller Reebok. Der Komplex beschäftigt 250 Angestellte, darunter 58 Instruktoren, 14 Diätberater, zwei Friseure und etliche Schuhputzer. „Wir haben das bestmögliche Equipment und hochqualifiziertes Personal. Meines Wissens ist der Club der größte seiner Art in der Welt", sagte Reebok-Sprecherin Nina Gordon. Die Mitgliedsbeiträge kosten pro Person bis zu 7000 Dollar jährlich. An der New Yorker Börse avancierte die Reebok-Aktie zu einem der großen Highflyer.

Rund 50 Milliarden Dollar setzte die US-Fitneß-Industrie Mitte der Neunziger pro Jahr um, davon allein Home-Trainer im Wert von 2,5 Milliarden Dollar. Zur zahlungskräftigen Kundschaft gehören vor allem die geburtenstärkeren Jahrgänge nach dem Zweiten Weltkrieg, sie nähern sich ihrem mittleren Alter und bemerken, daß sie nicht mehr „unverwundbar" sind.

In Cambridge im Bundesstaat Massachussets fanden im Mai 1996 die Weltmeisterschaften im Indoor-Rudern mit 1400 Teilnehmern statt. Die neuen High-Tech-Maschinen mit ihrer hochmodernen Ausstattung ermöglichen einen Wettkampf über computerversandtes E-Mailing etwa für jene Sportler, die ihren Gegner in Miami/Florida suchen. Die Resultate der Weltmeisterschaften im „Trocken-Rudern" sind über Internet verfügbar.

Soviel Sport und Körperpflege freut die Pharma- und Kosmetik-Branche. Noch nie wurden soviel Cremes, Lotions, Salben und Stärkungsmittel verkauft wie in den neunziger Jahren. Die Fitneßwelle gilt als ein besonders ergiebiger Nährboden.

In krassem Gegensatz dazu steht die Beobachtung des Londoner „Economist": Die Amerikaner seien dicker und fauler als vor zwei Jahrzehnten. Offenbar ist es nur ein kleiner Teil der Bevölkerung, der solche selbstauferlegten Strapazen mitmacht. Denn 66 Prozent der Amerikaner hatten und haben Übergewicht. Trotz Jogging- und

Aerobic-Vorbildern wie Präsident Bill Clinton oder Filmstar Jane Fonda.

Die Gesundheitsindustrie verdient somit an zwei „Trends". Die „Faulen und die Dicken", so der Economist, aßen seit 1992 um acht Prozent mehr Schweinefleisch, und nur noch 44 Prozent der Amerikaner mieden cholesterinhaltige Nahrung.

Seit 26 Jahren nahm 1992 erstmals auch die Zahl der Raucher wieder zu. Und immer mehr Menschen hocken vor dem Fernseher und vergessen alle guten Vorsätze. Jene Gruppen heißt die Pharma-Industrie als Pillenschlucker mit typischen Zivilisationskrankheiten willkommen. Alarmierend ist nach Meinung der Freizeitforscher das Verhalten der 18- bis 24jährigen. Diese Altersgruppe hat ihre einschlägigen Gesundheitsaktivitäten binnen fünf Jahren um 12 Prozent reduziert. Spezielle Animationen, die vom Anspruch her eher an Seniorensport erinnern, sollen nun die Jugendlichen aber neu inspirieren, so etwa ein Programm namens „Fröhliche Muskeln".

Der Wunsch nach „Schönheit" und Fitneß macht selbst vor Ländern mit alten Kulturen nicht halt. Asiatinnen legen sich gerne unter das Skalpell von Spezialisten. Die Terminkalender der Chirurgen in Schanghai, Tokio, Bangkok und Manila sind gefüllt mit den Namen vermögender Frauen. Die meisten haben nur einen Wunsch: Sie wollen so aussehen wie eine Europäerin. Häufigster Wunsch: ein größerer Busen.

Noch vor zehn Jahren, so der Präsident der Gesellschaft für ästhetische plastische Chirurgie, waren die Frauen „zu schüchtern", um sich im Operationssaal ein neues Aussehen verpassen zu lassen. In den vier Jahren bis 1996 aber habe sich die Zahl der Patienten verdoppelt.

Attraktivität gilt Asiatinnen als besonders wichtiger Lebenswert. Mag der Ehemann ein noch so tyrannischer Macho sein – wenn es zur Trennung kommt, ist nach herkömmlichem Denken stets die Frau schuld, die ihn nicht halten konnte. „Schönheit", folgert die Vertreterin einer Kette von Schönheitsfarmen, „ist in den Augen der Asiatin kein Luxus, sondern eine Notwendigkeit". Die neuen Reichen erfahren immer häufiger, daß gutes Aussehen ihnen „Geld, Status und Job sichern kann".

Unterdessen ist in Europa und anderswo der „modellierte Mann" nicht minder gern gesehener Zahlgast der Schönheits-Chirurgie und Lotion-Fabrikanten. Die Nachfrage für ein Body-Design á la Schwarzenegger steigt. Manche Ärzte sprechen von der „Psychotherapie mit dem Skalpell". Millionen greifen nicht nur zur Hantel, sondern stärken ihren Bizeps durch Einnahme von Anabolika.

Auch in der Techno-Szene ist der ausdauernde Körper ins Zentrum vermeintlicher Lebenslust gerückt. Um beim stundenlangen Tanzen in Trance fit zu bleiben, wirft die Szene massenweise Ecstasy-Tabletten ein. Dazu die „Beauty Droge" Clenbuterol für eine gesteigerte Fettverbrennung – mit solchen Medikamentencocktails wird in den Discos gedealt. Nach einer Studie des Drogenkontrollprogramms der Vereinigten Staaten (UNDCP) werden die in Labors hergestellten Designerpillen das Drogenproblem des 21. Jahrhunderts. Der Konsum ist in den ersten sechs Monaten 1996 im Vergleich zum ersten Halbjahr 1995 sprunghaft um 68 Prozent gestiegen.

Experten haben angesichts zunehmender Todesfälle ihre Warnungen verstärkt. Ecstasy verursacht massive Gesundheitsprobleme. Piperonylmethylketon ist Grundstoff für die Herstellung von „Ecstasy"-Tabletten. Ein Kilogramm PMK genügt zur Herstellung von 7000 bis 8000 „Trips" oder 4,2 Millionen Tabletten, die in Discos verkauft werden. Den Ermittlungsbehörden zufolge gehören illegale Labors in den Niederlanden, besonders im Raum Rotterdam, zu den größten „Ecstasy"-Produzenten in Europa.

Sonnenschutz und Bräunungswahn

Der zunehmenden Zahl von Bräunungs-Freaks im Dienste eigener Schönheit bietet die Pharma- und Kosmetik-Branche ein ausgetüfteltes „Sonnenmanagement" an. Die Basis: Hunderte von Versuchsreihen mit vorwiegend weiblichen Testpersonen.

Bislang galt die kurzwellige UVB-Strahlung (280 bis 315 nm) als der Erzfeind, verantwortlich für Sonnenbrand und Hautkrebs. Der neue böse Bube sind die UVA-Strahlen (315 bis 380 nm). Sie führen offenbar noch schneller zur Hautalterung und Sonnenallergien. Außerdem verstärkte sich der Verdacht, daß UVA auch bei der Entstehung bösartiger Melanome (Hautkrebs) eine Rolle spielt. Allein in Deutschland erkranken 100.000 Personen jährlich daran – Tendenz stark steigend.

Das Geschäft mit dem Sonnenschutz ist ein echter Wachstums-Markt. Anfang der achtziger Jahre hatten die Kaufläden und Drogerien gerade mal drei „Firmen" im Regal. Jetzt beliefern schon 25 Gesellschaften mit über 300 Produkten allein die Apotheken. Die Hersteller übertreffen sich mit ihren Produkten: Immer höhere Lichtschutzfaktoren (LSF) und immer verwirrendere, wissenschaftlich anmutende Kennzeichnungen tun dem Geschäft offenbar keinen Abbruch, im Gegenteil. UVB-, UVA-, Infrarotschutz, sogar ein UVC-Faktor wird teilweise angegeben, obwohl diese Strahlung die Erdoberfläche gar nicht erreicht.

Die Deutschen ließen sich den flüssigen Hautschutz 1996 über eine halbe Milliarde Mark kosten. Einzelne Segmente erzielten jährliche Wachstumsraten von über 50 Prozent. Für jede Sonnensaison bringen die Creme-Fabrikanten neue ultimative Produkte in die Warenhäuser und Beauty-Shops.

Bei ihren Produkten setzt die Industrie immer stärker auf den sekundären UV-Schutz. Nach dem Motto: Wenn sich das ultraviolette Licht nicht hundertprozentig abschirmen läßt, dann sollten die Schäden in der Haut wenigstens schnellstmöglich repariert werden.

In den USA setzen die Forscher auf sogenannte Reparaturenzyme. Tierversuche und erste klinische Experimente verliefen vielversprechend. Fraglich bleibt, so die Spezialisten für Gesichtspflege bei der Beiersdorf AG in Hamburg, „ob die Reparaturenzyme überhaupt bis zur Erbsubstanz DNA gelangen". Vitamin E zum Beispiel sei sehr instabil und reaktiv, und deshalb bringe es nicht so viel. Neuentwikkelte Wirkstoffsysteme auf pflanzlicher Basis zeigten dagegen in ersten klinischen Versuchen eine „phänomenale Wirkung".

Die Creme mit dem derzeit höchsten LSF 60 wird mitunter als gefährlich eingestuft, weil die Urlauber und andere Sonnenanbeter sich zu 100 Prozent geschützt fühlen und den ganzen Tag in der Sonne ausharren. Sie bekommen zwar durch den hohen UVB-Schutz keinen Sonnenbrand, die Schäden durch das UVA jedoch berücksichtigen sie nicht. UVA zerstört vor allem die Kollagen- und Elastinfasern, die der zarten Schutzhülle Haut die jugendliche Spannkraft verleihen. Die Folgen: Falten und Aussehen wie ein „Sonnenvampir". Viel hilft nicht viel. Die „Taskforce Sunprotection Measurement" des europäischen Kosmetikverbands rechnet vor: „Bei LSF 20 werden noch fünf Prozent der UV-Strahlung durch das Lichtschutzmittel durchgelassen, bei LSF 30 sind es 3,3 Prozent."

Hautärzte warnen sogar, daß hohe Lichtschutzfaktoren nur die Gefahr einer Allergie heraufbeschwören. Keine Kosmetikfirma läßt den lukrativen UV-Markt aus. Die Firmen setzen auch auf die Angst vor Ozonstrahlung. Für den Outdoor-Fan ist der UV-Index (UVI) für das persönliche Sonnen-Management ein Hilfsmittel.

Im Mai erreicht die Skala hierzulande oft schon den Wert 5, im Sommer steigt er bis auf 8, auf der Insel Bali ist mit einem UVI von 12 zu rechnen.

Die Favoriten der Hautärzte – in ihren „Lichtschutzsprechstunden" – sind neuentwickelte High-Tech-Sonnencremes mit Mikropigmenten. Diese physikalischen Filter bestehen aus nur hundertmillionstel Millimeter großen Titandioxid- oder Zinkoxid-Pulverpartikeln. Sie reflektieren UVB- und UVA-Strahlen, so daß die Energie nicht in die Haut gelangt. Chemische Filter nehmen dagegen die Energie auf und lösen nicht selten biochemische Reaktionen aus: Deshalb besteht ein erhöhtes Allergierisiko.

Wer gut geschützt die Sonne genießen will, braucht nach den Vorstellungen der Werber per Pille auch den Sonnenschutz von innen, einen UV-Meßcomputer und möglichst noch strahlendichte Anzüge oder Badekleidung mit Lichtschutzfiltern, wie sie der Quelle-Katalog anbietet. Die Pharma- und Kosmetikbranche wartet hierbei mit High-Tech-Produkten frisch aus den Forschungslabors auf, darunter auch eine Art „textile Sonnencreme": Pharma-Riesen wie Ciba-Geigy, Akzo Nobel und Sandoz bieten eine Lichtschutzsubstanz für leichte Sommerstoffe an. Der textile Sonnenschutz ist ein Riesenmarkt der Zukunft und bislang kaum wahrgenommen, meinen die Experten.

Dem allgemeinen Trend zur Panikmache und Komplizierung normaler Lebenssituationen hält das Münchner Magazin „Focus" entgegen: „Sonne – das Lebenselexier". Die positiven Wirkungen der Sonne sind lebenswichtig. Wenn die warmen Strahlen jeden Zentimeter der lichtentwöhnten Winterhaut streicheln, bildet sich vermehrt eine Vorläufersubstanz von Vitamin D. Das stärkt Knochen und Psyche. Die Hormonschaltzentrale im Gehirn ist dicht bepackt mit Rezeptoren für Vitamin D. Deshalb kurbelt Sonnenlicht die gesamte Hormonmaschinerie an: mehr Sexual-, weniger Streßhormone, Leidenschaft, Lebensfreude und Leistungsfähigkeit werden stimuliert. „Gesund Sonnenbaden, aber nicht Sonnenbraten."

Und die Stiftung Warentest hat herausgefunden: Die optimale Lotion, die sehr gute Sonnenmilch muß nicht zwangsläufig teuer sein. Die Bestrahlung auf Sonnenbänken ist offenbar gefährlicher als von den meisten Fachleuten und Konsumenten angenommen. Der kurzfristige Bräunungseffekt ist zwar gut für das Geschäft, aber schlecht für die Haut. Der Werbeslogan der Sonnenstudiobetreiber, sich vor Urlaubsbeginn vorzubräunen und somit einen Hautschutz aufzubauen, sei Unsinn, so das Bundesamt für Strahlenschutz. Die Hersteller künstlicher Besonnungssysteme sind deshalb besorgt. Die Branche setzte 1996 nach eigenen Angaben 3,5 Milliarden Mark um. Die meisten Filtersysteme der Sonnenbankhersteller berücksichtigen die neuesten wissenschaftlichen Erkenntnisse nicht.

Wie auch immer: Die Beiersdorf AG fuhr 1996 knapp 10 Prozent höhere Erlöse ein, fast zwei Drittel des Geschäfts stammten vom Auslandsumsatz.

Den größten Sprung machte die Sparte „medical" mit 22,5 Prozent Plus. Der Bereich „Cosmed" erhöhte den Umsatz um 7,7 Prozent. Die Marke „Nivea" erreichte mit 2,3 Milliarden Mark Jahresumsatz, einer 15prozentigen Steigerung, einen neuen Rekordgipfel. „Nivea" ist die größte Marke auf dem Welt-Hautpflegemarkt.

Zur besseren Vermarktung der Produkte lassen sich Firmen einiges gefallen: Die Bopparder Sebamed GmbH, nach eigener Aussage

Marktführer im Bereich der medizinischen Hautpflege, unterstützt ATP-Herren-Tennisturniere und ist daneben als „Olympia-Ausstatter" tätig. „Publikumswirksame Sponsoring-Maßnahmen inner- und außerhalb des Tennisgeschehens, um ein ganzheitliches und abgerundetes Markenbild zu schaffen", heißt die Devise.

Beim Düsseldorfer Konzern Henkel KGaA sprießt nach der Eingliederung der traditionsreichen Schwarzkopf GmbH das Wachstum noch besser als zuvor. Der Unternehmensbereich Kosmetik/Körperpflege verdoppelte seinen Umsatz auf jährlich 1,314 Milliarden Mark. Die größten Verkaufserfolge lassen sich offenbar in bislang noch weniger erschlossenen Regionen holen, etwa in Osteuropa, Rußland, in Südostasien, China und im Mittelmeerraum, etwa Ägypten.

Die Geschichte der Marken-Mythen ist lang: Kaloderma, zusammengesetzt aus den griechischen Wörtern Kalos (schön) und derma (Haut), war bereits vor hundert Jahren einer der ersten Produkt-Renner.

Weil Sauberkeit mit Seife allein bekanntlich noch nicht glücklich macht, wurde das Versprechen Schönheit dazugestellt. Die Marke wirkte jetzt überzeugend, auch über die deutschen Grenzen hinaus.

Laut Firmen-Chronik war der Schwarzkopf-Vorläufer Friedrich Wolff das erste Unternehmen, das den auch heute noch in vielen Produkten verwendeten, aus Wollfett gewonnenen kosmetischen Grundstoff Lanolin für Cremes, Seifen und Pomaden einsetzte. Er experimentierte vor hundert Jahren mit Neuheiten, deren Nutzwert-Versprechen auch heute noch recht innovativ klingen: Da gab es neben Blüten-Essenzen beispielsweise einen Migräne-Stift, das erste Trocken-Parfüm oder Nagel-Wasser zum Glätten und Reinigen der Fingernägel.

Fortschrittlich zeigten sich die Väter von Kaloderma auch in der Werbegestaltung. Zuerst verliehen Stummfilmstars der Marke Profil. Später, Anfang der fünfziger Jahre, war es unter anderem die Schauspielerin Nadja Tiller.

In den siebziger Jahren pflegte Kaloderma mit Miss World Petra Schürmann zu werben. Die heute an die 60 Jahre alte Fernsehmoderatorin „outete“ sich damals für Kaloderma, als sie zugab, daß sie bereits über 30 Jahre alt sei, jedoch immer wie 29 aussehen wolle. Der damalige Slogan in Printmedien und TV: „Kaloderma. Denn Ihre Haut ab 30 braucht mehr Feuchtigkeit.“

Im Januar 1973 übernahm der Haarpflegespezialist Hans Schwarzkopf die Firma Wolff & Sohn, und damit nicht nur Kaloderma, sondern auch die bekannten Marken dané und Prestige, dazu noch Parfüm-Seifen. Das war der Einstieg des Hamburger Haarpflegespezialisten in den Kosmetik-Bereich. Inzwischen hat, wie bereits erwähnt, die vielseitig aktive Henkel KGaA aus Düsseldorf die Mehrheit an Schwarzkopf erworben.

Der Markt für Allzweck-, Haut- und Handpflegeprodukte hält sich nach der Statistik der Nürnberger Gesellschaft für Konsumforschung (GfK) stabil bei etwa 500 Millionen Mark im Jahr.

Die Hersteller von Cremes, Duftwassern und Waschmitteln können zufrieden sein. Die Bürger geben mehr Geld für den Körper und die Reinigung aus als je zuvor.

Insgesamt rollten zuletzt jährlich 15,8 Milliarden Mark für die Körperpflege, womit jeder Deutsche dafür im Schnitt 193 Mark zahlte. In Europa wird er nur von den Franzosen übertroffen, die mehr Geld für die Schönheit springen lassen. Wichtigster Teilmarkt sind die Cremes. Auch die Haarpflege zeigt Wachstumstendenzen, wobei zunehmend Gelprodukte und Kuren gefragt sind. Heimdauerwellen, Festiger, Sprays und Spülungen sind dagegen keine Zukunftsträger.

Zur Zahnpflege kaufen die Deutschen im Schnitt nur 1,7 (!) Zahnbürsten pro Jahr. Die Schweizer, Amerikaner und Japaner bringen es immerhin auf 2,5 bis 2,9 Stück pro Kopf. Dafür finden hierzulande Mundwasser oder Zahncremes mehr Anklang als die Reinigungswerkzeuge.

Für Schminke, Lippenstift und Nagellack geben deutsche Frauen jährlich immerhin 3,7 Prozent mehr aus. Der „Töpfchenwahn“ grassiert inzwischen jedoch nicht nur in der Damenwelt. Ein zunehmend größeren Anteil des Milliarden-Kuchens konsumiert der „moderne Mann“.

All die Tuben, Näpfe, Flaschen und Dosen und deren Inhalte üben offenbar eine hohe Anziehungskraft aus – obwohl die Preise dafür teils enorm überteuert wirken. Eine vorwiegend an Frauen verkaufte „Turn-around-Cream", die den Alterungsprozeß nicht nur stoppen, sondern regelrecht umdrehen soll, wurde Mitte 1996 für rund 90 Mark verkauft. Inhalt der schlicht gehaltenen, hellblau schimmernden Dose: 50 Milliliter, eine Menge, die zwei gut eingeschenkten Schnaps-Gläsern entspricht.

Präparate, die dem Verschwinden von Augenfältchen dienen, kosten im Zwanziger-Pack rund 600 Mark.

Derlei Produkte, die sich am Waschbeckenrand so gut machen, in angenehmem Maße funktionell wirken und gut aussehen, lassen offenbar bei vielen Konsumenten den Verdacht auf Bauernfängerei gar nicht erst aufkommen. Solche Verschwendung nährt nicht nur die Kosmetikindustrie, sondern füllt auch Tausenden von einschlägigen Einzelhandelsläden und Boutiquen die Kassen aufs trefflichste.

Doping: Geld vor Gesundheit

Als die dreimalige Oympiasiegerin Florence Griffith Joyner ihren Comeback-Versuch für die Olympischen Spiele in Atlanta 1996 nach einem Schlaganfall abbrechen mußte, fanden Experten nur eine plausible Erklärung für das plötzliche Leiden der 36jährigen Höchstleistungssportlerin. Die Krankheit könne nur mit Doping zusammenhängen.

Der schwarze Markt bietet alles, was den Athletenmuskel stärkt. Das Wachstumshormon „HGH" ist bereits ein Renner. Wenn jeder Athlet es sich leisten könnte, würde „HGH" den jahrzehntelang gebräuchlichen Steroiden den Rang ablaufen.

Bei einer Zusammenkunft internationaler Doping-Experten berichteten Fachleute, daß es nach konservativen Berechnungen allein in den USA drei Millionen Anabolika-Konsumenten gibt.

Staatliche Drogenfahnder stellten fest, daß in den USA pro Jahr

Anabolika im Schwarzmarktwert von einer halben Milliarde Dollar konsumiert werden.

Bei einer Untersuchung unter Schülern gaben immerhin fünf Prozent der Befragten an, schon einmal Wachstumshormone eingenommen zu haben.

Auch unter College- und Profi-Football-Spielern ist der Steroidgebrauch seit Jahren weit verbreitet. Zwar wurden offiziell Drogenkontrollen eingeführt, um die Zuschauer zu beruhigen. Die Tests wurden jedoch recht lax gehandhabt, der Nachweis gelang noch seltener als bei den Olympia-Teilnehmern.

Die wohlbestallten Stars der National Basketball Association – einschließlich des olympischen Dream Teams – lehnten Drogenuntersuchungen als Verletzung ihres „Rechts auf Privatsphäre" ab.

Denn Goldsegen ist Geldregen. Es winken Millionen-Verträge mit Werbepartnern.

Carl Lewis wurde nach seinem vierten Weitsprung-Triumph mit Verträgen für Müsli und eine Lebensversicherung belohnt, die Turn-Märtyrerin Kerri Strug verkaufte die Filmrechte an ihrer Geschichte an Hollywood. Sechs bis sieben Millionen Mark winken den beiden, mindestens genausoviel erwartet den populären US-Beach-Volleyball-Olympiasieger Karch Kiraly.

Besonders fragwürdig ist die Muskelshow der Superschwergewichte. Der 150-Kilo-Mann Manfred Nerlinger meinte anläßlich der Doping-Vorwürfe über einige seiner Gewichtheber-Konkurrenten: „Die sehen aus wie Menschenfresser."

In den Registern, die mehrere tausend „doping-taugliche" Verbindungen enthalten, war etwa das neue Olympia-Wundermittel „Bromantan" nicht zu finden. Außerdem wird immer geschickter mit sogenannten „Maskierungsmitteln" hantiert.

Auch das schon ältere Dopingmittel „Testosteron" kommt nach wie vor häufig zum Einsatz. Grundlage bisheriger Tests war das Mengenverhältnis dieses Geschlechtshormons mit dessen Nebenprodukts „Epitestosteron" in Blut und Urin. Es beträgt normalerweise 1:1, für denkbare Anomalien aber ist es im Sport auf den Grenzfaktor 6:1 erweitert worden.

Tennis-Star John McEnroe forderte umfangreiche Drogenkontrollen im Profi-Zirkus und sagte: „Wenn die Leute glauben, daß Steroid-Gebrauch im Tennis unüblich ist, dann täuschen sie sich. Man kann erkennen, wenn jemand auf Steroiden ist. Der Mann wirkt aufgeblasen, hat einen neuen Körper und wird nie müde." Niemand interessierte sich für McEnroes Vorschläge, der Star hätte genausogut in ein leeres Stadion hineinrufen können.

Mancher Spitzenathlet ist ein wandelndes Arzneidepot. Doping-Kontrollbögen weisen die Einnahme von bis zu 32 Mitteln binnen 48 Stunden aus.

Das ist ein bizarrer Rekord, ein ununterbrochener Strom bunter Pillen, Tabletten, Dragees und Pülverchen, der vor, zwischen und nach den Mahlzeiten die Magensäfte beschäftigt.

Diese „Polypragmasie" ist jedoch äußerst umstritten. Manche Experten meinen: „Der reine Aberglaube. Völlig unrational." Die Sieger des Geschäfts sind die beteiligten Apotheken. Die Wissenschaftler vermuten bei den konsumfreudigen Athleten eine panische Angst vor Verletzungen, die mit allem möglichen Unfug bekämpft werde. Die „Sportler" glauben jedoch daran und vergessen kein Mittel, das auf ihrer Liste steht. Sonst verschlechtern sich ihre Leistungen. Sie sind Gefangene ihrer Einbildung. Zwar handelt es sich bei ihnen um eine Minderheit, allerdings um eine qualifizierte."

Viele futtern sich durch stets neue Pillenberge und hoffen, alle erdenklichen Speicher bis zum Rande aufzufüllen, um nur nicht an einer Mangelerscheinung zu versagen.

Wilhelm Schänzer, der Leiter des Kölner Instituts für Biochemie und Nachfolger des verstorbenen Doping-„Papstes" Manfred Donike erzählte, warum immer mehr Athleten Asthmasprays benutzen oder mit Nasensprays Hochleistungen erzielen: „Wer jemals mit richtigen Asthma-Kranken zu tun hatte, weiß, daß diese Menschen niemals zu ungewöhnlichen körperlichen Leistungen in der Lage sind. Es gibt aber eine Art Asthma, das durch extreme Ausdauerleistung erst hervorgerufen wird. Angesichts der wachsenden Zahl dieser ‚Erkrankungen', die mit drei offiziellen Präparaten bekämpft werden dürfen, könnte man mit böser Zunge sagen: Wenn es so weitergeht, haben wir demnächst nur noch Asthmatiker, die Sport treiben. Und was bewirken diese Sprays? Präparate wie beispielsweise ‚Clenbuterol', das die Sprinterin Katrin Krabbe benutzte, wirken in den Bronchien. Sie stellen die Blutgefäße weit. Man kann besser atmen. Das ist eine ganz tolle Sache."

Erschwert wird die Arbeit der Fahnder durch die mannigfaltigen Vertriebswege. In den USA kommt nur ein Teil der Muskeldrogen aus dem eigenen Land, viele Präparate werden über die mexikanische Grenze geschmuggelt, der Rest gelangt per Post aus den Staaten des ehemaligen Ostblocks nach Amerika. So wurde der amerikanische Kugelstoßer Mike Stulce bei der Weltmeisterschaft 1993 in Stuttgart mit dem alten DDR-Mittel „STS 646" im Urin erwischt.

Gentechnisch hergestellte Mittel kosten auf dem Schwarzmarkt zwischen 500 und 1500 Dollar für eine Tagesration.

Doping wird weitgehend stillschweigend akzeptiert, wenn nicht gar bewußt gefördert – so wie in den (einstigen) Ostblockstaaten –, um sich mit Medaillen Prestige zu erkaufen. Medaillen gehen vor Moral. Höchstleistungen führen zu höheren Fördermitteln und Antrittsgeldern.

Im Wettlauf von Sport, Geld und Chemie ziehen die Beteiligten immer neue, überraschende Register. Dopingkontrollen im Radsport gibt es erst, nachdem der englische Radrennfahrer Tom Simpson 1967 bei der Tour de France nach Einnahme des Aufputschmittels „Ephedrin" ohne Kappe gefahren war, „um den Fahrtwind zu genießen", einen Sonnenstich erlitt und am mörderischen Mont Ventoux tot vom Rad fiel. Der deutsche Radweltmeister Rudi Altig wurde seinerzeit offen eine „radelne Apotheke" genannt.

Die französische Sportzeitung LÉquipe enthüllte jüngst in einer Serie, daß rund 80 Prozent der Radprofis Kenntnis von oder Praxis in der Verwendung des Wachstumshormons Erythropoietin (EPO) besäßen. Über den EPO-Einsatz im hochdotierten Rennsport geht seit Jahren die Flüsterparole, ohne ihn ist ein Vorstoß in den hochdotierten Spitzenbereich kaum mehr möglich.

EPO, ein hochwirksames Mittel aus der Krebs- und Dialysetherapie, erhöht die Anzahl der roten Blutkörperchen, die den Sauerstoff transportieren. Seit einigen Jahren liegen auch wissenschaftliche Ergebnisse über die Wirkweise für die Ausdauerleistung vor. Tests ergaben, daß sich die Laufzeiten der Probanden über 10.000 Meter im Schnitt um 69 Sekunden verbesserten, das Fachblatt „Bio Technology“ verglich den Nutzeffekt für das EPO-Doping mit „einem Hundertmeterläufer, der an der Zehnmeterlinie startet“. EPO ist im menschlichen Körper noch nicht definitiv nachweisbar, weil der Organismus das Molekül auch selbst produziert.

⓬ Das Minenfeld: Jeder gegen jeden

Pharma, Kassen, Politik

In der Gesundheits-Industrie verfolgt jede der Parteien mit Nachdruck die eigenen Interessen. Obwohl alle Beteiligten seit Jahren genau wissen, wie es um die Sache steht, bemühen die einzelnen Vertreter in Tausenden von Dikussionsrunden immer wieder die gleichen Argumente. Die Krankenkassen und die Politiker sind hier besonders aktiv. Die Pharma-Industrie scheint einschlägige Fernsehrunden jedoch lieber zu meiden. Selbstgefällige Diskussionspartner – besonders der Versicherungen/Kassen – sind ihr ein Greuel.

Mit Sicherheit gibt es sonst auf der Welt keine Branche, die sich öffentlich dermaßen erschöpfend und selbstgefällig im Bereichsegoismus übt, wie die Gesundheitsindustrie.

In Gefahr ist zwar das Solidarsystem. Aber immer öfter lautet die Devise: Rette sich, wer kann! Der Frontverlauf unterliegt manchmal geradezu kuriosen Wechseln. Immer wieder beginnt aufs neue das Spiel um den Schwarzen Peter, jeder will ihn möglichst schnell weiterreichen.

Ziel der Politik war es ursprünglich, parallel zum freien Kassenwahlrecht der Versicherten auch die Zuständigkeiten der Krankenkassen auszuweiten, ihnen volle Vertragsfreiheit mit Ärzten, Zahnärzten, Krankenhäusern und der Pharma-Industrie zu geben und wirklich „Vorfahrt für die Selbstverwaltung“ einzuführen. An der Richtigkeit dieses Vorhabens hat sich nichts geändert, wohl aber an der Bereitschaft, es konsequent umzusetzen.

Die Politik hat große Modelle entworfen und dann Angst vor der eigenen Courage bekommen. Wohl auch deshalb, weil längst nicht mehr nur das Versicherteninteresse und eine möglichst niedrige Beitragslast zählen, sondern auch das Wohlergehen der Heilberufe und der Pharma-Industrie, hier insbesondere Wachstum, Konkurrenzfähigkeit und volle Beschäftigung. Durch vielfältige Verflechtungen ist ein gordischer Problemknoten entstanden, der unauflösbar scheint.

Jeder ahnt, daß etwas falsch läuft, aber wo genau die Lunte brennt, ist kaum mehr auszumachen.

Die Kassen verpulvern ihr Geld, rüffeln die Politiker. Die Krankenkassen erwidern, der Gesundheitsminister treibe sie in die Pleite. Und die Pharma-Lobby moniert, daß alle im Gesundheitswesen sparen, nur die Kassen nicht. Obwohl die Zahl der Versicherten in Westdeutschland seit Mitte der achtziger Jahre nur um 2,6 Prozent gestiegen ist, haben sie 22 Prozent mehr Personal eingestellt. Der Verwaltungsaufwand pro Versichertem ist um 72,1 Prozent gestiegen.

Die Krankenkassen rügen: „Die Gesundheitsreform ist grotesk – ein konfuses Modell", weil der Gesetzgeber sie zusätzlich belaste. Kranke müssen bei Arzneien mehr zuzahlen. Wahrscheinlich werden auch nach 1997 die Beitragssätze wieder angehoben – auf voraussichtlich 14 Prozent. Es ist wie bei Hund und Katze. Wenn der Bundesminister die Kassen auffordert, die Beiträge zu senken, kündigen sie prompt Erhöhungen an. Die Politiker drohen den Gesetzlichen Krankenversicherungen (GKV) mit staatlichen Eingriffen. Die Selbstverwaltung der Kassen mache „ihre Hausaufgaben" nicht. Die Kassenfunktionäre duldeten „partielle Mißwirtschaft". Auch ohne Strukturreform hätten sie es durchaus in der Hand, Milliarden einzusparen.

Dazu kommen auch noch Vorwürfe, die GKV (Gesetzliche Krankenversicherung) würde durch Zahlung von Prämien für die Anwerbung neuer Mitglieder Milliardenbeträge verschwenden. Im Fernsehen preisen sich die Versicherungen als „Gesundheitskassen" und sponsern Ratgebermagazine.

Der Gesundheitsminister hat's in Deutschland schwer: Er soll für glückliche Kranke und gutbezahlte Ärzte sorgen, Beiträge und Lohnnebenkosten senken, Arbeitsplätze und Standorte sichern und die Pharma-Konzerne bei Laune halten. Und er soll Gesetze machen, die allgemeine Zustimmung finden.

„Das Gesundheitswesen ist ein Minenfeld. Wohin ich trete, geht eine Mine hoch, und ich muß mich beeilen, daß ich weg bin, bevor die Splitter fliegen", meinte Minister Seehofer.

Der Bundesverband der Pharmazeutischen Industrie (BPI), der vor allem mittelständische Interessen vertritt, bemängelte „unseriöse Rechnungen" und die „fadenscheinigen Argumente". Der Verband Forschender Arzneimittel-Hersteller (VFA) ärgerte sich, daß die Kassen sich die Definitionsmacht darüber anmaßten, was und wieviel eingespart werden könne. Die Hochrechnungen belaufen sich auf bis zu zehn Milliarden Mark. Die Pharma-Lobby fürchtet solche Kalkulationen besonders, weil sie Einfluß auf das jeweilige Arznei-Budget haben. Je größer dieser Rahmen, desto besser die Profite, weil die Ärzte mehr verschreiben „dürfen".

Bislang handelten die Kassen gemeinsam mit den Ärzten den Rahmen des finanziellen Budgets aus, das pro Jahr maximal für Medikamente ausgegeben werden darf. Diese Regelung wurde mit dem Gesundheitsstrukturgesetz eingeführt. Die Folge: Statt 27 Milliarden Mark wie im Jahre 1992, zahlten sie in den alten Bundesländern 1993 nur noch 22 Milliarden Mark für verschriebene Arzneien. Die Pharma-Lobby monierte: Nicht die Kreativität und Innovationskraft eines Arzneimittel-Herstellers, nicht die Qualität seiner Produkte, nicht sein Vermarktungsgeschick entscheiden über den wirtschaftlichen Erfolg, sondern mehr und mehr die gesetzlichen und administrativen Rahmenbedingungen.

Hierbei ist die pharmazeutische Industrie gleichermaßen Nutznießer und Opfer ihres eigenen Erfolges. Ihre Produkte werden zu wesentlichen Teilen von der solidarisch finanzierten Gesetzlichen Krankenversicherung (GKV) oder im Ausland häufig direkt vom Staat finanziert. Die Regierungen versuchen daher, den Ausgabenanstieg im Gesundheitswesen nachhaltig zu beeinflussen, indem sie die Pharma-Preise kappen.

Dazu verfügte der Gesetzgeber eine Preisreduzierung aller verschreibungspflichtigen Medikamente um fünf Prozent und aller apothekenpflichtigen Präparate um zwei Prozent. Zwei Jahre lang durften diese Preise nicht erhöht werden.

Für die Krankenkassen ging die Rechnung auf: Der Anteil der

Arzneimittel an ihren Gesamtausgaben, der jahrelang zwischen 15 und 16 Prozent geschwankt hatte, sank auf ein Tief von 12,0 Prozent, das die Kassen mit 2,5 Milliarden Mark entlastete. Von 1996 an sollten weitere Einsparungen durch eine Liste verordnungsfähiger Arzneimittel, der sogenannten Positivliste, erreicht werden. Sie wurde aber nicht realisiert. Ausschlaggebend dafür waren die sozialen Härten für bestimmte Bevölkerungs- und Patientengruppen, nämlich für Alte und Familien mit Kindern, sowie medizinische Bedenken, nicht etwa Sorgen um die Arzneimittel-Industrie.

Damit in Zukunft alles besser funktioniert, hat die Pharma-Lobby ein Wirkungsmodell vorgestellt. Das „kleine, strategische Gremium", besetzt mit Vertretern der Pillenindustrie, der Ärzte, Apotheker und Krankenkassen, soll verbindlich über die Grundsätze für die Umsetzung der gesetzlichen Rahmenbedingungen entscheiden. Hintergrund der neuen „operativen Ebene": Bislang hatte der Bundesausschuß Ärzte und Krankenkassen stets zu Lasten der Arzneimittel-Anbieter Regelungen getroffen. Dies könne aber nicht länger hingenommen werden. Auch die ohnehin schon strapazierten Ärzte gerieten ins Schußfeld der Pharma-Gewaltigen. Denn die Mediziner kündigten an, daß sie künftig bei der Verordnung von Medikamenten „deutlich auf die Bremse treten" würden, nachdem die Überschreitung ihres Arzneimittelbudgets im folgenden Jahr von der ärztlichen Gesamtvergütung abgezogen werden solle. Die Pharma-Industrie konterte, dies rechtfertige nicht „die Verweigerung notwendiger Medikamente". Letztendlich würde nur der Patient darunter leiden, insbesonders bei den neuen und modernen Therapiekonzepten. Gerade dieses Gebiet erfährt eine „Dynamisierung". In jedem Fall aber müssen Ärzte bei Verschreibungen künftig Richtgrößen einhalten.

Der „höhere Arzneimittelumsatz zu Herstellerabgabepreisen" geht nach Berechnungen der Pharma-Verbände auf therapeutische Fortschritte in wichtigen Indikationsgebieten zurück. Von diesen Neuerungen machen die Ärzte zunehmend Gebrauch. Umgekehrt ist die Verordnung umstrittener Präparate zurückgegangen.

Insgesamt sind die Ausgaben der GVKs bis 1996 auf 220 Milliarden Mark pro Jahr gestiegen. 1980 betrugen sie erst 86 Milliarden Mark und 1989 rund 123 Milliarden Mark. Ein Drittel davon verschlingen die Kosten für's Krankenhaus. Die Fehlbelegung der Krankenhäuser verursacht den Kassen laut Studien 7,5 Milliarden Mark an Mehrkosten. 17,4 Prozent kassierten die Ärzte an Honoraren, 8,3 Prozent gehen für Krankengeld und 7,2 Prozent für Heil- und Hilfsmittel drauf. Die Arzneimittel schlagen mit an sich nicht gar so dramatisch hohen 12 Prozent der Gesamtausgaben zu Buche. Aber die Pharma-Industrie als „profitträchtigster Teilnehmer" im Geschäft mit der Gesundheit war das erste „Opfer".

Aber die Resultate sind längst verpufft; die Ausgaben der GKVs für Arzneimittel standen 1990 bei 22 Milliarden, 1992 bei 33,5 Milliarden, 1993 – rückläufig – bei 29,5 Milliarden, aber schon 1995 wieder bei 32,7 Milliarden Mark. 1997 werden sie wohl an die 36-Milliarden-Grenze herankommen.

Die privaten Versicherungen leiden am selben Übel wie ihre gesetzliche Konkurrenz. Doch anders als die AOK, Barmer & Co., die im Bund mit dem Gesetzgeber die Leistungen zusammenstreichen können, sind die Privaten an ihre einmal gegebenen Zusagen gebunden. Deshalb drohen die Prämien zu explodieren. Die Ärzte drehen an der Schraube mit. Folge: Von 1989 bis 1994 stiegen bei gleichbleibenden Gebührensätzen die Kosten für die ambulante Behandlung je Privatpatient um 52,5 Prozent, bei den Kassenkunden dagegen nur um 37,6 Prozent.

Bereits Ende der achtziger Jahre werden die starken Erhöhungen der Beiträge für PKV-Versicherte im Alter von allen Seiten kritisiert. Eine Mitgliedschaft bei den Privaten kann sich demnach als recht tükkisch erweisen. Junge, gutverdienende Mitglieder der gesetzlichen Krankenkassen wurden mit zu niedrig kalkulierten Beiträgen in die PKVs gelockt und dann im Alter mit kaum noch bezahlbaren Beiträgen abgezockt.

Der BdV (Bund der Versicherten) in Hamburg warnt seit Jahren vor dem unüberlegten Übertritt in die PKV und empfiehlt allen freiwillig in den GKVs Versicherten, wie etwa Selbständigen, sich vorher über die Nachteile der PKV neutral zu informieren. Die Interessenvertretung bezeichnet die PKV als „Mogel-Branche" und die private Vollversicherung sowie die sogenannten Beitragssicherungs-Programme wegen „unseriöser Kalkulation" als „Mogelpackungen". Einen gegen den BdV angestrengten Prozeß beim Landgericht Hamburg hat der PKV-Verband bereits verloren.

Hoher Anspruch – wenig Geld

Unterdessen scheinen sich alle darüber im klaren zu sein, daß die hohen Kosten im Gesundheitswesen nicht mehr finanzierbar sind. Der hochgeschätzten Rundumversicherung geht es an den Kragen.

Im Laufe der Jahrzehnte ist das Gesundheitswesen zu einem unersättlichen Moloch geworden. Die ständige Leistungsausweitung ging so lange gut, wie ein üppiges Wirtschaftswachstum und hohe Einkommenszuwächse für die notwendigen Geldmittel sorgten.

Doch nun ist das Ende der Fahnenstange erreicht. Die Gleichung „Mehr Geld = mehr Leistungen = mehr Gesundheit" geht nicht mehr auf. Für viele medizinische Leistungen, die derzeit erbracht werden, gibt es objektiv keinen Bedarf, allenfalls eine Nachfrage und einen Standard, nach denen sie befriedigt werden. Der Grund dafür: Die „Versprechung der Glückseligkeit" durch die Sozialversicherungen.

Die Ansprüche der Bürger sind beträchtlich. Die Deutsche Angestellten Krankenkasse hat ermittelt, daß nur 17 Prozent zu freiwilligen Einschränkungen bei ihren Leistungsansprüchen bereit wären. Andererseits haben 71 Prozent der Patienten das Wehklagen der Ärzte über angeblich bevorstehende Praxispleiten satt. Jeder zweite Patient hielt dies für eine Schutzbehauptung der Mediziner zur Sicherung ihres Einkommens, so das Ergebnis einer Forsa-Umfrage.

Beispielsweise ist es medizinisch nicht zu erklären, daß die Deutschen im Jahre 1990 mit rund 14 Packungen etwa doppelt so viele Medikamente verbrauchten wie die Dänen. Die Zahl der Arzt-Patienten-Kontakte liegt hierzulande bei etwa zwölf pro Jahr und ist damit zweimal so hoch wie in den USA, Frankreich, Großbritannien, den Niederlanden und sogar viermal so hoch wie in Skandinavien.

Auch die Krankenhaus-Einweisungen sind in Deutschland zahlreicher als anderswo (186 pro 1000 Einwohner gegenüber 100 in Holland). Die Pflegetage in deutschen Kliniken summierten sich 1993 auf 2200 je 1000 Bewohner, in manchen Regionen der USA wurden gerade einmal zehn Prozent davon erreicht.

Auch in anderen europäischen Ländern beklagen die Politiker und Krankenkassen die ausufernden Kosten. Österreichs öffentliche Spitäler erweisen sich bei annähernd gleichbleibender Patientenzahl „als Fässer ohne Boden, die alljährlich 10 Prozent mehr kosten als im Vorjahr", so die Zeitschrift „Profil" im März 1996.

Daneben wurden, wie überall in der Welt, auch in Österreich in erster Linie die Medikamente als Sparpotential ausgemacht. Doch immerhin: Rezeptfreie Arzneimittel sind nach einem Vergleich der Apothekerkammer in Österreich durchschnittlich 15,5 Prozent billiger als in Deutschland.

Die bisherigen Versuche der Politik, das System finanziell zu stabilisieren, erschöpften sich in Kostendämpfungsgesetzen, die jedoch alle zu kurz griffen. Bei jeder Reform behaupten die Politiker, dies sei nun wirklich die richtige Reform. Doch die Wirkung hielt immer nur so lange vor, bis die am Gesundheitswesen Beteiligten neue Möglichkeiten fanden, ihren eigenen Nutzen zu mehren.

Das bisher hohe Versorgungsniveau läßt sich mit den gegenwärtigen Beitragssätzen nicht halten. Deshalb müssen die Patienten für ihre medizinischen Behandlungen vermehrt selbst bezahlen. Oder – wenn sie das nicht wollen oder können – auf Leistungen verzichten.

Wer diese Wahrheit ausspricht, gerät jedoch leicht in den Verdacht der Besitzstandwahrung und der Befürwortung einer „Zwei-Klassen-Medizin". In Wahrheit gibt es diese aber schon längst. „Unsere Gesellschaft besteht nun einmal aus verschiedenen sozialen Schichten. Und Morbidität und Mortalität sind naturgemäß sehr stark vom sozialen Status abhängig, auch wenn wir uns ständig bemühen, Chancengleichheit herzustellen", erklärt der Tübinger Professor für Gesundheitssysteme Theodor Arnold.

Seit gut zwanzig Jahren versucht der Staat, das Gesundheitswesen zu reformieren. Annähernd 7000 Einzelbestimmungen und fast 50 größere Gesetze wurden aber immer wieder von der Realität eingeholt und überholt. Dabei stecken im deutschen Gesundheitssystem 25 Milliarden Mark Reserven an Wirtschaftlichkeit.

Wenigstens sind sich alle Beteiligten darüber im klaren, daß ein gigantischer Berg an Problemen der Lösung harrt.

Im Vordergrund stehen Versorgungsqualität, Selbstbestimmung der Versicherten, Optimierung statt Ausgrenzung und die Mobilisierung von Reserven, die in der Vermeidung milliardenteurer Fehlbehandlungen und Doppeldiagnosen liegen. Und warum sollte nicht die Verhinderung von Krankheit einen ebenso breiten Raum einnehmen wie später die Behandlung von Krankheit – etwa im Rahmen des „Disease Managements".

Dieser Ansatz nimmt den Patienten bzw. dessen Krankheit als Ausgangspunkt und betont die Wechselwirkungen zwischen einzelnen Kostenkomponenten. Gemäß dieser Logik kann beispielsweise die Versorgung mit Medikamenten eine – in vielen Fällen wesentlich teurere – stationäre Behandlung ersetzen oder zumindest abkürzen. Auch operative Eingriffe können gegebenenfalls vermieden, Krankheitsdauer und mithin krankheitsbedingte Produktionseinbußen reduziert werden. Arzneimittel werden unter diesem Gesichtspunkt als kosteneffiziente Therapieform bezeichnet.

In Zusammenarbeit könnten Pharma-Industrie und Gesetzgeber künftig die Basis für ein leistungsfähigeres Gesundheitssystem schaffen. Die Unternehmen müßten sich in den kommenden Jahren von Pillen-Herstellern zu Gesundheits-Dienstleistern und Partnern von Patienten und Selbsthilfe-Organisationen wandeln.

Neue Modelle der Kostensteuerung nach dem amerikanischen Vorbild der Health Maintenance Organisations (HMO) sollen dazu beitragen, die Ausgaben im Griff zu behalten. Kernpunkt: Arzt- oder Klinikleistungen werden nicht mehr einzeln vergütet, sondern im Rahmen von vorher zwischen Versicherer und Leistungsbringer ausgehandelten Pauschalen. So könnte zum Beispiel ein finanzielles Budget pro Arzt festgelegt werden, aus dem dann auch die Fachärzte Geld erhalten. Ein anderes Beispiel sind feste Verträge mit Krankenhäusern: Die Krankenkassen garantieren der Klinik eine entsprechende „Patientenmenge“, das Krankenhaus der Versicherung im Gegenzug Rechnungen, die sich im vorab vereinbarten Rahmen halten.

Erstaunlich dabei: Der ungezügelte Markt als Organisationsprinzip, wie beispielsweise in den USA, ist für ein Gesundheitssystem gesellschaftspolitisch unproduktiv und fast unbezahlbar. Die zentrale Verwaltungswirtschaft, wie in der ehemaligen DDR, oder ein staatliches Versorgungsgefüge nach englischem Muster, bringen oft ebenfalls wenig.

Das Fraunhofer-Institut hat in einer Umfrage, an der sich neben Ärzten, Experten von Krankenhäusern und Einrichtungen des öffentlichen Dienstes, Verbände, Krankenkassen und Kammern beteiligten, herausgefunden:

Prägendes Element des deutschen Gesundheitswesens wird die starke Selbstverwaltung bleiben. Weder die privatwirtschaftliche Ausrichtung nach dem Muster der Vereinigten Staaten noch gar die staatlich-planerische Variante Großbritanniens werden sich durchsetzen. Aber einzelne nützliche Eigenschaften werden übernommen. Das hiesige Selbstverwaltungsmodell beurteilen 20 Prozent als schlecht. Sie erwarten schon in den kommenden fünf Jahren weitreichende Reformen mit mehr marktwirtschaftlichen Komponenten, aber durchaus auch staatlicher Steuerung, wie etwa die Einführung eines Primärarztsystems mit dem Hausarzt als Koordinator aller medizinischen Maßnahmen nach dem Vorbild Großbritanniens.

Auch in der Einschätzung zu Arzneimitteln zeigten sich Widersprüche. Die Pharma-Unternehmen wären zum Beispiel gut beraten, wenn sie mehr Aufklärung über Zusammenhänge und Kostenfaktoren vermitteln würden. Aber Angst, daß die chemisch-synthetischen Arzneimittel von einer Mehrheit der Bevölkerung abgelehnt und nur noch Naturheilmittel verwendet wurden, brauchten sie wirklich nicht zu haben.

Großen Handlungsbedarf sehen die Experten bei Krankenhäusern und Krankenkassen. Kranken sollen Leistungen nicht vorenthalten, sondern kostengünstigere Alternativen empfohlen werden.

Deutschland hat aber trotz aller Probleme noch immer eines der effizientesten Gesundheitssysteme der Welt. Die Lebenserwartung der Bundesbürger stieg zwischen 1980 und 1991 um durchschnittlich 2,4 Jahre. Die Gesundheitsausgaben pro Kopf legten im gleichen Zeitraum rund 76 Prozent zu, aber deutlich weniger als im europäischen Durchschnitt. In der Effizienzstatistik kommen die Deutschen damit auf den dritten Platz, gleich hinter Österreich und Schweden. Schlußlicht des Kosten-Nutzen-Vergleichs ist, trotz der oft gepriesenen Vorzüge, die USA. Dort kletterten die Medizinkosten in den achtziger Jahren um satte 130 Prozent, die Lebenserwartung stieg dagegen nur um eineinhalb Jahre. Kenner des amerikanischen Gesundheitssystems haben in Analysen herausgefunden, daß in den USA im medizinischen Bereich 25 bis 40 Prozent aller Kosten durch mangelhafte Qualität der Behandlungen entstehen.

Kuren: „Morgens Fango, abends Tango"

Die Maßnahmen zur Kostendämpfung ziehen einen ganzen Rattenschwanz von Konsequenzen nach sich. So heißt es etwa für viele der Kurorte: Das Bad im Geld ist vorüber. Über einstmals florierenden Unternehmen weht der Sparwind, der 200 Kurkliniken zur Aufgabe zwang. Die Kurorte befürchten Einbußen – auch bei den bislang ohne weiteres gewährten Maßnahmen zur Rehabilitation. Die Leistungen werden auf ein wesentlich niedrigeres Niveau herabgefahren. Zur Debatte steht die Kürzung der Kurzeit von sechs oder vier auf maximal drei Wochen. Der Bäderband beklagt den Wegfall von 40.000 Stellen. Die Ausgaben der Rentenversicherungsträger und Krankenkassen für Kuren waren seit 1991 immerhin um über 50 Prozent gestiegen.

Das Kurwesen ist eine deutsche Spezialität und im Sozialrecht fest verankert. Nirgendwo auf der Welt gibt es etwas Vergleichbares. Die niederländischen Nachbarn sind zum Beispiel ganz ohne Kur weder kränker als die Deutschen, noch sterben sie früher.

Der Dichterfürst Johann Wolfgang von Goethe liebte kühle Heilwässer, warme Sprudelbäder und attraktive „Kurschatten". Noch als 73jährigem verdrehte ihm 1823 in Marienbad die 19jährige Ulrike von Levetzow den Kopf. Dreiundzwanzigmal ist der Weimarer Minister zwischen 1775 und 1823 zur Kur gefahren, in deutsche – Pyrmont, Lauchstedt, Wiesbaden, Berka – und böhmische Bäder: Marienbad (dreimal) und Karlsbad (13mal). Weil es so schön war, blieb der Prominente meist zehn, einmal sogar 19 Wochen.

Die anstandslose Bewilligung einer Kur war lange Zeit ein heimliches Markenzeichen der Krankenkassen. In der Debatte zur Gesundheitsreform waren die Kuren deshalb ein Reizthema. Denn jede Mark, die qua Kur einem Patienten zugute kam, schlug mit einem Ertrag um den Faktor drei im Gemeinwesen positiv an – in Form von Erhaltung der Arbeitskraft. Dies sei, behaupten die deutschen „Kurmeister", ein bisher unwiderlegter Erfahrungsschatz. Eine Studie der Landesversicherungsanstalt (LVA) Württemberg rechnete vor, daß eine vierwöchige medizinische Reha-Leistung im Durchschnitt 7000 Mark kostet. Gelingt es damit, einen vorzeitigen Rentenfall mit einem monatlichen Rentenanspruch in Höhe von 1500 Mark um fünf Monate hinauszuschieben, lohnt sich die Kur bereits.

Auswertungen der Rentenversicherungen haben belegt, daß etwa die Hälfte der Patienten nach einer Kur weitere fünf Jahre ununterbrochen erwerbstätig sein konnten.

Ganz besonders gern fahren Beamte und öffentlich Bedienstete zur Kur, mal vorsorglich („präventiv"), was die Gesetze ausdrücklich fördern, mal der Heilung wegen („kurativ"). Bemerkenswert: Häufiger als ihre Versicherten tanken die Angestellten der Bundesversicherungsanstalt für Angestellte (BfA) bei einer Kur neue Kraft. Regelmäßige Bäder-Aufenthalte gehören auch für Polizisten, Lehrer und für die Mitarbeiter der nachgeordneten Behörden des Bundesgesundheitsministeriums zur sozialen Grundausstattung. Minister Seehofer sah das mit gemischten Gefühlen: „Bei den Kuren wird das Geld zum Fenster herausgeblasen."

Kein Wunder, daß viele eine Kur als kassenfinanzierten „Urlaub mit medizinischer Anwendung" betrachten. Reiseunternehmen werben mit versteckten Hinweisen auf Kassenurlaub. „Erst zum Arzt, dann zur Kasse, dann buchen", lautete die Formel des IKD-Reisedienstes, der den medizinischen Tourismus munter ankurbelte. Die Spezialisten für „Top Health Urlaub" boten eine „Wärmetherapie im Wüstensand" von Ägypten an – mit anschließender Nilkreuzfahrt, um „Erlebtes nachklingen zu lassen".

Wer einmal zur Kur gefahren ist, kehrt gerne immer wieder, schrieb der „Spiegel". Die meisten Kurgäste sind treue Seelen, bis daß der Tod sie von Moor, Wassergymnastik und Kurkonzert scheidet.

Über den medizinischen Sinn vieler Kuren wird gestritten, seit es sie gibt. Angebote von Scharlatanen, die ungeniert Kassenbeiträge einsammeln, mischen sich unter professionelle Dienstleistungen angesehener Sanatorien, die sich um die notwendige Rehabilitation von Schwerkranken kümmern.

Das deutsche Kur- und Badewesen ist eine gigantische „weiße Industrie". Die Branche machte einen Jahresumsatz von 21,3 Milliarden Mark (pro Badetag 58 Millionen Mark). Warmes Wasser ließ sich leicht in flüssig Gold umwandeln.

Die Ausgaben der Krankenkassen für Kuren und Rehabilitation stiegen. Jahrelang wurden jede Woche in irgendeinem der Kurorte und Heilbäder drei neue Kliniken eröffnet. 1991 kam die wiedervereinigte Nation mit 987 Kurkliniken aus, 1993 waren es schon 1053, Ende 1995 bereits 1393 – auf zwei Krankenhäuser kam eine Kur- oder Rehaklinik.

Nun scheint die Zeit des unbekümmerten „Morgens Fango, abends Tango" vorüber.

Im gesamten Medizin- und Pharmabetrieb schlägt der Kurbetrieb zwar nur unterdurchschnittlich zu Buche, ein Teil der bequemen zusätzlichen Einnahmequelle versiegte aber.

Quellenverzeichnis

Die Recherche zum Buch stützt sich auf folgende Quellen und Auswertungen: Frankfurter Allgemeine Zeitung, Frankfurter Rundschau, Süddeutsche Zeitung, Die Woche, Wirtschaftswoche, Weltwoche, Focus, Der Spiegel, Handelsblatt, Die Zeit, Neue Züricher Zeitung, Wall Street Journal, Financial Times, Value Line Research, The Economist, Psychologie Heute, AVR, DPA, Banken-Analysen von Bayerische Vereinsbank, BHF-Bank, Commerzbank, Deutsche Bank, Dresdner Bank, DG-Bank, Westdeutsche Landesbank, sowie Geschäftsberichte und Angaben der jeweiligen Unternehmen, Mitteilungen und Berichte der Krankenkassen, des Gesundheitsministeriums, der Pharma- und Apothekerverbände sowie: Hans Biermann, „Die Gesundheitsfalle". Hoffmann und Campe Verlag, Hamburg 1992, und Matthew Lynn, „Pillenschlacht um Milliarden". Campus Verlag, Frankfurt/New York 1991.